관세음보살이 되는

천수경

千手經

良志 譯註
南晴 書畵

맑은소리 맑은나라

【차례】

千手經(천수경)[1]을 내며

현재 우리가 사용하는 『천수경』의 출처를 밝힌다면 『千眼千臂觀世音菩薩陀羅尼神咒經』, 千手千眼觀世音菩薩姥陀羅尼身經』, 『千手千眼觀世音菩薩廣大圓滿無礙大悲心陀羅尼經』과 『千手千眼觀自在菩薩廣大圓滿無礙大悲心陀羅尼咒本』[2] 등과 같은 천수천안이나 관세음보살, 관자재보살, 다라니, 천안천비 등의 용어가 들어가는 경전을 대장경에서 살펴보면 많은 경전들에서 유래한다고 볼 수 있다. 『천수경』의 본문 중에 보면 '천수천안관자재보살 광대원만 무애대비심 대다라니'

---

1) 唐西天竺沙門伽梵達摩譯, 『千手千眼觀世音菩薩廣大圓滿無礙大悲心陀羅尼經』(『大正藏』20, 106쪽.)
大唐三藏不空譯, 『千手千眼觀世音菩薩大悲心陀羅尼』(『大正藏』20, 115쪽.) (享和元年刊長谷寺藏本)
大唐總持寺沙門智通譯,『千眼千臂觀世音菩薩陀羅尼神咒經』卷1(『大正藏』20, 83쪽.)
唐天竺三藏菩提流志譯, 『千手千眼觀世音菩薩姥陀羅尼身經』(『大正藏』20, 96쪽.)
西天竺國三藏伽梵達摩奉 詔譯,『千手千眼觀世音菩薩治病合藥經』卷1 (『大正藏』20, 103쪽.)
『大悲啟請』卷1(『大正藏』85, 1295쪽.)
『佛說高王觀世音經註釋』(『卍新纂續藏經』35, 175쪽.)
振虛捌開,『삼문직지』(『한국불교전서』10책, 145-154쪽.)영조45년(1769년) 안주 은적사에서 개판.
明衍, 『염불보권문』(『한국불교전서』9책, 55쪽.)
安震湖,『釋門儀範』, 서울: 法輪社(前 卍商會), 1975년 4월 20일. 7판.
李奉洙 편집및 발행, 『상용불교의범』, 서울: 보련각, 1977년.
영암·송암 감수, 홍법원편집부, 일현, 『불교법요집』, 서울: 홍법원,1991.
무비, 『천수경』, 전남, 불일출판사, 1993년. 3판.
정각, 『천수경연구』, 서울, 운주사, 2011년. 등등.

2) 大唐贈開府儀同三司諡大弘教三藏沙門金剛智奉 詔譯, 『千手千眼觀自在菩薩廣大圓滿無礙大悲心陀羅尼咒本』卷1(『大正藏』20, 112쪽.)』

를 계청(啓請)하는 부분이 있는데, 『千手千眼觀世音菩薩廣大圓滿無礙大悲心陀羅尼經』이나 『千手千眼觀自在菩薩廣大圓滿無礙大悲心陀羅尼咒本』 등의 다라니에서 인용한 것으로 보인다. 그러므로 『천수경』의 원래 제목은 『千手千眼觀世音菩薩廣大圓滿無礙大悲心陀羅尼經』이라고 보는 것이 무난하다고 생각된다.

여기에서는 출처나 성립과정을 알아보고자 하는 것은 아니고 『천수경』이 현재 우리들에게 가장 많이 독송하는 경전이고 모든 의식에 기본적으로 사용하는 경전이므로 경전의 내용을 정확하게 파악하여 보고자 하는 것이다.

왜냐하면 경전을 독송은 하지만 정작 우리가 알고 있는 우리말이 없으니 무슨 뜻인지를 알지 못하는 것이 제일 불편할 따름이다. 한자를 우리말로 이해하게 하든지 아니면 범어를 풀이하든지 해야 하는 것이라고 생각한다.

범어는 진언이라고 풀지 않고 한자는 우리말이라서 풀어 놓지 않으면 과연 우리가 쉽게 불교를 접할 수가 있을지 의문이다.

예를 들면 구업(口業)을 청정(淸淨)하게 한다고 했을 때 구업을 입으로 짓는 업장이라고 풀이한다면 업장이라는 말을 또 풀어야 업을 자신이 지은 선업과 악업으로 구분해서 과보를 받는다고 하여 없어지지 않는 과보라고 하는 것은 우둔한 이를 위한 방편설법이고, 자신이 마음으로 참회하면 이곳이 바로 극락이라고 하는 것을 뛰어난 이를 위한 방편이라고 설명을 해도 이해하기는 쉽지가 않을 것이다.

진언을 풀이하지 말라고 하며 기도나 하라고 하는 것은 문맹(文盲)시대에나 하는 말이고 지금은 문명(文明)시대이므로 풀이하여 상구보리의 삶을 살아야 하는 것이라고 생각한다.

그래서 진언을 우리가 지금 사용하는 언어로 쉽게 풀어보고자 한다.

『천수경』의 유래를 보면 관세음보살의 출현까지 거슬러 올라가야 하는 것이고, 내용을 보면 삼업(三業, 십악)을 참회하여 부처가 되고자 하는 발원문이다.

신묘장구대다라니에 보면 누구나가 관세음보살이 되어 보살도를 실천하며 자타의 중생을 구제하고 항상 여시(如是)하게 관세음보살이 되어 살아가면 여래가 되는 것이라고 발원하는 경이라고 볼 수 있다.

『천수경』은 부처로 살아가는 발원문인 동시에 신구의(身口意) 삼업(三業)을 참회하는 경전이다. 참회라는 것은 이전의 허물을 계율에 따라 뉘우쳐서 두 번 다시 과오를 범하지 않는 것을 말하는 것이다.

그래서 불교(佛教, 佛法)에서는 참회하면 용서를 하는 것이다. 용서와 화합의 종교이므로 불교에서는 자살이 없게 되는 것이다.

어느 누구든지 탐진치를 변화시켜 계정혜가 되는 삶을 살아가게 하여 극락세계가 바로 지금 이 곳이라고 설(說)하고 있으며, 자신을 제도하는 최고의 가르침이 되므로 종교(宗教)

라고 하는 것이다. 『천수경』에서 자신이 관세음보살이 되는 법을 계정혜(戒定慧)에 맞게 자각하고 실천하면 되는 것이다.

종교(宗教)가 종교(種教, 從教)로 되지 않기를 바라며…

2558년 가을의 문턱에서 良志 합장

I 자성의 경을 열기 위하여

1. 淨口業眞言[3](정구업진언) : 구업을 짓지 않고 청정하게 하는 진실한 말씀

수리 수리 마하수리 수수리 사바하 (3번)

唵 修利修利 摩訶修利 修修利 娑婆訶[4]

修唎修唎 摩訶修唎 修修唎 薩婆訶[5]

修利修利 摩訶修利 修修利 薩婆訶[6]

修唎修唎 摩訶修唎 修修唎 薩婆訶[7]

śrī śrī mahāśrī suśrī svāhā[8]

śuci śuci mahāśuci suśuci svāhā[9]

---

3) 『銷釋金剛經科儀會要註解』卷2(『만속장』24, 669쪽. 중1.) : 「淨口業眞言, 修唎修唎, 摩訶修唎, 修修唎, 薩婆訶. 誦此眞言者, 一切口業悉皆清淨, 不誦眞言以恒河水漱, 亦不淨也.」
『高王觀音經註釋』卷1(『만속장』35, 175쪽. 하8.) : 「佛說高王觀世音經註釋 ○淨口業眞言 淨者, 洗滌而蕩盡之, 凡人造業, 不外言行兩端, 口過尤爲易犯, 必淨滌之, 方可修眞養性也. 修利修利 修者, 修持之謂. 利者利己而兼利人也. 兩句複之重言, 以申明之也. 摩訶修利 摩訶, 大也. 大有所修持, 而後能利也. 修修利 愈修愈利也. 薩婆訶 薩者, 見也. 婆者, 一切平等也. 訶者, 一切法無因寂靜, 無住清淨, 不生不滅之義. 言佛力普照, 無分貴賤智愚, 盡致之清淨不生不滅也.」

4) 『佛說大阿彌陀經』卷1(『大正藏』12, 327쪽. 상18.) : 「誦淨口業眞言, 唵修利修利摩訶修利修修利娑婆訶」

5) 『金剛經註』卷1(『만속장』24, 535쪽. 하24.) : 「修唎修唎摩訶修唎修修唎薩婆訶」

6) 『高王觀音經註釋』卷1(『만속장』35, 175쪽. 하8.)

7) 『銷釋金剛經科儀會要註解』卷2(『만속장』24, 669쪽. 중1.) : 「修唎修唎 摩訶修唎 修修唎 薩婆訶.」

8) 正覺, 『천수경 연구』, 서울, 운주사, 2011. 164쪽.
이평래, 『천수천안우리님』, 서울, 해조음, 2011. 50쪽.

9) 전재성, 『천수다라니와 붓다의 가르침』, 서울, 한국빠알리성전협회, 2003. 186쪽.

1) 淨口業眞言(정구업진언)

구업(口業, 신구의 삼업)을 짓지 않고 청정하게 하는 진실한 말을 하겠다고 발원하는 뜻이다. 구업을 짓지 않고 청정하게 하려면 삼업이 모두 청정해야 하기 때문이다.

구업을 짓지 않고 청정하게 하려고 마음에 없는 말을 아무리 잘하여도 업장은 청정해지지 않는 것이다. 업을 짓지 않고 청정하게 하려면 자신의 신구의 삼업이 청정해야 업이 청정해지는 것이기 때문이다.

그러므로 정삼업진언[10]이라고 한 『삼문직지』나 『염불보권문』에서 옴! 자를 첨가한 것도 옳다고 생각 된다.

이 진언은 삼악도(지옥, 아귀, 축생)에 떨어지지 않게 하여, 악업을 짓지 않게 하고 선업을 짓게 하는 것을 첫째의 발원이라고 하면, 악업(惡業)과 선업(善業)을 모두 초월하여 청정하게 부처로 살아가겠다는 것이 두 번째의 발원인 것이다.

업(業)을 짓지 않는 진실한 말을 진언(眞言, 주문, 다라니 등)이라고 하는 것인데, 언어문자를 초월해야 하는 것이므로 번역을 꺼려 왔던 것이라고 생각한다.

왜냐하면 악업(惡業)만 짓지 않으면 편안할 것인데 선업(善業)까지도 초월해야 한다고 하니까 근기가 작은 사람들이 오해하여 악업을 더 짓지 않게 하려고 번역을 하지 않았던 것은 선인들의 자비심 때문이라고 생각된다.

---

10) 정삼업부분 참조

문맹의 시기나 외도들이 설쳐대는 시대에는 더욱더 오해의 요지가 더 많았기 때문일 것이다.

구업(口業)을 짓지 않고 청정(淸淨)하게 하려면 반야바라밀의 실천이 되지 않으면 구업(口業)을 초월하여 진실한 말을 할 수 없는 것이다.

여기에서 구업(口業, 신구의 삼업)을 짓지 않고 청정하게 하는 진실한 말이라고 한 것은 업장(業障)을 짓지 않는 삼업(三業)이 청정한 부처의 입장에서 하는 진실한 말이 되어야 업(業)을 청정하게 할 수 있기 때문이다.

그러므로 다음에 나오는 진언(眞言)인 범어의 내용도 부처의 입장에서 하는 진실한 말씀인 것이다. 자신이 청정하지 않은 입장에서 하는 모든 말은 진실한 말이 아닌 것이다.

2) 수리 수리 마하수리 수수리 사바하
(śrī śrī mahāśrī suśrī svāhā : śuci śuci mahāśuci suśuci svāhā)

śrī는 성공하다. 성취하다. 행운, 번영, 행복, 보배, 부자 등의 뜻을 가지고 있고, mahāśrī는 최고로 위대한 성공, 성취, 행운, 행복 등의 뜻이 되는 것이다. suśrī는 śrī에 su가 붙어서 보배를 얻는 것이다. 즉 최고의 행복을 뽑아내는 것이다. 그래서 현묘하다고 하는 것이다.

svāhā는 구경의 경지가 되어 행하는 것이다. 즉 모두가 부처가 되어 살아가는 것이다.

śuci는 glowing, pure, clear 등으로 청정하다는 공(空)의 뜻이다.

번역하면, "위대한 진여의 지혜를 깨닫고, 위대한 진여의 지혜를 체득하겠습니다. 최고로 위대한 진여의 지혜를 체득하여, 항상 최고의 위대한 진여의 지혜로 생활하여 구경(究竟)에는 모두 부처가 되겠습니다." 라고 하는 것이다.

그리고 자성의 청정한 지혜를 성취하고 성취하겠습니다. 위대한 지혜를 (내가) 체득하여 생활하여서 구경(究竟)에는 삼업이 청정한 지혜로 살아가겠습니다. 라는 서원이 담겨 있기 때문에 자타를 초월한 진실한 말인 진언(주문)이다.

【해설】

구업을 짓지 않고 청정하게 하려면 자신이 청정해야 타인도 청정하게 보이는 것이다. 그러므로 이 내용은 『묘법연화경』의 상불경보살품[11]에 나오는 것처럼 즉 모두에게 부처가

---

11) 『妙法蓮華經』卷6 「常不輕菩薩品」20(『大正藏』9, 50쪽. 하.)(최초의 위음왕여래께서 이미 멸도 하시고 정법이 멸한 후에 상법(像法)시대에는 증상만(增上慢, 깨달은 체하는, 거만한)을 가진 비구들이 대세를 이루고 있었다. 그 때에 한 보살의 비구가 있었는데 이름을 상불경이라고 하였는데 대세를 얻게 되었다. 어떠한 인연으로 이름을 상불경이라고 하였는가 하면 무릇 이 비구는 자기 앞에 보이는 사람이 만약에 비구, 비구니, 우바새, 우바이를 가리지 않고 누구에게나 예배하고 찬탄하며 말하기를, '나는 당신들을 아주 공경하며 감히 업신여기지 않습니다. 왜냐하면 당신들은 모두가 보살도를 행하여 마땅히 부처가 될 것이기 때문입니다.' 라고 하였다. 그리고 이 비구는 경전의 독송에만 전념하지 않고 단지 예배만 행하였는데, 즉 멀리 있는 사부대중을 보고도 역시 가서 예배하고 찬탄하며 말하기를, '나는 당신들을 감히 업신여기지 않

될 것이라는 수기(授記)를 주며 업신여기지 않는다고 하여 증상만(增上慢)을 가진 이들을 제도하는 보살도를 실천하려면 자신의 삼업(三業)이 청정(淸淨)해야 하는 것이다.

정구업진언 역시 자타를 제도하는 것으로, 악업(惡業)은 짓지 않고 선업(善業)을 짓기를 바라는 진실한 발원의 말이다.

악업과 선업을 초월하는 경지는 부처의 입장에서 모두를 보면 모두가 부처로 보일 것이니까 초월할 수 있기를 발원하는 것이다.

구업(口業)이란 입으로 짓는 모든 업장을 말하는데 업장을 청정하게 한다는 것은 나와 남이라는 생각을 청정하게 진여가 되게 하는 것이다.

그리고 진언이라는 것은 그 삼업(三業)의 청정함을 실천하는 것으로 자기 자신이 청정하면 타인을 존경하게 되는 것이다. 자신이 위대하고 존귀하면 타인 역시 위대하고 존귀해야 하는 것이므로 부처는 모두를 평등한 부처로 보기에, '천상천하 유아독존' 이라고 하여 모든 중생에게 불국토를 건설하게 한 것이다.

는 것은 당신들은 모두가 마땅히 부처가 될 것이기 때문입니다.' 라고 하였다. 사부대중 가운데에 성질을 내며 마음이 부정한 자가 있어서 사악하게 입으로 꾸짖으면서 말하기를 "이 무지한 비구야 어디에서 와서 스스로 말하기를 '나는 당신들을 가벼이 여기지 않는다.' 고 하여 우리들에게 수기(授記)를 하여 주며 '마땅히 부처가 될 것이다.' 라고 하니 우리들은 이와 같은 허망한 수기는 소용 없다." 라고 하였다. 이와 같이 많은 해가 지나도록 하여도 항상 욕과 꾸짖음을 당하여도 성질을 내지 않고 항상 말하기를, '그대들은 마땅히 부처가 될 것입니다.' 라고 하였다. 이런 말을 할 때에 많은 사람들이 나무, 기와, 돌을 가지고 때리거나 던지면 피하여 멀리 가서는 오히려 큰 소리로 외쳐 말하기를, '나는 당신들을 감히 업신여기지 않는 것은 당신들은 모두가 마땅히 부처가 될 것이기 때문입니다.' 라고 하였다.)

자기 자신이 위대한 부처가 되어 극락세계에 태어나는 방법은 입으로 하는 모든 말들이 부처의 말이 되어 마음속에서부터 부처가 되어야 부처의 행을 행하게 되며, 또 마음에서 부처라는 생각도 없이 진여의 지혜로 생활하여야 진실한 부처가 되는 것이다. 구업(口業)은 삼업(三業)의 신업, 의업이 없이 혼자서 독단적으로 일어나는 것이 아니다. 즉 구업(口業)의 근원은 마음에 어긋난 망념에서 비롯되는 것이고 그 망념의 근원은 육근의 사대가 있기 때문이다.

그러므로 계율에 맞게 마음이 청정하여 불생불멸(不生不滅)하는 지혜로 살아가야 모두가 부처가 되는 것이다.

『천수경』의 뒷부분에 나오는 참회부분에서 말하고 있는 참회는 지금 이곳에서 바로 뉘우치는 것이고 다시 과오를 범하지 않게 하는 것이다.

즉 '從身口意之所生, 一切我今皆懺悔.' 신구의(身口意) 삼업(三業)으로 부터 생긴 (탐진치의 악업) 모두 지금 참회하게 하여, 또 '百刦積集罪, 一念頓蕩除.' (탐진치의 악업으로 인한) 백겁의 죄를 일념에 제거하게 하는 것은, '罪忘心滅兩俱空, 是卽名爲眞懺悔.' 죄나 망심을 모두 공(空)이 되게 하여야 참회(懺悔)가 되는 것이라고 하고 있다.

그러므로 구경에는 허공과 같이 청정해야 삼업을 짓지 않고 진여의 지혜로 불법(佛法)에 맞게 살아가게 되는 것이다.

정구업진언에 대하여 『高王觀音經註釋』卷1에 의하면,

"정구업진언(淨口業眞言)에서 정(淨)은 일반 범부들이 지은 업장을 제거하여 하나도 남김없이 청정하게 수행하는 것으로 진실한 불성(佛性)을 장양성태(長養聖胎)하는 것이다.

수리수리(修利修利)는 수행하여 깨달음을 수지(授持)하는 것으로 자신을 깨닫게 하는 것과 동시에 타인을 깨닫게 하는 것을 반복하여 분명하게 베푸는 것이다.

그리고 마하수리(摩訶修利)는 위대한 것은 수행(修行)하여 깨달음을 수지(授持)한다는 것으로 이후에 능히 깨달음을 이룬다는 것이다.

수수리(修修利)는 지혜로운 생활을 하면 뛰어나게 되고 깨달은 부처가 된다는 것이다.(愈修愈利也)

사바하(薩婆訶)는 일체법(一切法)을 평등하게 친견하고 불생불멸(不生不滅)의 도리를 체득하여 청정한 불생불멸(不生不滅)의 경지를 이룬다는 것이다.

즉 일체법은 무인(無因)이므로 열반적정을 이루게 되고, 무주(無住)이므로 청정하게 되는 것이다.

불생불멸(不生不滅)의 뜻은 귀천(貴賤)이나 지우(智愚)의 차별분별이 하나도 없어야 부처의 지혜로운 생활을 널리하게 되는 것이므로 청정한 것을 망념이 생기지도 멸하지도 않는 불생불멸(不生不滅)이라고 하는 것이다." 라고 하고 있다.

이와 같이 『高王觀音經註釋』에서도 진여의 지혜로 생활하는 것을 강조 하고 있다. 즉 차별분별이 없는 진여, 공(空)의 지혜로 청정하게 살아가기를 발원하고 있는 것이다.

『불설대아미타경』에 의하면, '誦淨口業眞言 唵 修利修利 摩訶修利 修修利 娑婆訶' 라고 하고 있는데 여기에는 옴!(唵)자(字)를 첨가하여 독송할 때에 차별 분별을 없애고 독송하여 자신의 망념을 제거하게 하고 있는 것이다.

즉 자신이 경을 독송할 때에는 마음을 청정하게 독송하기 위하여 옴! 자(字)를 첨가 한 것은 자신을 경책하고 번뇌망념을 단절하는 무기(武器)이기 때문이다.

이상에서 보았듯이 위대한 진여의 지혜를 깨닫고, 위대한 진여의 지혜를 체득하겠습니다. 최고로 위대한 진여의 지혜를 체득하여, 항상 최고의 위대한 진여의 지혜로 생활하여 구경(究竟)에는 모두 부처가 되겠습니다." 라고 한 것은 자신의 마니보주인 진여의 지혜를 잘 활용하여 항상 아미타불의 불국토에서 살아가겠다는 서원을 세우는 것이고, 아미타불의 극락세계에 태어나기 위하여 먼저 자신이 관세음보살이 되어야 하므로 관세음보살이 되는 방법을 이 『천수경』에서 제시하고 있는 것이다.

참고로 북방대승불교에서는 옴! 자(字)를 사용하다가 간화선이 출현하면서 부터 선(禪)에서는 조주의 무! (無)자(字)로 바뀌어 망념을 제거하는 방법으로 선(禪)에서 제시하기도 하지만 아직도 교(敎)에서는 옴! 자(字)를 주문, 진언에서 그대로 사용하고 있다.

〔정구업진언(淨口業眞言)〕

2. 五方內外安慰諸神眞言(오방내외안위제신진언)[12] : 오방의 내외로 향하는 모든 마음을 편안하게 하여 모두 신령하게 하는 진실한 말씀

나무 사만다 못다남 옴 도로도로 지미 사바하[13](3번)

南無 三曼彈 沒馱南 (鋡) 唵 度魯度魯 地尾娑訶(安慰諸神)[14]

南無 三曼彈 沒馱南 唵度嚕度嚕地尾 娑訶[15]

南無 三滿彈 沒馱喃 唵 度嚕度嚕 地尾 莎嚩訶

(나모 사만다 몯다남 옴 도로도로 디미 ᄉᆞ바하)[16]

Namaḥ sarva(samanta) buddhānām[17] Oṁ turu turu jimi svāhā[18]

---

12) 『高王觀音經註釋』卷1(『만속장』35, 176쪽. 상12.):「○安土地眞言: 人生履后土, 而戴皇天, 后土安, 皇天亦安矣. ~~~ 盡度之而致淸淨不生不滅也.」

13) 『銷釋金剛經科儀會要註解』卷2(『만속장』24, 669쪽. 중4.):「安土地眞言. 南無三滿哆, 母馱喃, 唵度嚕度嚕, 地尾薩婆訶. 此言土地者, 即堅牢地神也. 凡有三寶, 建立道場, 誦經坐禪, 講解之處. 此堅牢地神, 稟報上天, 常來擁護. 故乃誦此眞言也.」

14) 『法界聖凡水陸大齋法輪寶懺』卷9(『만속장』74, 1049쪽. 상10.):「南無三曼彈 沒馱南 唵 度魯度魯 地尾娑訶(安慰諸神)」

15) 『法界聖凡水陸勝會修齋儀軌』卷1(『만속장』74, 784쪽. 하6.):「我佛如來有安慰諸神眞言, 謹當宣誦. 南無 三曼彈(丁可切)沒馱(上)南 唵度嚕度嚕地尾 娑訶」

16) 『三門直指』(一卷)(『불교전서』10권, 145쪽. 상.)

17) 『大方廣菩薩藏文殊師利根本儀軌經』卷1 「序品」1(『大正藏』20, 836쪽. 상4.) : 「曩謨三滿哆沒馱(引)喃(引)[牟*含]」(Namaḥ sarva-buddhānām mentraḥ.)

18) 正覺, 『천수경 연구』, 168쪽.
전재성, 『천수다라니와 붓다의 가르침』, 186쪽.
이평래, 『천수천안우리님』, 50쪽.

1) 五方內外安慰諸神眞言(오방내외안위제신진언)

오방의 내외로 향하는 모든 마음을 편안하게 하여 모두 신령하게 하는 진실한 말을 하겠습니다. 라고 한 것은 오방내외는 시방세계가 되는 것이므로 자신이 시방세계로 향하는 마음을 편안하게 하여야 모두가 신령하게 (부처가) 되는 것이다.

신령하게 하는 법을 만법일여, 경계지성이라고 표현하는 것이다. 안위(安慰)라고 하는 것은 자신이 진여자성을 자각하여서 편안하다는 뜻이고, 제신(諸神)은 제불(諸佛)과 같은 뜻인데 귀신이나 천신, 팔부신중 등으로 이해하여 영혼불교로 만드는 번역을 하여 여러 신들을 편안하게 위로 한다고 번역하는 것은 경계해야 한다. 범어에서는 제불에게 귀의합니다. (나모 사만다 몯다남, Namaḥ sarva(samanta) buddhānām)라고 번역하고는 한자에서는 모든 신들을 편안하게 한다고 하면 어긋나게 되는 것이다.

제신(諸神)은 시방세계에 상주하는 제불(諸佛)과 같은 의미이다. 그러므로 안위제신에서 신(神)은 청정한 마음, 신령한 마음을 말하며 제불(諸佛)과 같은 의미인 것으로 모든 마음(神)을 안위하는 방법은 시방세계에 있는 만법을 청정하게 인식하는 만법일여의 경지에서 대상경계와 하나 되어야 편안하게 되는 것이다.

진언(眞言)이라고 하는 말은 진실한 말을 의미하므로 이제부터는 모든 대상경계와 삼매가 되는 경계지성의 경지가 되어 살아가고자 하는 발원을 하게 되는 것이다.

2) 나무 사만다 못다남 옴 도로도로 지미 사바하 (Namaḥ sarva buddhānām Oṁ turu turu jimi svāhā)

Namaḥ(namo)는 귀의 한다는 뜻이고,

sarva(samanta)는 일반적인, 도처에 존재하는, 완전한, 완벽한, 일체라는 뜻이고,

buddhānām은 부처이니, sarva(amanta) buddhānām은 시방세계에 상주하는 제불(諸佛)에게라는 뜻이다.

그러므로 시방세계에 상주하는 일체의 제불에게 귀의한다는 뜻이 된다. 즉 시방삼세의 제불에게 귀의하는 것이 되므로 오방내외안위제신이나 안토지(安土地)라고 하는 것이다.

Oṁ은 옴! (Oṁ) 이라는 한 글자는 간화선에서 말하는 조주의 무(無)! 자(字)와 같은 것으로 자신의 망념을 자각하는 주체가 되기 때문에 지혜를 자각하는 근본이다.

그러므로 부처의 어머니라고 비유하기도 하고 진여나 여래장의 시초가 되는 부모미생전의 일구(一句)라고 말하는 것이다. 법신, 반야, 해탈의 의미가 함축되어 있는 것이다.

turu turu는 √tur의 서두르다, 앞으로 나아가다, 달리다, 정복하다, 획득하다의 2인칭 단수명령형으로 옴! 하여 진여의 지혜를 체득하소서 라는 뜻이 된다.

jimi는 이기다, 성취하다, 승리하다는 뜻으로 자성의 진여지혜로 생활하면 이라는 뜻이 된다.

svāhā는 구경(究竟)의 경지에는 모두 부처가 되는 것이다.

번역하면 시방세계에 상주하는 제불(諸佛)에게 귀의합니다. 옴! 자(字)로 자각하여 자신의 중생심을 제도하여 진여의 지혜를 체득하고, 진여의 지혜로 생활을 하여 구경에는 모두가 신령한 지혜로 생활하는 부처가 되겠습니다. 라고 발원하는 진언이다.

(다시 말하면 나는 시방세계에 충만하게 있는 불법(佛法)을 자각하여 제불과 같은 지혜를 체득하여 살아가겠습니다.

옴! 하며 진여지혜의 불꽃을 피어나게 하고, 진여의 지혜로 생활하여(住持) 시방(十方)세계(世界)에 상주하는 충만한 부처로 살아가겠습니다. 라고 하는 자신이 마음속으로 하는 진실한 말인 것이고 진심(眞心)으로 서원(誓願, 맹세)하는 것이다.)

【해설】

오방내외는 시방(十方)삼세(三世)를 함축하고 있는 의미이다. 안위제신에서 신(神)은 청정한 마음을 말하는데 제불(諸佛)과 같은 것으로 모든 마음(神)을 안위하는 방법은 시방세계에 있는 만법을 청정하게 인식하는 만법일여의 경지가 되어야 하는 것이다.

만법일여의 경지가 되게 하려면 자신이 불법(佛法)에 귀의하지 않으면 안 되는 것이다. 즉 시방세계에 상주하는 제불(諸佛)에게 귀의하여야 모든 자성의 중생이 부처가 되고 시방세계가 극락세계가 되는 것이다.

귀의하는 법을 옴! 이라는 한마디로 표현한 것이다. 즉 할(喝), 방(棒), 양구(良久), 무(無) 등으로 표현하여 조사들께서 사용한 것과 같은 것이다.

※ (참고로 불교의 계율을 수지(受持)하지 않은 초심자들은 이해하기 어려운 것이다.)

조사나 부처로 살아가는 근본인 진여의 지혜를 부처의 종자, 부처의 어머니라고 하며 옴! 한마디로 자각하게 하는 것은 지혜인 것으로 비유하면 지혜를 불꽃이라고 하여 망념이 없는 그 지혜로 생활하게 하는 것이고, 그 지혜로 살아가는 것을 주지(住持)한다고 하는 것이다. 즉 불꽃은 망념이 없는 것을 비유하는 것으로 지혜의 광명(光明)이 나타난다고 표현한 것이다.

즉 빛으로 화합한다는 것은 부처의 지혜와 함께한다는 것으로 시방세계와 하나 되는 청정한 마음이 이루어지게 되는 것이다. 이와 같으므로 오방의 내외로 향하는 모든 마음을 편안하게 하여(만법일여) 모두 신령하게 하는 진실한 말(眞言)이 되는 것(진여의 지혜로운 삶)이다.

한자로는 五方內外安慰諸神眞言(오방내외안위제신진언)이라고 하고 있지만 범어로는 나무 사만다 못다남 옴 도로도로 지미 사바하라고 하고 있으므로 제불(諸佛)이라고 하는 것도 어긋난 것이 아니기 때문에 제불(諸佛)이라고 한 것이다.

정구업진언 다음에 오방내외안위제신진언을 한 것은 자기 자신이 불심(佛心)의 경전을 펼치기 위한 기초가 되는 발원을 하고 있는 것이다.

즉 자신의 마음가짐이 올바르지 않으면 자신의 경전을 펼칠 수가 없기 때문이다. 아무리 밖을 향하여 추구하여도 이루어질 수 없기 때문에 조사께서도 향외치구(向外馳求)하지 말기를 강조한 것이다.

이제 마음가짐을 제불(諸佛)에게 귀의하고 옴! 이라는 깨달음의 소리를 자각하였으니 모든 이들은 자성(自性)의 경전을 펼쳐보시기 바랍니다.

〔옴〕

3. 開經偈(개경게)[19] : 자기자성의 경전(經典, 佛法의 경전)을 펼치는 게송(偈頌, 노래)

無上甚深微妙法　百千萬劫難遭遇
무상심심미묘법　백천만겁난조우
我今聞見得受持　願解如來眞實義
아금문견득수지　원해여래진실의

1) 개경게(開經偈) : 자기자성의 경전을 펼치는 게송(노래)

부처의 지혜로운 생활은 아주 심오하여 불가사의한 부처의 지혜를 사용해야 하는 것으로 꼭 자신이 해야 하는 법(法)이니,

백천만겁이 지나도록 자신이 사용하여도 자신이 사용하는 줄을 몰랐으니 서로 만나기는 어려운 것이었네.

내가 이제 지금 자성(自性)의 경전(經典)을 보고 듣게 되어

---

19) 『金剛經註解』卷1(『만속장』24, 759쪽. 중11.):「無上甚深微妙法, 百千萬劫難遭遇. 我今見聞得受持, 願解如來眞實義.」
『般若心經註解』卷1(『만속장』26, 967쪽. 상1.) :「無上甚深微妙法, 百千萬劫難遭遇. 我今見聞得授待, 願解如來眞實意.」
『慈悲道場水懺法科註』卷1(『만속장』74, 735쪽. 상6.):「開經偈; 無上甚深微妙法. 佛法最上, 更無一法與之齊. 佛法最深, 更無一法窮其底, 理趣幽微, 不可思議. ~~~ 如說修行.」
『慈悲道場水懺法隨聞錄』卷1(만속장』74, 664쪽. 하13.):「※ 無上甚深微妙法. (連以三義歎法. 法字, 承上三義. 初無上法者, 佛法最上, 更無一法可以加之. ~~~ 全體聖人微妙之法耳.)
※ 百千萬劫難遭遇. (法華云. 無量無數劫, 空過無有佛, 無佛, 則無從聞法矣. ~~~ 以景慕佛法耳.)
※ 我今見聞得受持.(此雙承上兩句來, 我今二字, ~~~ 具能所持義.)
※ 願解如來眞實義. (願, 誓辭. 承上一句二字來, 謂既多劫罕遇. 我今忽然得逢, 應生難遭想, 恭敬心, 當發大誓願矣. 解字, ~~~ 非是之謂乎.)」

수지(授持)하게 되었으니,

(내가) 여래(如來)의 진실한 의지(意旨, 진여의 지혜)로 정확하게 살아가기를 발원합니다.

【해설】

무상심심미묘법(無上甚深微妙法)은 부처의 지혜로운 생활은 고정된 법이 없으므로 무상(無上)이라고 하는 것이고, 심심(甚深, 심오, 깊고 깊다)하다고 하는 것은 미묘(微妙)한 법(法)이기 때문이다. 왜 미묘(微妙)하다고 하는가 하면 항상 자신이 인식하고 있는 대상경계를 꼭 자신의 지혜로 활용하여 살아가는 것인데도 타인의 의지로 살아가려고 하니 미묘(微妙)한 법(法)이라고 하고 부사의 하다고 하는 것이다.

『慈悲道場水懺法科註』에 의하면, "불법(佛法)은 한 법도 다시 정리할 것이 없으므로 최상(最上)이라고 하는 것이고, 불법(佛法)은 다시 한 법도 궁극적으로 그것의 근본을 고칠 것이 없고, 도리(理)로 유미(幽微, 玄妙)하게 생활하게 하니 불가사의하다고 하는 것이다. 그러므로 무상(無上)운운." 이라고 하고 있다.

불법(佛法)은 상구보리이므로 무상심심이고, 자신의 마음은 자신밖에는 모르기 때문에 미묘법이다.

자신의 중생심을 제도하는 것을 사홍서원에서 망념의 중생이 한량없지만 분명하게 모두 제도하겠습니다. (衆生無遍誓願度)라고 하는 것이다. 그리고 『금강경』에서도 '實無衆生

得滅度者' 라고 하여 보살은 사상(四相)이 없기에 "실제로 제도(濟度)한 중생은 없다." 라고 하는 것도 이것이다.

보살이 제도하는 것도 실제로는 자신의 중생심이고, 자비희사(慈悲喜捨)를 실천하므로 자기만 생각하는 철학자가 아니고 종교인(宗敎人)인 것이다.

여기에서 종교는 신앙이 아니고 자신의 중생심을 계정혜로 제도할 수 있는 최고의 가르침을 종교라고 하는 것이다. 즉 성자의 삶을 살아가게 하는 것을 말하는 것이다. ※ (종교와 신앙의 단체를 구분할 것.)

백천만겁난조우(百千萬劫難遭遇)라고 하여 백천만겁이 지나도 만나기 어렵다고 한 것은 자신은 항상 향외치구(向外馳求)하면서 자신의 속은 한 번도 보려고 하지 않는 것이므로 백천만겁이 지나도 서로 만나는 것은 불가능하다고 하는 것이다.

백천만겁이나 지나서 지금 만났다고 하여 즉 불가사의하다고 하는 것이고, 항상 자신만이 할 수 있는 것이기에 불가사의하다고 하는 것이다.

경에 말하기를, "제불이 출세하여도 멀리 있어서 만나기 어려웠던 것이고, 설사 부처가 세상에 출현하여 법을 설하여도 또 다시 만나기 어려운 것이다." 라고 했고 또 말하기를, "무량무수한 겁을 지나더라도 고정된 부처는 없는 것이고 이미 부처가 없으면 역시 고정된 법은 없는 것이다. 그러므로 말하기를 백천운운."[20]이라고 했다.

아금문견득수지(我今聞見得受持)라고 한 것은 지금 내가

진여의 지혜로 생활하는 것이 이와 같다는 사실을 듣고 보아서 수지(受持)하여 체득하게 되었다라고 하는 것이다. (부처는 멀리에 있는 것이 아니고 자신의 망념을 쉬기만 하면 되는 것이라는 사실을 깨달아 여시하게 실천하면 되는 것이다.)

『慈悲道場水懺法科註』에 의하면, “我今見聞得受持는 지금 석가세존에 의한 성스런 가르침이 제방에 전하여져 있게 되어서 얻어서 보고 듣고 수지하게 되면 최고의 행운이 되어 보고 들어 바르게 깨닫게 되는 것이다.

수지(受持)는 앞의 대상경계를 진실로 영납(領納, 받아들임)하는 것을 수(受)라고 하고 그 대상경계를 버리지 않고(不捨) 자기의 것으로 수지(授持)하여 체득하는 것을 지(持)라고 하며 이와 같이 올바르게 하는 것을 수행이라고 설명하는 것이다. 지금 방편으로 예불하고 독송하여 수지(受持)하는 것 역시 올바르다.” 라고 설하고 있다.

이와 같이 하는 것이 얼마나 어렵고 어렵기에 ‘무상심심미묘법 백천만겁난조우(無上甚深微妙法 百千萬劫難遭遇)’ 라고 하였는지를 생각하여 보면 선인들의 위대한 유머감각에 고개가 절로 숙여지는 것이다.

원해여래진실의(願解如來眞實義)는 원하오니 여래(如來)의 진실한 의지(意旨, 진여의 지혜)로 정확하게 살아가기를 발원하는 것이다. 여래의 진실한 의지라고 하는 것은 한마디

---

20) 『慈悲道場水懺法科註』卷1(『만속장』74, 735쪽. 상6.):「開經偈; 無上甚深微妙法. 佛法最上, 更無一法與之齊. 佛法最深, 更無一法窮其底, 理趣幽微, 不可思議. ~~~故云百千云云.」

로 말해 진여의 지혜로 생활하는 것을 말하는 것이다.

여기에서 원해(願解)를 대상으로 깨닫는다고 하면 불법(佛法)을 대상으로 깨달아야 하므로 어려운 문제에 봉착하게 되는 것이다.

그러므로 정확하게 진여의 지혜로 살아가기를 발원하는 것으로 하였다. 진여의 지혜로 생활한다는 것은 청정한 마음으로 살아가는 자신이 몰종적의 조사(祖師)가 되어야 하는 것이다.

『慈悲道場水懺法隨聞錄』에 의하면 "원해는 여래의 진실한 의지를 받들겠다는 공경심으로 서원하는 것과 사람마다 구족하고 있는 무상법을 체득하여 '여래진실의' 로 살아가겠다." 라고 하고 있다.

또 여래에 대해서도, "여래는 두 가지의 뜻이 있는데 첫째는 삼세제불을 지칭하는 것이고 두 번째는 본성(本性)에 체용(體用)을 구족하고 있다는 것이다. 여(如)는 적멸(寂滅)하다는 뜻이고, 래(來)는 조용(照用)의 뜻이다. 즉 적멸한 본체로 비추는 작용을 하는 것이 용(用)이고, 비추는 작용을 하는 것은 모두가 적멸한 본체로 하는 것이므로 체용(體用)이 동시에 작용하는 것이다. 그러므로 이름을 여래(如來)라고 하는 것이다." 라고 하고 있다.

여기에서 여래를 실제로 존재하는 삼세의 여래와 각자가 구족하고 있는 자신의 본성에서 여래가 되는 법을 체용의 논리로 설명하고 있다. 즉 적멸이 진여의 본체이고 조용(照用)은 본체로 조용(照用)하는 것이기에 체용(體用)은 동시에 작용하는 것이라고 하고 있다.

또 진실의에 대하여 다음과 같이 설하고 있다. 진실의에도 두 가지의 뜻이 있다. 첫째는 대상을 허망하다고 보는 것으로 세간에서 언어문자로 표현하는 것은 허망하고, 진실한 현묘한 뜻을 나타내는 것은 언어문자를 초월한 것을 '진실한 뜻'이라는 것이다. 그러므로 『금강반야바라밀경』에서 "만약에 (고정된) 형상(色)으로 친견하려고 하거나 (고정된 언어문자) 음성으로 구하려고 하면 (진여의 지혜로 생활하는)여래를 친견할 수 없다." 라고 한 것이다. 만약에 진실한 뜻을 체득하여 해탈하면 허망한 언구(言句)전체가 진실한 것이 된다.

둘째는 앞에 보이는 대상을 평등한 법으로 보면 대상경계가 모두 진여의 지혜로 분별하게 되는 것이므로, 평등한 대상경계를 모두 깨닫는 것을 항상 쉽다고 설명하고 있다.

만약에 능히 무상(無上)하고 평등한 삼중법(三重法)을 정확하게 깨달아 요달했다고 하면 그것은 실제로 거짓말이 아닌 것이고, 실제로는 진여의 지혜로 생활하는 보람 있는 실제의 생활이 어렵다고 하는 것이다.

고인(古人)이 말하기를, "열반의 마음인 진여의 지혜는 쉽게 깨달아 밝힐 수 있지만, 진여의 지혜로 차별하는 세간에서 살아가는 것이 분명히 어렵다고 하는 것은 긍정 (바른 것)도 초월해야 한다." 라고 설하고 있다.[21]

---

21) 『慈悲道場水懺法隨聞錄』卷1(만속장』74, 664쪽. 하13.)

〔개경게(開經偈)〕

2) 開法藏眞言(개법장진언) : 자신의 불법(佛法)의 장경(藏經, 여래장)을 개시 (開示)하는 진실한 말씀 ; 개경게 : 자기자성의 경전(經典, 佛法의 경전)을 펼치는 게송(偈頌, 노래)

옴 아라남 아라다 (3번)
唵 阿囉喃 阿囉哆[22)]
oṁ āraṇam ārata[23)]

開法藏眞言(개법장진언)

자신의 불법(佛法)의 장경(藏經, 여래장)을 개시(開示)하여 진실한 말을 하겠다고 하였는데 자신의 법장(法藏)을 개시오입(開示悟入)하는 것이다. 즉 자신의 법장(法藏)이 여래장(如來藏)이라는 사실을 체득해야 하는 것이다.

자신이 여래가 되어 하는 모든 말들은 진실한 말이 되는 것이다. 자신이 중생으로서 하는 말들은 모두가 아무리 훌륭하고 좋은 언어문자일지라도 현자(賢者)의 지식에 불과한 것이다.

부처는 아무리 무식(無識)해도 지혜로 살아가는 이를 불자(佛子)라고 하는 것이지 유능하고 전지전능한 현자(賢者)를 불자(佛子)라고 하지는 않는다.

---

22) 『三門直指』(一卷)(『불교전서』10권, 145쪽. 상.)
23) 正覺, 『천수경 연구』, 172쪽.
이평래, 『천수천안우리님』, 51쪽.
한정섭, 『천수경강의』, 57쪽. 경기, 불교대학교재편찬위원회, 2008.

왜냐하면 지혜가 없기 때문이다. 지혜가 없으므로 행복속이나 고통 속에 살면서도 전혀 지옥과 천상에서 윤회하는 것을 구분하지 못하게 되는 것이다.

개법장진언이라고 하는 것은 자신이 진여의 지혜로 불법(佛法)에 맞게 살아가며 진실한 말을 하겠습니다. 라는 발원을 하고 있는 것이다.

옴 아라남 아라다(oṁ āraṇam ārata)

옴 아라남 아라다(oṁ āraṇam ārata)에서 옴!(oṁ)은 무(無)! 자(字)와 같은 모든 망념을 쳐부수는 무기(武器)이기에 망념이 일어나면 옴! 이 한마디로 모든 망념은 소멸되는 것이다. 그러므로 무상심심미묘법이라고 할 수 있다.

아라남(āraṇam)은 아주 깊은 것을, 위기를, 궁지를 등으로 사용하는 āraṇa의 대격으로 '백천만겁이 지나도 만나기 어려운 아주 깊은 것을' 이라는 것은 자기가 행해야만 하는 미묘법이기 때문이다. 그러므로 백천만겁난조우라고 하는 것이다.

아라다(ārata)는 Ā-√ram의 과거수동분사로 깨닫게 되어졌다, 체득하여 졌다 라는 뜻이고, 수지하여, 체득하여 라는 뜻으로 구경의 경지에 도달하게 되었다는 것이다. 그러므로 아금문견득수지라고 하는 것이다.

그러므로 망념이 없는 지혜를 살려내는 활인검(活人劍)의 이 한마디 옴! 자(字)로 만법일여(萬法一如)의 경지가 되면 항상 진여의 지혜로 생활하게 되니 극락국토에서 살게 되는 것이다. 즉 자신의 여래장을 펼치게 되는 것이다. 경전을 보든 자신의 생활을 하던 자신의 여래장을 자각하여 지혜로 잘 살아가겠다는 서원의 발단인 것이다.

그러므로 번역하면, "옴! 하며 자신이 진여와 하나 되어 자신이 진여의 지혜로 생활하니, 미묘(微妙)하여 백천만겁이 지나도 만나 보기 어려운 법을 지금 내가 보고 들어 깨닫게 되어졌습니다. (옴! 하면서 진여, 여래장이라는 것을 자각하니 백천만겁에 만나기 어려운 시방삼세와 만법일여(萬法一如)가 되어 항상 여시(如是)한 진여의 지혜가 발현 되어졌으니 진여의 지혜로 불법에 맞게 생활하겠습니다.)" 라고 할 수 있다.

【해설】

위의 "無上甚深微妙法, 百千萬劫難遭遇. 我今聞見得受持, 願解如來眞實義.(부처의 지혜로운 생활은 아주 심오하여 불가사의한 부처의 지혜를 사용하는 것은 자신이 해야 하는 법(法)이니, 백천만겁이 지나도록 자신이 사용하여도 자신이 사용하는 줄을 몰랐으니 서로 만나기는 어려운 것이었네. 내가 이제 지금 자성의 경전(經典)을 보고 듣게 되어 수지(授持)하게 되었으니, 여래(如來)의 진실한 의지(意旨)로 정확하게 살아가기를 발원합니다.)" 라는 내용을 반복하는 것이다.

그러므로 '옴!' 을 '무상심심미묘법' 과 비교하면 미묘하다는 것은 자신이 불법(佛法)을 사용하면서도 자신이 모르고 있으므로 미묘(微妙)하다는 것이다.

'아라남' 은 자신의 여래장을 사용하는데 자신이 모르고 살아가므로 '위기, 궁지, 깊다' 라고 한 것을 백천만겁이라는 시간에 비유하여 난조우(難遭遇)라고 하여 만나기 어렵다고 표현한 것으로 볼 수 있다.

'아라다' 는 이제 어려운 법을 지금 내가 보고 들어 깨닫게 되어 수지하게 되었다는 뜻으로 즉 '아금문견득수지' 에서 깨달아졌다는 '아라다' 는 만법일여의 경지, 진여의 지혜를 나타내어 자신이 만법일여가 되어야 하는 것을 표현한 것이고, 그리고 '원해여래진실의' 는 "여래(如來)의 진실한 의지(意旨)를 깨달았으니 정확하게 여래로 살아가기를 발원합니다." 라고 하는 것을 범어 '아라다' 에 포함시킨 것 같다.

이 개법장진언의 범어는 개경게 이후에 만들어 졌는지 자세하게 알 수는 없다.

Ⅱ 관세음보살과 같은 마음으로

4. 千手千眼 觀自在菩薩 廣大圓滿 無碍大悲心 大陀羅尼[24] 啓請(천수천안 관자재보살 광대원만 무애대비심 대다라니 계청) : 천수천안 관자재보살의 서원인 광대하고 원만하신 장애가 없는 대자비심의 다라니(總持, 진언, 주문)를 열겠습니다.

【해설】

천수천안은 천수관세음보살을 말하는 것으로 천개의 손과 눈을 가지신 관세음보살을 지칭하는 것이다. 일반적으로 양손의 합이 40개이며 한 개의 손마다 25유의 중생을 제도하므로 40×25=1000개의 손과 눈으로 중생을 제도하는 관세음보살을 천수천안관세음보살이라고 한다.

이 보살은 천개의 손과 눈으로 중생을 제도(濟度)하는데 숫자상의 눈과 손이 중요한 것이 아니고 자신에게 일어나는 망념을 자각하려면 광대(廣大)하고 원만한 진여의 지혜가 있어야 하는 것을 천수천안이라고 하는 것이다.

원만한 진여의 지혜로 생활하면 시방삼세에 장애가 없게 되니, 위대한 자비심을 발(發)하게 되어 위대한 다라니로 살아가게 되는 것을 말하는 것이다.

천수천안관자재보살의 서원인 광대원만 무애대비심 대다

---

24) 『千手千眼觀世音菩薩大悲心陀羅尼』卷1(『大正藏』20, 115쪽. 중19.)
『觀音經持驗記』卷2「觀世音大悲心陀羅尼」(『만속장』78, 107쪽. 상14.)

라니를 풀어보면 천수천안이라는 것은 관세음보살(관자재보살)[25]을 지칭하는 말인데 많은 손과 많은 눈을 가진다는 것은 뒤 구절에 나오는 대비심을 말하는 것이다. 즉 자비를 베푸는 원력을 천수천안이라고 하는 것으로 자비와 지혜를 말하는 것이다.

왜냐하면 만약에 관세음보살(관자재보살)을 대상으로 보면 전지전능한 종교를 상상하게 되는데 그렇게 하면 많은 모순이 나타나게 된다.

관세음보살(관자재보살)은 자신이 세간의 망념을 관조(觀照)하여 깨달아 바르게 아는 지혜로 실천하는 사람을 관세음보살이라고 하고, 자신이 망념을 자유자재하게 관조(觀照)하여 깨달아 바르게 아는 지혜로 살아가는 사람을 관자재보살이라고 하는 것으로 범어에서는 같은 뜻인 avalokiteśvāra가 된다.

그러므로 천수천안은 망념을 자유자재하게 관조(觀照)하는 안목을 구족하여 실천하는 것을 말하는 것이다.

광대원만이라고 하는 것은 관조하는 보살의 지혜가 광대하고 원만하다는 것이다. 왜냐하면 진여(眞如)로 관조(觀照)하기 때문에 광대원만이라고 하는 것이다. 청정하여 차별분별이 없는 지혜가 발현되어 관세음보살이 되는 것이다.

---

25) 『般若波羅蜜多心經』卷1(『大正藏』8, 850쪽. 상17.) : 「觀世音自在菩薩摩訶薩告具壽舍利子言」
『佛說佛名經』卷1(『大正藏』14, 185쪽. 하12.) : 「南無觀世音自在佛」
『千手眼大悲心咒行法』卷1(『大正藏』46, 974쪽. 상2.) : 「南無千手千眼大慈大悲觀世音自在菩薩摩訶薩」

무애대비심이라고 하는 것은 대자대비를 실천하는데 아무런 장애가 없게 되는 것이다. 아무런 장애가 없다는 것은 자신의 망념을 진여의 지혜로 자신이 관조하게 되니 망념의 근원을 제거하게 되므로 환희하게 되어 대자대비심이라고 하는 것이다.

여기에서 간혹 타인을 구원이나 구제한다고 하면 벌써 아상, 인상, 중생상, 수장상인 사상(四相)에 떨어지게 되니 보살이 아닌 것이다.

그러므로 인간이 인간을 구원하여 준다고 하는 인간위의 인간을 추구하게 되는 것이다. 이것은 종교가 아니고 종교(宗敎)라는 의미를 서구의 신앙인 종교(從敎, 種敎)를 믿는 전지전능하기를 바라는 사대주의의 발상인 것이다.

그러므로 절대평등의 세계에 부처로 살아가는 종교(宗敎)가 되려면 자신의 마음을 진여의 지혜로 생활하게 하여야 하는 것이고, 그렇지 않으면 자살이 없는 지혜의 삶을 살아가는 부처를 비방하는 것이 되고 부처의 제자가 아닌 것이 된다.

대다라니는 위대한 주문(呪文), 총지(總持), 진언(眞言)이라는 의미이고, 관세음보살로서 망념을 제거하는 올바르고 진실한 말을 하는 여래가 되라는 뜻이다.

여기에서 불자들이 아는 신앙의 대상으로 보는 관세음보살의 서원과 관세음보살의 서원을 실천하는 것으로서 자신이 관세음보살이 되는 법은 구분해야 하는 것이다.

종교(宗敎)라는 것은, 자기 자신의 삶을 지금 있는 그곳에서 최고의 삶(聖者)을 살아가게 하는 것이 아니고 과거나 미래를 위하여 살아가게 한다면 종교(宗敎)가 아닌 신앙의 종교(從敎)인 것이다.

최고로 전지전능한 유일신을 만나서 자신을 의탁해야 한다는 마음을 제거하고 자신의 지혜를 발현시키기 위하여 '백천만겁난조우' 라는 시간적인 말을 한 것이 아니겠는가?

그리고 어느 세월에도 자신이 진여의 지혜로 살아간다는 것을 알지 못하기에 『전유경』에 독화살을 비유한 것이고, 설령 죽은 후에 만나게 되는 천당이나 극락이 있다고 추구한다면 정말로 어리석다고 하는 것을 말하는 것이다.

불교에서는 유일신을 숭배하고 따르는 종교(從敎)가 아니라 절대의 평등한 삶을 살아가게 하는 진여의 지혜로 현재에 충실하게 성자(聖者)로 살아가는 것을 요구하고 있는 종교(宗敎)인 것이다.

즉 서구의 어느 철학자가 말했듯이 "내일 지구가 멸망해도 오늘 사과나무를 심겠다." 라는 것은 지금 현재를 충실하게 살겠다는 것으로 유명한 명언이 되었다. 그래서 항상 진여의 지혜로 살아가기를 바라는 불교와도 일맥상통(一脈相通)하게 되는 것이다.

여기에서는 관세음보살께서 서원(誓願)으로 대다라니를 설(說)하는 것에 따라 나도 관세음보살과 같이 서원을 하여 모든 망념의 중생을 모두 제도하지 않으면, 정각을 이루지 않겠다는 각오로, 이 다라니를 염(念)해야 관세음보살이 되고, 그 서원의 실천으로 지금 극락세계에 왕생하겠습니다. 라고 지금 서원(誓願, 발원)해야 하는 것을 천수천안관자재보살광대원만무애대비심대다라니계청이라고 하는 것이다.

〔천수천안관자재보살(千手千眼觀自在菩薩)〕

※ (관세음보살의 원력에 따라 모두를 원만하게)

稽首觀音大悲呪　願力弘深相好身
계수관음대비주　원력홍심상호신
千臂莊嚴普護持　千眼光明便觀照
천비장엄보호지　천안광명변관조

관세음보살의 서원인 위대한 자비를 실천하는 진실한 말씀에 맞게 살아가면서,

관세음보살의 원력을 무량수불과 같이 하여 모두가 부처의 상호를 이루게 하여,

모든 중생의 망념을 천개의 팔로 장엄하여 널리 불법(佛法)을 호지(護持)하고,

많은 안목의 지혜로 세간의 모든 망념을 관조하여 진여의 지혜로 살겠네.

【해설】

※ 계수관음대비주에서 자신이 관세음보살의 대비(大悲)주(呪, 다라니, 진언)에 계수(稽首, 歸依)한다는 것은 대비주(大悲呪, 대자비의 다라니)와 하나 되는 것을 의미하므로 자신이 불법(佛法)을 총지(總持)하는 것이다. 자신이 불법(佛法)을 체득하여 대자비를 실천하는 것이 된다.

계수(稽首)는 부처님의 발에 머리를 대고 예배하는 것을

말하는데 여기에서는 관세음보살의 주(主, 呪)에 예배하고 귀의하는 것이다. 그러므로 자신의 망념을 관조하여 대자비를 실천하는 진실한 말을 관세음보살의 서원과 똑같이 하겠습니다. 라고 하는 서원이다.

주(主)나, 주(呪)라고도 되어 있는데 주(主)가 되어도 관세음보살의 발원인 대자비를 실천하는 것을 주인으로 하여 자신이 관세음보살과 똑같이 실천하겠다는 서원이다.

※ 원력홍심상호신은 위와 같은 원력(願力)을 발원하려면 마음을 무량수불, 무량광불과 같이 48대원을 발해야 하며 모든 중생들이 부처의 32상 80종호를 구족하기를 발원해야 하는 것이다. 이것은 자신의 안목이 법신(法身)이 되어야 하는 것을 의미한다. 자신이 불법(佛法)의 지혜를 체득하면 모든 중생들은 32상 80종호가 구족되는 것이다.

아미타불의 좌우보처가 관세음보살과 대세지보살인 것은 이 보살들의 서원을 실천하지 않으면 아미타불의 극락국토에 왕생하지 못한다는 것을 암시하는 말이 아니겠는가? 그러므로 서원을 부처와 같이 해야 하는 것이다.

※ 천비장엄보호지는 모든 중생들의 망념을 천개의 팔로 장엄하는 것은 자신이 불법(佛法)을 체득하는 것이고, 불법(佛法)을 체득한다는 것은 불법을 호지(護持)하는 것이다.

항상 자신이 진여의 지혜로 살지 못하면 보살이 되지 않는 것이므로 아무도 제도(濟度)하지 못한다는 것을 항상 강조하고 있는 것이다.

현대에는 자신은 알지 못하면서도 누구를 맹목적으로 구원해야한다고 한다면 앞에 말했듯이 신앙의 종교(從敎)를 종교(宗敎)로 착각하여 자신은 불행하게 되는 것이다.

그리고 자신도 구제하지 못하면서 남을 구제한다고 하면, 자신은 사용하지도 못하는 물건을 남에게 강요하여 팔아먹는 세간의 사기꾼과 무엇이 다르겠는가? 과연 종교(種敎)라고 하는 단체에서 수행한다고 하며 사람들을 기만하면 종교(宗敎)라고 할 수 있겠는가?

※ 천안광명변관조는 이와 같이 불법(佛法)을 호지(護持)하면 모든 안목으로 세간의 모든 중생의 망념을 자신의 지혜로 관조하는 지혜를 구족하여 분명하게 진여의 지혜로 생활하게 되어 모든 중생들에게 자비를 실천하게 하는 것이다.

정법(正法)의 안목(眼目)이 구족되면 관조반야(觀照般若)의 지혜로운 생활을 하게 되니 자비가 발현되어 관세음보살로서 지혜롭게 생활하게 되는 것이다. 그러므로 많은 안목의 지혜로 세간의 모든 중생의 망념을 관조하여 진여의 지혜로 불법(佛法)에 맞게 살겠습니다. 라고 서원하는 것이다.

즉 천안광명변관조를 번역하면, "천안통의 지혜로 곧바로 세간의 중생심을 관조하겠습니다." 라고 하는 것이다. 중생을 변화시켜 부처가 되게 모든 팔로 장엄하니 육신통 중의 하나인 천안통을 구족하게 되어 곧바로 중생의 망념을 진여의 지혜로 전환하여 불법(佛法)에 따라 생활하게 되는 것이다. 즉 중생이 바로 부처가 되는 것이고, 마음이 바로 부처가 되는 것이다.

眞實語中宣密語　無爲心內起悲心
진실어중선밀어　무위심내기비심
速令滿足諸希求　永使滅除諸罪業
속령만족제희구　영사멸제제죄업

진실하게 설법을 하여 현묘(玄妙)한 지혜를 정확하게 베푸는 것을,

무위심(無爲心)으로 하여 자비심을 발현하네.

모든 바라고 구하는 마음을 빨리 만족하여서,

모든 죄업을 영원히 소멸(燒滅)시키고 제거하네.

〔자비심(慈悲心)〕

【해설】

※ '眞實語中宣密語 無爲心內起悲心' 에서 보면 진실한 설법(說法)이라는 것은 여시한 생활을 의미하므로 항상 진여의 지혜로 생활하는 것을 말하고 있는 것이다.

그러므로 진실하게 생활하면 비밀은 없는 것이고 진실하지 않으면 많은 비밀이 숨어 있게 되는 것이다. 진실한 말에는 항상 진여의 지혜가 있어야 하는 것이기에 '진실어중선밀어' 라고 하는 것이다.

만약에 자신이 진여의 지혜를 구족하지 못하면 무슨 말을 하여도 진실한 말이라고 하는 것은 성립되지 못하게 된다.

'무위심내기비심' 에서 진여의 지혜로 말을 하면 차별분별이 없는 무위심(無爲心)이 되어 설하는 것이므로 항상 자비심으로 살게 되는 것이다. 자비심이라고 하는 것은 무위(無爲)의 마음이 아니면 자비심이 아닌 것이고 육바라밀의 실천이 아닌 것이다.

즉 사상(四相; 아상, 인상, 중생상, 수자상)이 있게 되어 보살이 아니고 현자(賢者)가 되는 것이다.

※ '速令滿足諸希求, 永使滅除諸罪業' 에서 자신이 희구(希求)하는 마음에서 빨리 만족하여야 무위심이 되어 진실한 말을 하게 되는 것이다.

그러므로 자신의 마음을 빨리 색즉시공으로 만족시켜야 모든 바라고 구하는 희구(希求)하는 마음이 충족되는 것이다.

'영사멸제제죄업' 에서 마음을 색즉시공이 되게 하려면 영원히 모든 죄업(罪業)을 소멸시켜 없어야 하는 것이므로 자신의 의식 속에서 일어나는 희구하고자하는 중생심의 업장을 제거하고 소멸(燒滅)시켜야 희구(希求)하는 것을 가장 빨리 만족시키는 것이 된다.

즉 "희구하는 마음을 만족하여 죄업을 영원히 사라지게 하여 생활하겠습니다." 라고 하는 것이다.

天龍衆聖同慈護　百千三昧頓薰修
천룡중성동자호　백천삼매돈훈수
受持身是光明幢　受持心是神通藏
수지신시광명당　수지심시신통장

천상의 인간과 불법(佛法)을 옹호하는 용왕 중성(衆聖)들과 똑같이 불법(佛法)을 자비(慈悲)로 수호(守護)하여서,

백 천 가지 온갖 삼매(三昧)를 바로 체득하여 진여의 지혜로 훈습하여 수행하네.

불법(佛法)을 수지(授持)하는 육신은 지혜의 광명(光明)을 발하는 법당(法幢)이 되고,

불법(佛法)을 수지(授持)한 이 마음이 신통(神通)을 발하는 창고이네.

【해설】

※ ‘天龍衆聖同慈護, 百千三昧頓薰修’ 를 연결하여 보면 “천룡(天龍)중성(衆聖)들과 똑같이 자비(慈悲)로 불법(佛法)을 수호(守護)하여서 온갖 삼매(三昧)를 바로 체득하여 진여의 지혜로 수행하겠습니다.” 라고 서원(誓願)하는 것이다.

천룡중성동자호에서 천룡중성을 풀어보면 천상(天上)인간(人間)을 줄여서 천인(天人)이라고 하는데, 간혹 무지한 사람들은 하늘에 나라가 있고 그 나라에 사람이 살고 있다고 생각한다. 혹은 죽은 사람이나 아니면 자신의 분신 혹은 영혼을 구분하기도 하고, 뛰어난 전지전능한 사람을 천인(天人)이라고 알고 그곳에 태어나려고 한다. 그러나 여기에서 천인(天人)은 중생심이 없고 불법(佛法)에 따라 생각으로만 살아가는 사람을 천인(天人)이라고 한다.

그리고 용, 용왕은 자신의 마니보주를 입에 물고 불법(佛法)을 수호하는 사람들을 말하는 것이다.

중성(衆聖)은 소승의 초과(初果)이상과 대승의 초지(初地)이상으로 의혹(疑惑)을 끊고 진여의 지혜를 증득한 성인(聖人)을 말한다.

동자호는 자신이 천룡중성이 되어야 불법(佛法)을 수호하게 되는 것이고 천룡중성은 자비심을 항상 발하고 있는 것이므로 자기도 천룡중성과 똑같이 되어야 하는 것이다.

백천삼매돈훈수에서 천룡중성이 불법(佛法)을 수호하는 것은 진여지혜의 근원인 삼매가 되어야 불법(佛法)에 맞는 지혜가 되는 것이다. 그러므로 백천삼매를 이루고 바로 진여의 지혜로 훈습(薰習)하여 수행(修行)하겠습니다. 라고 하는 발원이다.

※ '受持身是光明幢, 受持心是神通藏' 을 해석하여 보면 '불법(佛法)을 수지(授持)하는 육신은 지혜의 광명(光明)을 발하는 법당(法幢)이 되고, 불법(佛法)을 수지(授持)한 이 마음이 육신통(六神通)을 발하는 창고가 되는 것이다.' 라고 하는 것이다.

불법(佛法)을 수지(授持)하는 육신은 지혜의 광명(光明)을 발하는 법당(法幢)이므로 모든 이들을 자비로 제도(濟度)하는 것이고, 불법(佛法)을 수지(授持)한 마음은 자신의 지혜를 사용하는 창고가 되는 것이다. 창고인 여래장은 진여의 지혜로 생활하여 여래가 되는 근원인 것이다. 즉 마니보주, 여의주, 여래장을 활용하여야 여래가 되는 것이다.

다시 살펴보면 천룡중성은 불법(佛法)을 호지(護持)하는 것을 말하는 것으로 백천삼매로 훈수한다는 것은 모든 것들이 만법일여가 되게 하겠습니다. 라고 서원하는 것이다.

만법일여의 경지가 되면 자신은 불법(佛法)을 수지(受持)하여 진여의 지혜로 살아가는 법당(法幢)이 되는 것이고, 자신의 마음은 불법(佛法)을 수지(授持)하여 진여의 지혜로 살아가니, 모든 중생들의 귀감이 되어 신통으로 제도(濟度)되게 하겠습니다. 라고 불법(佛法)을 수지하기를 서원하는 것이다.

洗滌塵勞願濟海　超證菩提方便門
세척진로원제해　초증보리방편문
我今稱誦誓歸依　所願從心悉圓滿
아금칭송서귀의　소원종심실원만

번뇌 망념의 중생심을 씻어내어 업해(業海)를 건너가기 원(願)하고,

깨달음(菩提)의 방편문을 초월하여 (진여의 지혜를) 증득(證得)하네.

내가 지금 (방편을) 칭송(稱誦)하며 불법(佛法)에 귀의하기를 서원(誓願)하고,

불심(佛心)에 따라서 소원(所願)하는 것을 모두(悉) 원만하게 하네.

【해설】

※ '洗滌塵勞願濟海, 超證菩提方便門' 에서 "번뇌 망념의 중생심을 씻어내어 업해(業海)를 건너가기 원(願)하고, 깨달음(菩提)의 방편문을 초월하여 (진여의 지혜를) 증득(證得)하겠습니다." 라고 하여 번뇌망념을 절단하고 반야의 지혜를 체득하는 방법을 설하고 있는 것이다.

번뇌망념의 진로(塵勞)를 벗어나 업장을 소멸하고자 하면 깨달음의 방편을 모두 초월해야 진여의 지혜로 생활하게 되는 것이다. 『金剛經彙纂』에서는 중유(中有)를 진여(眞如)

로 나타내어 설명하며 중유에서 자각하는 것을 반야의 지혜라고 설하고 있다.

『金剛經彙纂』卷1에 “盛誠齋가 해석한 것에 의하면 이 경은 성체(性體)에 따라 명칭이 나타난 것으로 중유(中有)에서 진실하게 자각하는 것을 반야의 지혜라고 하는 것이다. 금강과 같은 지혜로 능히 망념을 단절하여 보리의 증득을 초월해야 하는 것을 그대는 마땅히 봉지(奉持)해야 하는 것이다.

다만 이 마음을 봉지(奉持)하는 것을 마치면 이 마음 이외에 특별한 반야바라밀은 없는 것이다. 소위(所謂) 말하는 이 마음으로 생활하는 것이 곧 부처라는 것을 말하는 것이다. 부처는 사람들이 언구(言句)로 불법(佛法)을 구하는 것을 두려워한다.

그러므로 말하기를, “곧바로 초월하면 불성(佛性)을 자각하는 본체는 없는 것이다.” 라고 하는 것이다. 무슨 명칭이 있어서 자신이 설하고 자신이 뒤집고 하는 것은 곧바로 사람들이 받들게 하고자 하는 것이고 흉중에는 하나의 언어문자라는 흔적도 남아 있는 것이 아니다.(○盛釋. 此經從性體立名, 中有眞覺, 爲般若之智慧. 如金剛之能斷, 超證菩提, 汝當奉持. 只奉持此心而已, 此心之外, 別無般若波羅蜜. 所謂即心即佛是也. 佛恐人於句下求法. 故云即非, 覺性無體. 何有於名, 自說自翻, 直欲使奉持之人, 胸中不留一箇字脚.”)[26] 라고 하며 몰종적의 조사가

26) 『金剛經彙纂』卷1(『만속장』25, 778쪽. 하14.) : 「○盛釋. 此經從性體立名, 中有眞覺. 爲般若之智慧, 如金剛之能斷, 超證菩提. 汝當奉持, 只奉持此心而已. 此心之外, 別無般若波羅蜜, 所謂即心即佛是也. 佛恐人於句下求法. 故云即非, 覺性無體. 何有於名, 自說自翻, 直欲使奉持之人. 胸中不留一箇字脚.」

되라고 설하고 있는 것이다.

※ '我今稱誦誓歸依, 所願從心悉圓滿' 에서 "내가 지금 (방편을) 칭송(稱誦)하며 불법(佛法)에 귀의하기를 서원(誓願)하고, 불심(佛心)에 따라서 소원(所願)하는 것을 모두(悉) 원만하게 하겠습니다." 라고 하며 지금 바로 어디에서든지 불법(佛法)의 지혜로 자각하여 대상으로 바라는 모든 것을 원만하게 자각하기를 바라고 있는 것이다.

'아금칭송서귀의' 는 내가 지금 관세음보살의 원력을 칭송하며 진여의 지혜로 살아가기를 서원하는 것이다.

'소원종심실원만' 은 중생심의 마음은 항상 바라는 탐진치와 오욕락(색성향미촉; 재욕, 색욕, 음식욕, 명예욕, 수면욕)이 있기 때문에 고(苦)라고 하는 것이다.

이런 것을 고(苦)라고 하지 않고 락(樂)이라고 하는 것은 지금 추구하고 있는 마음을 자기의 것이라고 착각하고 있기 때문이다. 사람들은 이런 착각, 환상의 꿈에서 깨어나기 싫어하고 있는 것이다. 이와 같은 착각, 환상에서 깨어난 것을 부처가 출현하였다고 하는 것이다.

여기에서 소원(所願)이라는 말은 의식의 대상으로 바라는 중생심의 마음을 소원이라고 하는 것이다. '소원종심' 에서 중생심의 마음에 따라 바라는 마음이라고 번역하면 뒤 구절인 '실원만' 을 누구에게 구하여 원만하게 한다고 할 수 있기에 불심(佛心)에 따라서 대상으로 소원(所願)하는 마음만 포기하면 모두가 원만하여져서 지금 바로 극락세계에 왕생하게 된다는 것을 함장하고 있는 말이다.

근기가 낮은 사람들을 위하여 열심히 신앙하면 자신이 원하는 모든 것을 성취하고, 구원하게 하여 준다고 하면 신앙심만 돈독해지고 광신자가 될 수도 있는 것이다.

또 다음 생에 영혼이 극락세계에 태어난다고도 하고, 전생의 업보 때문에 잘 살고 못 사는 것이라고 하여 위안을 받게도 하고, 현재에 모두를 보호하여 준다고도 하여 중생심의 마음만 키우게 하는 것은 과연 얼마나 근기가 낮은 사람들을 위한 것인가가 21세기를 사는 사람으로서 의심이 된다.

그러므로 의식의 대상으로 바라는 마음을 소원(所願)이라고 하는 것이고, 소원은 중생심의 마음에서 일어나게 되는 것이다. 중생심을 불심(佛心)으로 돈오(頓悟, 전환)하면 소원(所願)이 서원(誓願)으로, 발원(發願)으로 되는 것이다.

서원(誓願)이나 발원(發願)이 되면 모든 것이 충만하여지기 시작하여 삼보에 귀의하기를 서원하고 관세음보살의 원력(願力)을 칭송하게 되는 것이다.

그러므로 '아금칭송서귀의, 소원종심실원만' 이라고 서원하고 있는 것이다.

〔소원종심실원만(所願從心悉圓滿)〕

※ (나의 원력을 관세음보살의 10대원[27]과 같이 발원하다.)

南無大悲觀世音　願我速知一切法
나무대비관세음　원아속지일체법
南無大悲觀世音　願我早得智慧眼
나무대비관세음　원아조득지혜안

대자대비하신 관세음보살에게 귀의하오니,
내가 일체법(一切法)을 빨리 깨닫기를 서원합니다.
대자대비하신 관세음보살에게 귀의하오니,
내가 지혜의 안목을 빨리 체득하기를 서원합니다.

【해설】

나무대비관세음을 풀이하여 보면 나무는 범어로 namaḥ(namo)로 귀의 한다는 뜻이다.

대비(大悲)는 대자대비(大慈大悲)의 줄인 말이고 자비(慈悲)에서 자(慈)는 즐겁게 한다는 것이고 비(悲)는 고통의 원인을 제거한다는 뜻이다.

---

27) 『十一面神咒心經義疏』卷1(『大正藏』39, 1006쪽. 하29.) :「值空王觀世音佛乃發十願. 一大悲觀世音願知一切法, 二大悲觀世音願乘波若船, 三大悲觀世音願得智慧風, 四大悲觀世音願得善方便, 五大悲觀世音願度一切人, 六大悲觀世音願超生死海, 七大悲觀世音願得戒定道, 八大悲觀世音願登涅槃山, 九大悲觀世音願會無爲舍, 十大悲觀世音願同法性身, 是觀世音發願. 願我未來作佛, 字觀世音三昧, 稱我名不往來度者不取妙色身. 若行此願清淨莊嚴一室, 以於此土行菩薩道. 故知未成佛菩薩也.」

관세음은 앞에 설명하였듯이 범어로 avalokite— śvāra 이고 세간의 망념을 자신이 관조(觀照)하는 전문가인 것이다.

나무대비관세음을 번역하면 "세간의 번뇌망념을 관조(觀照)하고 자비(慈悲)로 번뇌를 제거하는 관세음보살과 같이 진여의 지혜로 생활하고, 내가 일체법(一切法)을 진여의 지혜로 빨리 깨달아 살아가겠습니다." 라고 하는 것이다.

여기에서 일체법을 진여의 지혜로 어떻게 깨닫는가를 알아야하는 것이다. 다음에 나오는 내용이 "내가 지혜의 안목을 빨리 체득하기를 원합니다." 라고 하고 있듯이 지혜의 안목이 있어야 일체법을 자각하게 되는 것이다.

일체법이 무엇인가를 알면 해결되는 것이다. 일체법이란 '만법일여(萬法一如)' 라는 말에서 보듯이 만법(萬法)과 같은 말이다. 이 세간의 모든 것을 일체법이라고 하지만 여기에서 이 세상의 모든 것을 다 알아야 하는 전지전능한 지식을 일체법이라고 하면 현자(賢者)를 성자(聖者)로 착각하게 되는 것이다.

그러므로 어느 누구든지 부처가 될 수 있다는 평등한 입장에서 보면, 전지전능한 것을 추구한다면 불평등하게 되는 것이다. 여기에서는 누구나 평등하게 부처가 되어야 하기에 일체법은 자신이 의식의 대상으로 아는 모든 것을 일체법이라고 말하는 것이다.

내가 아는 일체법 하나하나를 빨리 진여의 지혜로 자각하기를 서원합니다. 라고 해야 하는 것이다.

그러므로 연결하면, "세간의 번뇌망념을 관조(觀照)하고 자비(慈悲)로 번뇌를 제거하는 관세음보살과 같이 진여의 지혜로 생활하고자 하오니, 내가 아는 일체법(一切法)을 모두 빨리 진여의 지혜로 불법(佛法)에 맞게 깨닫기를 서원합니다." 라고 하는 것이다.

그리고 다음 구절도, "세간의 번뇌망념을 관조(觀照)하고 자비(慈悲)로 번뇌를 제거하는 관세음보살과 같이 진여의 지혜로 생활하고자 하오니, 내가 지혜의 안목을 빨리 체득하기를 서원합니다." 라고 하는 것은 일체법을 진여의 지혜로 자각하려면 지혜의 안목이 있어야 하는 것이다.

지혜의 안목(眼目)이 구족되어야 일체법이 만법일여의 경지가 되는 것을 자각할 수 있는 것이다. 만법일여, 일행삼매, 경계지성이라는 것은 자신이 아는 만법(萬法)을 청정한 공(空)이라고 자각하여야 여여(如如)한 여래(如來)가 되는 것이다.

세간에서 자신이 아는 모든 일체법을 하나하나 진여지혜로 자각하는 안목을 체득하기를 서원하는 것이다.

※ 대자대비관세음보살을 풀이하여 보면 관세음보살 속에 대자대비라는 말이 포함되어 있는 것이다. 왜냐하면 관세음보살이라는 말 속에는 자신의 육근으로 자각하여 부처와 같다는 것을 알게 되는 것과 육경(六境)인 만법(萬法)을 일여(一如)와 같게 하여 공덕을 짓는 대자(大慈)라고 하는 것이 있고, 또 자신이 육식(六識)의 번뇌망념을 제거하는 것과 모든 이들이 들으면 고통의 번뇌망념에서 벗어나게 되므로 대비(大悲)라고 하는 것이 있다.

그러므로 대자대비구고구난에서 자비를 실천하고 고난에 구원받는 방법은 멀리에 있는 것이 아니고 아주 가까이에 있는 것이 된다.

南無大悲觀世音　願我速度一切衆
나무대비관세음　원아속도일체중
南無大悲觀世音　願我早得善方便
나무대비관세음　원아조득선방편

대자대비하신 관세음보살에게 귀의하오니,
나는 자신의 일체중생을 어서 빨리 제도(濟度)하기를 서원합니다.
대자대비하신 관세음보살에게 귀의하오니,
나는 불법(佛法)이 근본적인 방편임을 빨리 체득하기를 서원합니다.

【해설】

앞에서 "일체법을 하나하나 진여지혜로 자각하는 안목을 체득" 하는 발원을 하고는 "나는 자신의 일체중생을 어서 빨리 제도(濟度)하겠습니다." 라고 하는 것은 일체법을 구체적으로 일체중생이라고 설명하고 있는 것이다.

일체중(一切衆)을 나 이외의 다른 중생이라고 하여도 되지만 자신을 구제하는 법도 모르고 타인을 구제하거나 구원한다고 하면 맹인(안목이 없는 사람의 비유)이 맹인을 이끌고 가는 격이다.

그래서 자신의 중생이라고 한 것이다. 자신의 중생을 제도하지 못하면서 타인만 구제하면 된다고 하는 모순을 범하면 되겠는가?

자신이 자신을 구제하는 법을 불교에서는 많이 제시하고 있다. 연꽃이 진흙탕에서 피어도 진흙에 물들지 않는 것을 비유하듯이 번뇌망념, 중생을 진여의 지혜로 자각하면 연꽃이 피기 시작하는 것이다.

그러므로 중생심을 돌이켜 불심(佛心)으로 전환하는 것을 돈오(頓悟)한다고 하는 것이다. 일체법을 돈오(頓悟)하여 진여의 지혜로 살아가기를 바라는 것을 자비심으로 설하고 있는 것이다.

번역하면, "세간의 번뇌망념을 관조(觀照)하고 자비(慈悲)로 번뇌를 제거하는 관세음보살과 같이 진여의 지혜로 생활하고자 하여, 나는 자신의 일체중생을 진여의 지혜로 어서 빨리 제도(濟度)하기를 서원합니다." 라고 하는 것이다.

다음 구절에서 설하고 있듯이, "나는 불법(佛法)이 근본적인 방편임을 빨리 체득하겠습니다." 라고 하는 것은 일체법을 돈오(頓悟)하는 근원적인 방편을 빨리 체득하겠다는 것이다. 방편이라는 것도 일반적으로 모든 경전을 방편법문이라고 하는 것과 타인을 가르치는 방편과 자신을 제도하는 근원적인 방편으로 나누어 볼 수 있다.

여기에서는 원아(願我)라고 시작하기에 자신을 구제하는

방편에 대하여 설명하면 일체법과 일체중을 제도하는 것은 불법(佛法)이다. 불법(佛法)이란 진여의 지혜로 일체법을 관조하는 것이다. 그러므로 일체중생을 제도하는 근원적인 방편이 되는 것이다.

번역하여 보면, "세간의 번뇌망념을 관조(觀照)하고 자비(慈悲)로 번뇌를 제거하는 관세음보살과 같이 진여의 지혜로 생활하고자 하여, 나는 불법(佛法)이 근본적인 방편임을 빨리 체득하기를 서원합니다." 라고 하는 것이다.

南無大悲觀世音　願我速乘般若船
나무대비관세음　원아속승반야선
南無大悲觀世音　願我早得越苦海
나무대비관세음　원아조득월고해

대자대비하신 관세음보살에게 귀의하오니,
나는 불법(佛法)으로 지혜의 배에 빨리 오르기를 서원합니다.
대자대비하신 관세음보살에게 귀의하오니,
나는 생로병사 고해(苦海)를 빨리 초월하기를 서원합니다.

【해설】

불법(佛法)을 방편이라고 하였으니 방편을 실천하는 법이 반야의 지혜이므로 지혜로 살아가는 배에 빨리 타겠다고 서원하는 것은 번뇌망념의 중생심에서 영원히 벗어나 고해

(苦海)을 초월하겠다는 강한 발원을 하는 것이다.

번역하면, '세간의 번뇌망념을 관조(觀照)하고 자비(慈悲)로 번뇌를 제거하는 관세음보살과 같이 진여의 지혜로 생활하여, 나는 불법(佛法)으로 지혜의 배에 빨리 오르기를 서원합니다.' 라고 발원하는 것이다.

그리고 지혜의 배에 올랐어도 상구(上求)보리(菩提) 하화중생(下化衆生)하지 않으면 목적의식에 떨어지게 되는 것이다.

다음 구절에서 말하고 있는 생로병사 고해(苦海)를 초월하려고 서원하는 것은 지혜의 배에 타야 고해(苦海)를 벗어날 수 있다는 것을 설명하고 있는 것이다. 즉 보리와 중생을 타인을 위하는 것이 아니고 자신의 의식의 대상에서 자신이 고해(苦海)를 초월하여 벗어나겠다고 서원하는 것이다.

번역하면, "세간의 번뇌망념을 관조(觀照)하고 자비(慈悲)로 번뇌를 제거하는 관세음보살과 같이 진여의 지혜로 불법에 맞게 생활하여, 나는 생로병사 고해(苦海)를 빨리 초월하기를 서원합니다." 라고 하는 것이다.

철저하게 개인주의를 초월하기 위하여 근원적인 서원으로서 반야의 지혜를 구족하여 관세음보살과 같은 자비심으로 살아가기를 원하는 것이고, 또 빨리 생사망념의 고해(苦海)를 초월하여 불법(佛法)의 지혜를 체득하고 관세음보살과 같은 대자비를 실천하기를 서원하는 것이다. 불법(佛法)에 맞는 진여(眞如)의 지혜를 체득하여야 고해(苦海)를 벗어날 수 있다고 말하고 있는 것이다.

불법(佛法)에 맞는 지혜를 체득하기 위하여 계정혜(戒定

慧)의 삼학을 구족해야 도(道)의 생활을 할 수 있는 것이므로 다음의 구절에 서원하는 것이다.

南無大悲觀世音　願我速得戒定(足)道
나무대비관세음　원아속득계정(족)도
南無大悲觀世音　願我早登圓寂山
나무대비관세음　원아조등원적산

대자대비하신 관세음보살에게 귀의하오니,
나는 계율(戒律)과 선정(禪定)으로 빨리 지혜롭게 살아가기를 서원합니다.
대자대비하신 관세음보살에게 귀의하오니,
나는 (진여의 지혜로) 원만한 열반적정의 경지에 빨리 도달하기를 서원합니다.

【해설】

번역하면, "세간의 번뇌망념을 관조(觀照)하고 자비(慈悲)로 번뇌를 제거하는 관세음보살과 같이 진여의 지혜로 불법에 맞게 생활하여, 나는 계율(戒律)과 선정(禪定)으로 빨리 지혜롭게 살아가기를 서원합니다." 라고 하는 것이다.

계정혜(戒定慧), 계정도(戒定道, 戒足道)라고도 하는데 풀어보면 계율(戒律)이라고 하는 것은 자신에게 망념(妄念)이 일어나지 않게 하는 것으로 즉 계행(戒行)에 맞게 살아가면 망념은 일어나지 않는 것이다.

자신의 마음속에서 계율에 대한의식과 그릇됨이 없는 것을 계(戒)라고 『육조단경』에서 지성에게 삼학(三學)을 설명하고 있다.

『육조단경』에서 정(定)은 자신의 마음속에 망념이 없는 것이기 때문에 마음이 흐트러짐 없는 것이라고 말하고 있다. 즉 정(定)은 삼매(三昧)가 되는 것을 말하는 것으로 조금 어렵게 말하면 경계지성(境界之性)이 되는 것을 말한다.

혜(慧)는 계행(戒行)에 어긋나는 것이 없고 대상경계와 삼매(三昧)가 되어 살아가는 것을 혜(慧)라고 하는 것이다. 즉 자신의 마음에 망념(妄念)이 없는 것을 스스로 아는 것이 된다.

도(道)는 계정혜(戒定慧) 삼학(三學)의 지혜로 생활하는 것을 도(道)라고 하는 것이다. 도(道)를 마음이 도(道), 촉목(觸目)하는 모든 것이 도(道)라고 하지만 생활하는 것이 도(道)가 되지 않으면 불교(佛敎)가 요즘 말하는 다른 종교(從敎)와 무엇이 다르겠는가? 그러므로 계정혜, 계정도(戒定道, 戒足道)는 같은 것으로, 삼학을 구족해야 고해(苦海)를 벗어난 열반적정의 경지에 구경에는 도달하게 되는 것이기에 다음의 서원(誓願)인 '願我早登圓寂山(원아조등원적산)' 을 발원하는 것이다.

번역하면, "세간의 번뇌망념을 관조(觀照)하고 자비(慈悲)로 번뇌를 제거하는 관세음보살과 같이 진여의 지혜로 생활하여, 나는 (진여의 지혜로) 원만한 열반적정의 경지에 빨리 올라가기를 서원합니다." 라고 하는 것이다.

원적(圓寂)은 열반적정(涅槃寂靜)을 뜻하는 것으로 번뇌망념이 없는 진여의 경지이다. 그러므로 진여(眞如)의 경지에 머무는 것이 아니고 진여(眞如)의 경지에서 지혜로 생활하여 여래(如來)가 되어야 하는 것이다.

관세음보살의 관조하는 진여의 지혜가 항상 작용하여 부처의 삶을 살아야 극락세계에 왕생하게 되는 것이다.

여기에서 열반적정의 경지에 도달하지 못하였기에 빨리 도달하기를 서원하는 것이다. 번뇌망념이 없는 것은 진실하고 여시(如是)하여 여여(如如)한 생활을 말하는 것이고, 세간의 차별분별을 하지 않고, 여여(如如)한 분별이므로 절대평등한 극락세계를 지금 이곳에서 이루어지게 서원(誓願)하고 있는 것이다.

南無大悲觀世音　願我速會無爲舍
나무대비관세음　원아속회무위사
南無大悲觀世音　願我早同法性身
나무대비관세음　원아조동법성신

대자대비하신 관세음보살에게 귀의하오니,

나는 이곳이 차별분별 없는 무위(無爲)의 법회도량임을 빨리 깨닫기를 서원합니다.

대자대비하신 관세음보살에게 귀의하오니,

내가 불법(佛法)의 본성으로 살아가는 법성신(法性身)임을 빨리 깨닫기를 서원합니다.

【해설】

번역하면, "세간의 번뇌망념을 관조(觀照)하고 자비(慈悲)로 번뇌를 제거하는 관세음보살과 같이 진여의 지혜로 생활하여, 나는 이곳이 차별분별 없는 무위(無爲)의 법회도량임을 빨리 깨닫기를 서원합니다." 라고 하는 것이다.

여여(如如)한 생활을 하면 지금 있는 이곳이 항상 무위(無爲)의 도량(道場)이 되어야 한다. 무위(無爲)라고 하면 차별분별이 없는 경지가 자신이 처한 곳마다 된다는 것을 빨리 깨달아서 관세음보살의 대자비를 실천하겠다고 서원(誓願)하는 것이다.

원적산(圓寂山)에 오르면 무위사(無爲舍)에 도달하게 되는 것이다. 무위사(無爲舍)는 지금 이곳이 극락세계가 되는 것을 말한다. 무위사(無爲舍)에 사는 사람은 다음 구절의 내용인 법성신(法性身)이 되어야만 되는 것이다. 그러므로 지금까지 서원을 하고 있는 것이다.

이제 마지막 단계인 '南無大悲觀世音, 願我早同法性身(나무대비관세음 원아조동법성신)' 에 대하여 알아보면 "세간의 번뇌망념을 관조(觀照)하고 자비(慈悲)로 번뇌를 제거하는 관세음보살과 같이 진여의 지혜로 생활하여, 내가 불법(佛法)의 본성으로 살아가는 법성신(法性身)임을 빨리 깨닫기를 서원합니다." 라고 하는 것이다.

'願我早同法性身' 을 풀이하여 보면 원아(願我)는 내가 서원(誓願)하는 것으로, 법성(法性)의 신(身)과 빨리 같다는 것을 자각하고자 서원하는 것이다.

법성(法性)은 법의 본성(本性)을 말하는 것이며, 불법(佛法)은 인연법이고, 성(性)은 본성인 여여(如如)한 진여(眞如)를 말하는 것이다. 그러므로 법성(法性)으로 이루어진 부처로 똑같이 살아가고 있다는 사실을 자각하기를 서원(誓願)하는 것이 된다.

다시 말하면 불법(佛法)의 본성(本性)으로 살아가는 법신(法身)과 같다는 것을 빨리 자각하여 관세음보살의 대자비(大慈悲)를 항상 실천하겠다고 하는 광대한 서원(誓願)을 하는 것이 된다.

※ (자신의 원력으로 삼악도의 근원이 제거되다)

我若向刀山　刀山自摧折　我若向火湯　火湯自消滅
아약향도산　도산자최절　아약향화탕　화탕자소멸

내가 만약 칼산지옥에 가면 칼산지옥은 스스로 무너지네.
내가 만약 화탕지옥에 가면 화탕지옥은 스스로 말라지네.

【해설】

앞의 10가지 서원(誓願)으로 지옥이라는 무명(無明)에 의한 고통은 사라져 고해를 벗어나게 되니 삼악도(三惡道)가 저절로 사라지게 되는 것이다. 그렇게 되므로 내가 삼악도에 가면 삼악도는 사라진다는 것을 확인하고 있는 내용들이다.

지옥의 종류가 많지만 지옥은 자신이 많은 감정의 중생심으로 살아가는 것을 말하는 것이다. 즉 생각을 하지 못하고 감정의 삶이 최고라고 생각하며 살아가니까 머리 없는 무적(無敵)의 기관차와 같다고 하는 것이다.

인간은 감정과 생각을 절반씩하고 살아가는 것이므로 지옥과 천상이 항상 공존하고 있는 것이다. 여기에서 생각으로 어떻게 감정을 조절하는지에 따라서 지옥의 고통과 천상의 낙이 있게 되는 것이다.[28]

---

28) 『大佛頂如來密因修證了義諸菩薩萬行首楞嚴經』卷8 (『大正藏』19, 143쪽. 상28.) : 「佛告阿難快哉此問. 令諸衆生, 不入邪見. 汝今諦聽, 當爲汝說. ~~~

불교는 앞의 10가지 원(願)에 의한 삶이므로 지옥과 천상을 초월한 극락의 삶을 추구하는 것이다. 이것을 모르는 이들은 이상주의라고 할지 몰라도 극락세계의 모습이고 몰종적의 선불교, 생활불교로 관세음보살이 되기를 바라는 것이다.

즉 업(業)을 짓지 않고 무쟁(無諍)의 삼매이며 화쟁(和諍)의 삶을 살아가는 참다운 인간(관세음보살)이 되는 것을 말하는 것이다.

화합과 평등한 생활을 말하는 것이며 용서와 자비를 실천하는 생사고해에서 벗어나는 유일한 길을 제시하신 부처의 삶이 되므로 도산지옥과 화탕지옥은 지금 자신이 서있는 그 자리에서 바로 사라지게 되는 것이다.

我若向地獄　地獄自枯渴　我若向餓鬼　餓鬼自飽滿
아약향지옥　지옥자고갈　아약향아귀　아귀자포만

내가 만약 지옥[29]에 가면 지옥이라는 자체가 고갈되어

兼有元地.」(아래의 『능엄경』8권을 간략하게 살펴보면 중생들은 본래청정하나 망견(妄見)으로 인하여 내분(육신)과 외분(정신)으로 나누어져서 생사가 상속(相續)하는데 애욕을 버리고 갈망하는 것을 중단하여 계율을 지키면 생사의 상속은 어긋나게 되는 것이라고 하고 있다. 그리고 정(情, 감정)과 상(想, 생각)에 따라 칠취(七趣)에 태어나는데 순수한 생각 즉 감정이 없는 것으로는 천상(天上)에 태어나고 정혜를 겸하면 정토에 태어난다. 그리고 정이 적고 생각이 많으면 선인(仙人), 대력귀왕, 비행야차, 나찰이 되어 사천왕이 되고, 감정과 생각이 균등하면 인간이 되고, 감정이 많고 생각이 적으면 축생의 무리가 되고, 감정이 7이고 생각이 3이면 아귀(餓鬼)류가 되고, 감정이 9이고 생각이 1이면 무간지옥에 태어나고, 순수한 감정으로만 살면 아비지옥에 사는 것이라고 하고 있다.)

29) 『彰所知論』卷1「情世界品2」(『大正藏』32, 228쪽. 중7.) : 「謂情世界總有六種.

저절로 없어지네.

내가 만약 아귀세계에 가면 아귀[30]들은 스스로 배부르게 되네.

【해설】

지옥(地獄)에 가더라도 지옥에서 중생심의 망념(情)이 없으니 지옥이라는 것조차 없게 되므로 지옥 그 자체가 고갈(枯渴)되어 없어지게 되는 것이다.

아귀(餓鬼)의 세계에 가더라도 탐욕이 없기 때문에 아귀(餓鬼)들은 모두가 풍족하게 되고 아귀라는 것 자체가 근본적으

一者地獄, 二者餓鬼, 三者傍生, 四者人, 五者非天, 六者天. 此等六種名義云何, … .」

『四分律名義標釋』卷2(『만속장』44, 417쪽. 상14.) : 「地獄者, 謂此處在地之下, 其造作極重 惡業衆生, 墮於此道.」

30) 『俱舍論記』卷8「分別世品3」(『大正藏』41, 151쪽. 중21.) : 「言餓鬼者, 謂餘生中, 喜盜他物, 習慳貪等. 又復多是所祀祖宗. 又多希求以自存濟. 又多怯劣其形疲悴. 身心輕躁故名餓鬼.」(아귀라고 하는 것은 여생(餘生)중에 타인의 것(物)을 도둑질하기를 좋아하거나 간탐(慳貪, 인색하고 탐욕스러움)하는 습성을 가진 사람을 설명하는 것이다. 또 다시 조종(祖宗)에게 제사를 많이 지내야 한다고 하는 것이고, 또 자기가 많은 이를 제도해야 한다고 희구(希求)하는 것이고, 또 그 형색이나 모양이 피췌(疲悴)하고 적다고 겁을 내는 것이다. 신분이 낮고 마음이 조급한 것을 아귀라고 하는 것이다,)

『四分律名義標釋』卷2(『만속장』44, 417쪽. 상15.) : 「餓鬼者, 有三種. 一謂罪業極重者, 積劫不聞水漿之名. 其次者, 但伺求人間蕩滌膿血糞穢而食. 又其次者, 時或一飽, 謂造作惡業衆生. 由慳貪故, 生於此道.」(아귀에는 세 종류가 있는데 첫째는 죄업이 아주 많은 이로서 아무리 오랜 세월이 지나도 마실 물이라는 이름도 들어 보지 못하는 것을 아귀라고 한다. 그 다음의 아귀는 다만 사람들이 피 고름이나 똥오줌을 씻은 물이라도 먹기를 구하는 것을 아귀라고 한다. 또 그 다음의 아귀는 때때로 음식을 너무 배부르게 먹어서(飽) 악업을 짓는 중생을 아귀라고 말한다. 이것은 간탐(慳貪)하기 때문에 모두 아귀가 생겨나는 것이다.)

로 사라지게 되는 것이다.

지옥과 아귀라는 것은 탐진치(貪瞋癡)에서 탐욕(貪欲)의 결과물인데 탐욕을 제거하면 계율에 맞는 삶을 살아가야 하는 것이 된다. 그러므로 지옥과 아귀라는 말도 사라지게 되는 것이다.

보통 지옥은 사지를 끊어 육체를 파괴하는 것을 지옥이라고 하는데 지옥의 종류가 많지만 모두가 악업의 결과로 받게 되는 것을 말하는 것이다. 여기에서 지옥에 가면 지옥이라는 자체가 없어진다고 하고 있다. 즉 악업의 결과로 지옥에 간다고 하였기 때문에 악업을 짓지 않으면 지옥이 사라지게 되는 것을 말하고 있다.

현대인들이 살아가며 겪는 고(苦)를 일일이 다 열거할 수는 없지만 그 모든 고(苦)의 원인이 탐(貪)하는 중생심에 있다는 것을 설명하고 있는 것이다.

그러므로 중생심의 마음만 벗어나면 고(苦)가 사라지게 되는 것이다. 고(苦)의 고통에 의하여 자살을 한다면 고(苦)의 원인이 사라지면 자살도 없게 되는 것이다.

아귀는 간탐(慳貪)에 의하여 생기게 되는 것이므로 간탐(慳貪)이 사라지면 아귀는 포만하게 되는 것이다. 지옥아귀는 소욕지족(少欲知足)할 줄 알고 십선(十善)을 행할 줄 알면 사라지게 되는 것이다.

〔도산자최절(刀山自摧折) 화탕자소멸(火湯自消滅)〕

我若向修羅　惡心自調伏　我若向畜生　自得大智慧[31]

아약향수라　악심자조복　아약향축생　자득대지혜

내가 만약에 아수라의 세계에 가더라도 악심(惡心)이 없기 때문에 악한 마음은 저절로 조복(調伏)되는 것이다.

---

31) 大唐三藏不空譯, 『千手千眼觀世音菩薩大悲心陀羅尼』卷1(『大正藏』20, 115쪽. 중19.) 稽首觀音大悲主　願力洪深相好身　千臂莊嚴普護持　千眼光明遍觀照 ~~~自得大智慧.」

『千手千眼觀世音菩薩廣大圓滿無礙大悲心陀羅尼經』卷1(『大正藏』20, 106쪽. 하14.):「「若有比丘, 比丘尼, 優婆塞, 優婆夷, 童男, 童女, 欲誦持者, 於諸衆生, 起慈悲心, 先當從我, 發如是願:「『南無大悲觀世音, 願我速知一切法. ~~~自得大智慧.』「發是願已, 至心稱念, 我之名字, 亦應專念, 我本師阿彌陀如來, 然後即當誦此陀羅尼神呪. 一宿誦滿五遍, 除滅身中, 百千萬億劫生死重罪.」」

『佛說水月光觀音菩薩經』卷1(『藏外佛教文獻』第 01, 350쪽. 상5.) :「若值刀山處, 刀山自摧鋒. 或向火湯裡, 火湯雲消滅. 若遇地獄者, 地獄或竭枯. 或若向餓鬼, 餓鬼自飽滿. 或向阿修羅, 惡心自調伏. 若向畜生間, 得其大智慧.」

내가 만약에 축생(畜生)의 세계에 가면 스스로 위대한 진여의 지혜를 체득하게 되는 것이다.

【해설】

'我若向修羅, 惡心自調伏' 에서 아수라(阿修羅)는 탐진치(貪嗔癡, 貪瞋癡)에서 탐(貪)에 의하여 진(嗔)이 생기는 세계를 말하는 것으로 악한 마음이 있는 이를 말한다. 탐심이 없으면 악심(惡心) 또한 없게 되어 자신을 조복하게 되므로 아수라의 세계가 파괴되는 것이다.

탐욕(貪欲)으로 인하여 자신이 이루고자 하는 것을 이루지 못하면 진심(嗔心)이 생겨서 이기고자 하는 승부욕의 경쟁심리가 생기게 되어 조작하는 방법을 모색하기도 하고, 도둑질이나, 살인, 거짓말 등으로 변명이나 자기합리화를 하지 못하면 자살도 하게 되는 것이다.

그러나 탐욕(貪欲) 자체가 없어지면 계율에 맞는 삶을 살아가게 되어 계향(戒香)을 이룰 수 있게 되니 계정혜(戒定慧)로 살아갈 수 있는 기초가 마련되는 것이다.

전투, 경쟁의 대명사를 수라(아수라)라고 하는데 이것의 원천이 사라지면 전쟁이라는 말도 사라지게 되는 것이다.

이것을 두고 백의민족, 동방예의지국, 조용한나라, 청량한 나라, 누구를 침범하지 않는 나라라는 말들이 출현하게 되었었는데 과연 지금은 무엇이 남아 있는지 의문이다. 다시 찬란했던 문화들이 살아날 수 있기를 기원한다.

이제 탐진치(貪嗔癡)에서 탐진(貪嗔)이 사라지면 계정혜(戒定慧)에서 계정(戒定)으로 살아가는 착한 사람들이 많게 되는 것이다.

그리고 다음 단계인 '我若向畜生, 自得大智慧' 에서 축생(畜生)은 탐진치(貪嗔癡)에서 탐욕의 불에 의하여 악심(惡心)이 나오게 되어서 자신을 망각하고 중생심(情)으로 설치는 치심(癡心)이 가득한 것을 축생(畜生)이라고 말하는 것이다.

탐욕의 불을 끄고 악심(惡心)의 물을 막게 되면 무명(無明), 무지(無知)의 바람은 저절로 사라지니, 치심(癡心)을 돈오(頓悟)하게 되어 위대한 진여의 지혜로 불법(佛法)에 맞게 생활하게 되는 것이다. 그러므로 축생의 세계에 가더라도 위대한 진여의 지혜를 체득하게 된다고 하는 것이다.

여기에서 말하는 축생(畜生)이라는 말은 착하고 순한 사람들을 비유하여 말한 것이지 무식하게 탐욕에 사로잡혀 전쟁을 일로 삼는 아수라를 말하는 것은 아니다.

불교에서 축생(畜生)은 지혜가 없는 온순하고 영리한 사람을 비유한 것으로 특별한 지식을 가진 사람들까지도 포함되는 의미이다. 단지 지혜가 없어 치심(癡心)으로 살아가야만 하기에 축생이라고 설명한 것이다.

탐진(貪嗔)으로 인하여 생기게 되는 치심(癡心)만 돈오하면 도리어 지혜를 구족하게 되는 것이다. 탐진(貪瞋)이 있으면 도산지옥과 화탕지옥, 아귀, 아수라를 벗어나지 못하기 때문에 치심(癡心)을 돈오(頓悟)하여 지혜를 가져도 고통의 늪에서 나올 수가 없기에 모래를 쪄서 밥을 하려고 하는 것과 같다고 하기도 하고, 또 인분으로 향을 만들려고 하는 것과 같다고 하며 모두가 외도(外道, 魔道)라고 하는 것이다.

그러므로 탐진치(貪瞋癡)를 모두 계정혜(戒定慧)로 전환하여야 하는 것이다. 항상 탐진(貪瞋)에 사로 잡혀서 자신의 인생을 한 번도 돌아보지 못하는 치심(癡心)을 돌이켜 계정(戒定)으로 열심히 사는 훌륭한 사람이 되어 지혜를 체득하여야 관세음보살로 살아가게 되고 이제 부터는 보살마하살로 살아가기를 서원(誓願)할 수 있게 되는 것이다.

〔축생(畜生)과 지혜(智慧)〕

※ (아미타불과 관음세지)

南無觀世音菩薩摩訶薩　南無大勢至菩薩摩訶薩

나무관세음보살마하살　나무대세지보살마하살

관세음보살[32]과 같이 대자비(慈悲)를 실천하는 위대한 보

---

32) 『佛說大輪金剛總持陀羅尼經』卷1(『大正藏』21, 162쪽. 하26.)
『法華經指掌疏』卷1(『만속장』33, 492쪽. 하10.)(관세음에는 두 가지의 뜻이 있는데 첫째는 깨달아 자각하는 지혜라고 요약(要約)할 수 있고, 둘째는 자비로 중생을 교화하는 것이라고 요약할 수 있다. 깨달아 자각하는 지혜라고 요약하는 것은 능히 본성으로 듣는 것을 관조하는 것으로 세간의 소리를 번뇌망념의 음성이라고 대상으로 관조하며, 보살(菩薩, 보리살타, 上人)로서 음성을 반문(反聞, 본성으로 듣는 것, 여래로 듣는 것)하여서 (삼학으로, 佛法으로) 관조하니 원통의 경지를 깨달아 체득하게 되는 것이다. 자비로 중생을 교화한다고 요약한 것은 자비(慈悲)의 마음으로 응당 나아가 관조하니 세간의 망념으로 이름을 부르면 지혜로 감응하여 보살이 자비심으로 지혜를 받아들여 소리를 듣고 고통에서 구하게 되는 것이다. 항상 보문(普門, 모든 중생을 제도 하는 법문) 삼매(三昧)로 생활하니 원만하게 자유자재한 신통이 나타나게 되어 이미 정각을 성취하게 되는 것이다. 과거에 정법명불이라고 칭한 것은 인문(因門)으로 사는 것을 보인 것이고, 현재에 아미타불의 좌우보처(輔翼)는 마땅히 부처를 돕는 곳에 있는 것이고, 미래에는 널리 지혜로 공덕을 짓는 부처가 자비의 문에 나타나게 되어 현묘한 지혜로 교화하는 것을 다음의 지표(指標)라고 하는 것이다.)
『相續解脫地波羅蜜了義經』卷1(『大正藏』16, 716쪽. 상5.) : 「佛告觀世音, 有二事. 一者攝取衆生, 二者對治煩惱. ~~~ 以此三學對治煩惱.」(부처님께서 관세음은 두 가지의 일을 한다고 알려 주셨다. 첫째는 중생을 섭취(攝取, 부처의 자비로 중생을 제도)하는 것이고, 둘째는 번뇌를 대치(對治, 중생의 번뇌를 끊는 것)하는 것이다. 그것은 삼학(三學, 계정혜)으로 중생을 제도하는 것이고 삼학으로 중생의 번뇌를 끊는 것이다. 보살이 중생을 모두 구제하는 보시바라밀을 실천하는 것은 중생에게 구족되어 있는 모든 것으로 유익하게 중생을 제도하게 해야 보살이 계율을 수지하는 것이고 중생을 괴롭히는 행을 하지 않는 것이고 역시 중생을 위협하고 협박(恐迫)하지 않게 하는 것이 된다. 중생이 두려워하지 않고 유익하게 중생을 제도하는 것은 보살은 인욕바라밀을 행하므로 중생을 괴롭히고 위협하고 협박하여 두려워하지 않게 하여 중생을 제도하는 것이다. 이것이 삼학으로 중생을 제도하는 것이고 부지런히 정진하여 번뇌를 끊고 굴복시키는 것이니 번뇌를 단절하여 선업으로 수학하게 하는

살로서 살아가겠습니다.

대세지보살[33]과 같이 대(大)희사(喜捨)를 실천하는 위대한

것이다. 선업(善業)으로 수학하여 일체의 번뇌가 대상으로 동요하지 않게 하는 것이다. 선(禪, 진여지혜로 생활)으로 번뇌를 굴복시키는 것이고, 지혜로 모든 망념(使)을 단절하게 하는 것이고, 이것이 삼학의 지혜로 번뇌를 끊게 하는 것이다.)

33) 『妙法蓮華經文句』卷2 「序品」 (『大正藏』34, 23쪽. 상24.) (대세지를 『사익경』에서는, "내가 발을 내딛는 곳마다 삼천대천세계와 마장의 궁전이 진동하게 되므로 대세지라고 한다." 라고 설하고 있다. 『비화경』에서는, "나의 세계가 관세음등과 똑같게 하여 조금도 다른 것이 없기를 서원하는 것이고, 보장불이 말씀하시기를 오로지 그대가 대천세계에 의지하기를 원하므로 지금 당장 그대가 대세지가 되는 것이다." 라고 설하고 있다.)

『妙法蓮華經玄贊』卷2「序品」(『大正藏』34, 674쪽. 하26.) : 「得大勢者。所至之處世界振動有大威勢。衆生遇者自然苦息。獲大勝樂有前二能」(대세지는 가는 곳마다 그 세계가 진동하여 대위세가 있고, 중생은 만나기만 하면 자연적으로 고통을 멈추게 되는 이 두 가지가 있어 대승(大勝)의 즐거움을 얻게 되는 것이다.)

『首楞嚴義疏注經』卷6(『大正藏』39, 910쪽. 상20.)(제행은 무상한 것이어서 본성으로 염불을 하여도 본래 생멸하는 것이므로 인과에 의하여 지금 마음이 움직이는 것을 단절하는 것(殊感)으로 어떻게 원통을 획득할 수 있겠는가? 대세지보살은 염불삼매가 되어 육근(六根)을 모두 굳건히 지키게 하므로 청정(淸淨)한 생각(淨念)이 서로 끊어지지 않게 하여 무생법인을 체득하게 하는 것이다. 지금 이것에 대하여 설명하면 일반적으로 유위(有爲)는 모두 오온(五蘊)에 속하는 것으로 변천하는 것이어서 본성으로 염불하여도 생멸하게 되는 것이니 이것이 바로 무상(無常)한 것이다. 이렇게 무상(無常)한 이 원인(因)에서 상주(常住)하는 불과(佛果)를 획득하는 것이므로 비원통(非圓通, 원통을 초월)이라고 하는 것이다. 그리하여 염불법문이 이 방면으로는 가장 요긴한 것이다. 비록 생멸(生滅)이라고 말하지만 마음속에 품은 여러 가지 생각(念想)으로 인하여 나타나는 것을 마음대로 하여 마음에 가지고 있는 것을 부처의 원력으로 직접 정토에 태어나게 된다. 극락국토에 이미 왕생하여 점점 빨리 나아가서 곧 증득하는 것을 기약하니 지금 원근(圓根)이 나타나게 되는 것이다. 관음을 상수(上首)로 하고 억양(抑揚, 소리의 고저, 글의 기복, 시세에 따라 출사하고 은퇴함)을 도(道)로 하는 것이다. 그러므로 반드시 구별(揀)해야 하는 것이다.)

『淨土疑辨』卷1(『大正藏』47, 420쪽. 상18.):「故大勢至菩薩得念佛三昧而曰,『以念佛心, 入無生忍.』」(대세지보살이 염불삼매를 체득하는 것에 대하여 말하기를, '염불하는 그 마음이 무생법인을 체득한 것이다.' 라고 하고 있다.)

『法華經文句纂要』卷1(『만속장』29, 636쪽. 중5.)(대세지는 무량수경에 '범어로 마가나발(摩訶那鉢, Mahāsthāmaprāpta; 마하살타마발라발타)이다.' 라고 한다. 사익경에는 '내가 발을 내딛는 곳마다 삼천대천세계와 마장의 궁전이 진동하게 되므로 대세지이다.' 라고 한다. 『비화경』에서는, "나의 세계가 관세음등과 똑

보살로서 살아가겠습니다.

南無千手菩薩摩訶薩　南無如意輪菩薩摩訶薩

나무천수보살마하살　나무여의륜보살마하살

같게 하여 조금도 다른 것이 없기를 서원하는 것이고, 보장불이 말씀하시기를 오로지 그대가 대천세계에 의지하기를 원하므로 지금 당장 그대가 대세지가 되는 것이다." 라고 설하고 있다.)

『法華經指掌疏』卷1(『만속장』33, 492쪽. 하17.)(대세를 체득한 이를 대세지라고 한다. 『사익경』에 의하면 내가 발을 내딛는 곳마다 삼천대천세계와 마장의 궁전이 진동하게 되므로 대세지라고 한다. 『비화경』에 보장불이 말씀하시기를, 오직 그대가 대천세계를 취하기를 원하면 지금 마땅히 그대가 대세지가 되어야 한다. 또 이 보살은 염불삼매로 사람을 염불로서 제도하여 정토에 돌아가게 하고 교화하려고 근심하지 않으므로 이름을 대세지라고 한다. 최상의 일승으로 대세의 능력을 구족하여 방편으로 능히 나아가 취하게 하므로 특별히 그 이름을 열거하는 것이다.)

『楞嚴經指掌疏』卷5(『만속장』16, 180쪽. 하4.)(관정이 말하기를 범어로 마가나발차(Mahāsthāmaprāpta; 마하살타마발라발타)를 대세지라고 하였다. 『관경(관무량수경)』에 의하면 진여지혜로 생활하여 일체를 널리 관조하니 이도(二途, 차별, 범성, 시비, 대소, 미추)를 벗어나서 무상(無上)한 힘을 얻게 되므로 대세지라고 하는 것이다. 『사익경』에 의하면 내가 발을 내딛는 곳마다 삼천대천세계와 마장의 궁전이 진동하게 되므로 대세지라고 한다. 『비화경』에 보장불이 말씀하시기를, "오직 그대가 대천세계를 취하기를 원하면 지금 마땅히 그대가 대세지가 되어야 한다." 라고 한다. 법화에 열거된 여러 중에 대세라고 하는 것은 그의 능력으로 일체를 대상으로 받아들여서 분별(辨)하여 지혜로 생활하는 것이고, 만약에 본경에 따라 해석하는 이는 보살이 염불하는 마음을 설명(謂)하면 무생법인을 체득하게 되는 것이 대세지의 위력이므로 염불(念佛)하는 사람을 제도하는 것이니 중생을 억지로 교화하려는 것이 아니다. 그러므로 유익하여 부처의 말씀과 같게 하는 것으로 두 가지가 있는데 첫째는 동수(同修)하는 것, 두 번째는 동화(同化)하는 것이다. 동수(同修)란 항하사겁을 부처와 같이 수행하여 염불삼매가 되는 것을 설명하는 것이고, 동화(同化)란 지금 사바세계에 있으면서 부처와 똑같이 염불하는 중생을 제도하는 것이다. 동수(同修)에는 천심(淺深)이 있을 수 없는데 건혜(乾慧, 성문의 삼현위, 유루의 지혜)의 지위에 있는 이를 신위(信位), 주위(住位)로 살아가고 있는 것에서 등각의 지위에 이르게 하는 것이다. 동화(同化)에는 시현(示現)이 있을 수 없는데 건혜(乾慧)로 제시하는 이를 신위(信位), 주위(住位)를 제시하는 것에서 등각에 이르게 하는 것이다. 그러므로 모두를 52위(십신, 십주, 십행, 십회향, 십지, 등각, 묘각)라는 숫자로 나타내게 된 것이다.)

천수천안관세음보살[34]과 같이 보살도를 실천하는 위대한 보살로서 살아가겠습니다.

---

34) 『千手觀音造次第法儀軌』卷1 (『大正藏』20, 138쪽. 상13.) :「千手觀音造次第法儀軌. 中天竺國三藏善無畏奉 詔譯」
『千眼千臂觀世音菩薩陀羅尼神咒經』卷1(『大正藏』20, 83쪽. 중8.):「千手千眼菩薩者, 即觀世音之變現, 伏魔怨之神迹也.」(천수천안보살이란 관세음보살이 모습을 변화하여 나툰 것으로 마장을 굴복시키는 신통의 흔적으로 불가사의 한 것이다.)
『佛說大輪金剛總持陀羅尼經』卷1(『大正藏』21, 162쪽. 하26.)
『古尊宿語錄』卷37(『만속장』68, 243쪽. 중8.):「問. 千手千眼, 阿那箇是正眼. 師云. 用正眼作麼. 問. 如何是目前機. 師云. 即今是什麼機. 學云. 不會, 乞師指示. 師云. 殺地人不踐.」(물었다. 천수천안의 어느 것이 정안(正眼)입니까? 스승(師)께서 대답했다. 사용하는 정안(正眼)은 무엇을 하는 것인가? 물었다. 어떤 것이 목전(目前)의 지혜로 생활하는 것입니까? 스승께서 대답했다. 지금 바로 이것이 지혜로 생활하는 것이다. 학인이 말했다. 모르겠습니다. 스승님께서 지시(指示)하여 주십시오. 스승께서 대답했다. 본래인은 부처의 행을 따라하지 않아야 한다.)
『紫柏尊者全集』卷14(『만속장』73, 267쪽. 하5.)(무릇 일심(一心, 망심)이 생기지 않으므로 수안(手眼, 천수천안)이 무량하여 고고한 염불을 하게 되어 수안(手眼)을 분명하게 사용할 줄 알게 되면 무량하여 손이 색을 바르게 보는 것이고 눈으로 물건을 잡게 되는 것이다. 손으로는 단지 잡는 기능만 사용하고, 눈으로는 오직 보는 기능만 분명하게 사용하는 것을 이와 같은 관점에서는 이와 같이 되는 것이니 보살과 중생도 수안(手眼)이 평등하게 되는 것이다. 이것이 양 눈과 양 팔이라는 것(자유자재)으로 능히 일심(一心)이 생기지 않게 되어 즉 원융하여 부족한 것이 없는 것을 천수천안이라고 하는 것이다. 고고하게 염불하면 근진(根塵, 육근과 육진, 주객, 내외)이 서로 호환(互換)되고, 비유하면 공곡(空谷)과 같이 무심(無心)하면 천 번 소리치면 천 번 응하게 되고 만 번 부르면 만 번 응하게 되는 것으로 부르는 이는 노력하여 피로하게 되는 것이고, 응하는 이는 피로(疲勞)하지 않는 것이다. 공곡(空谷)을 비워서 신령한 것이 아닌 것은 오히려 온갖 소리에 응하여도 다함이 없는 것이고, 우리들이 신령하여 헛되지 않은 것은 부르는 것은 다함이 있는 것이다. 하물며 허공을 지극히 신령하다고 하는 것은 만물에 미묘하게 독립되어 있다는 것으로 그 수안(手眼)을 무량하게 모든 근(根)에 서로 사용하여서 어떻게 의문을 충족하겠는가? 이내 의심을 가지고 믿지 않는 자는 육척(六尺)의 몸을 집착하고 숭상하는 좁은 마음 때문이다. 특히 대상으로 알지 말아야 하는 것은 작은 것을 보는 이는 반드시 큰 것을 잃는 것이고, 협소한 것을 보는 이는 반드시 광대한 것을 잃게 된다. 큰 것을 막대(莫大)하다고 하는 것은 자기의 몸에 집착하지 않는 것을 말하는 것이고 넓고 광대하여 한량이 없다고 하는 것은 마음에 집착이 없다는 것이다.)

여의륜보살[35]과 같이 여의보주의 법륜을 굴려 의식의 일체 중생을 제도하는 위대한 보살로서 살아가겠습니다.

---

35) 『大毘盧遮那成佛神變加持經蓮華胎藏菩提幢標幟普通眞言藏廣大成就瑜伽』 卷2 (『大正藏』18, 153쪽. 상22.):「馬頭觀自在菩薩. 大明白身觀自在菩薩. 多羅觀自在菩薩. 觀自在菩薩. 毘俱胝菩薩. 大勢至菩薩. 蓮華部發生菩薩. 第二寂留明菩薩. 大吉祥明菩薩. 大吉祥大明菩薩. 如意輪菩薩. … .」

『千手千眼觀世音菩薩大悲心陀羅尼』卷1(『大正藏』20, 116쪽. 중13.):「南無喝囉怛娜哆囉夜[口*耶](此是觀世音菩薩本身. 大須慈悲用心讀誦, 勿高聲神性急. 一)南無阿唎[口*耶](此是如意輪菩薩本身. 到此須存心. 二(이것은 여의륜 보살의 본신이다. 여기에 이르면 반드시 불심이 존재한다.))婆盧羯帝爍鉢囉[口*耶](此是持鉢觀世音菩薩本身. 若欲取舍利骨, 誦此存想菩薩持鉢.三」

『如意輪菩薩觀門義注祕訣』卷1(『大正藏』20, 215쪽. 하27.)

(oṃ) 唵字. 一切法流注義. 無所得以爲方便, 覺不可得. (옴은 일체법이 유입된 뜻이다. 방편으로 무소득(무소유)이라고 하고 깨달아 얻을 수 있는 것은 아니다.)

(va) 嚩字. 一切法超越之義. 言語道不可得. (바는 일체법을 초월하는 뜻으로 언어문자로 도를 얻을 수 있는 것은 아니다.)

(ra) 囉字. 一切法離塵義. 了亦不可得.(라는 일체법은 번뇌 망념을 벗어났다는 뜻이다. 요달하여도 역시 얻을 수는 없다.)

(na) 娜字. 一切法施義. 畢竟不可得.(나는 일체법은 베푼다는 뜻이다. 필경에도 불가득이다.)

(pa) 跛字. 一切法勝義. 性相不可得. (빠는 일체법으로 승리(勝)하는 뜻이다. 성상(性相)으로도 얻을 수 없다.)

(dma) 娜麼(二合)字. 一切法離我取執不可得. (나마는 일체법은 나를 초월하는 것으로 집착(執着)을 가지고는 얻지 못한다.)

(hūṃ) 吽字. 一切諸法了義亦不可得.(훔은 일체의 제법을 요달하여도 역시 불가득이다. 언어문자로 표현할 수 없는 깨달음의 외침!)

『如意輪菩薩觀門義注祕訣』卷1(『大正藏』20, 216쪽. 중3.): 唵(oṃ) 其字成於三身義也.(옴자는 삼신의 뜻으로 이루어진 것이다.) 唵(oṃ) 之一字.(唵之一字所謂=含三字義) 所謂唵阿摩(oṃ) (a) (ma)等三字共成.('옴' 에는 '옴아마' 라는 세글자로 이루어 진 것이다.) 唵(oṃ) 字者一切法生不可得義.('옴' 자는 일체법이 생기지만 얻을 수 있는 것은 아니라는 뜻이다.) 阿(a) 字者一切法本不生義.('아'자는 일체법은 본래 생기는 것이 아니라는 뜻이다.) 摩(ma) 字者一切法我無所得義.('마' 자는 일체법은 내가 대상으로 얻을 수 있는 것은 없다는 뜻이다.) 又釋云. 唵(oṃ) 字化身義. 阿(a) 字者報身義. 摩(ma) 字者法身義. 由此三字契實相理, 則成稽首禮一切如來, 亦如來無觀頂義(또 해석하면 '옴' 자는 화신이라는 뜻이고, '아' 자는 보신이라는 뜻이고, '마' 자는 법신이라는 뜻이다. 이 세 글자는 실상의 도리와 계합하는 것이고 즉 일체의 여래와 같게 살아가게 되는 것이고, 역시 여래께서 관정한다는 뜻은 없는 것이다.)

南無大輪菩薩摩訶薩　南無觀自在菩薩摩訶薩
나무대륜보살마하살　나무관자재보살마하살

대륜보살[36]과 같이 망념을 지혜로 전환하여 공덕(功德)을 실천하는 위대한 보살로서 살아가겠습니다.

관자재보살[37]과 같이 자신의 망념(妄念)을 관조(觀照)하여

---

36) 『准提焚修悉地懺悔玄文』卷1 (『만속장』74, 559쪽. 상21.) : 「南無七俱胝佛母尊那九界菩薩. 南無無相法界菩薩. 南無佛頂大輪菩薩. 南無不動尊王菩薩. 南無聖觀自在菩薩. ~~~南無甘露軍吒利菩薩. ~~~」
『准提焚修悉地懺悔玄文』卷1(『만속장』74, 561쪽. 상13.)
『觀自在菩薩如意心陀羅尼經略疏』卷2(『만속장』23, 789쪽. 하10.)(어느 때에 관자재보살이 대륜다라니주왕을 설하니 대지가 6종으로 진동 하였다. 대륜에는 두 가지의 뜻이 있다. 첫째는 망념을 전환(轉換)하여 성인경계를 여는 것이고, 두 번째는 반전(反輾)하여 범부의 세계로 가는 것이다. 모든 주문(呪文)은 귀의하여 왕생(往生)하게 하는 것이므로 이름을 주왕(呪王)이라고 하는 것이다. 지진이나 나타난 재앙을 이상(理相)으로 깨닫게 하여 소멸하는 것이다. 불안한 것이 솟아나는 것을 요동(搖動)이라고 말하고(예를 들면 지금의 위치에서 살아가는 것이 잘못되었다고 하면 불안하게 되는 것을 대지가 6종으로 진동한다고 하는 것 중의 하나), 높은 곳에 올라가 스스로 내려오는 것을 분기(奮起)라고 하고(예를 들면 지금 높은 위치에 있는 것이 아무것도 아니고 아이의 소꿉장난 같다고 하여 평등하게 하여 스스로 내려오게 만드는 것을 대지가 6종으로 진동한다고 하는 것 중의 하나), 홀연히 높이 올라가는 것을 도약한다고 하는 것이고(예를들면 지금의 위치에서 최고의 경지인 부처가 되는 것을 도약하는 것을 대지가 6종으로 진동한다고 하는 것 중의 하나), 근심하여 탄식하는 소리가 나오는 것을 진동한다고 하는 것이고, 깨달음의 소리가 나오는 것을 후(吼, 獅子吼)라고 하는 것이고, 우레와 같은 소리(砰磕)가 크게 나는 것을 격파(擊破)한다고 하는 것이다. 앞의 세 가지는 형상을 요약한 것이고 뒤의 세 가지는 소리로 요약한 것을 지금 소리와 형상을 각각을 하나하나로 표시한 것이다. 각각에 세 가지가 있다. 직접 동요하는 것을 움직인다고 하는 것이 첫째이고, 사천하(四天下)가 동요하는 것을 편동이라고 하는 것이 둘째이고, 삼천세계가 동요하는 것을 등편동이라고 하여 셋째이다. 나머지 다섯도 이와 같아서 합하면 18가지가 된다. 이 법을 요약하면 나타난 6위로 무명(無明)을 타파하는 것이다.)
37) 『文殊指南圖讚』卷1(『大正藏』45, 799쪽. 하7.)
『華嚴經海印道場懺儀』卷31(『만속장』74, 305쪽. 상9.)

자유자재하게 생활하는 위대한 보살로서 살아가겠습니다.

南無正趣菩薩摩訶薩　南無滿月菩薩摩訶薩
나무정취보살마하살　나무만월보살마하살

정취보살[38]과 같이 삼악도의 중생을 구원하는 위대한 보살로서 살아가겠습니다.

만월보살[39]과 같이 어느 곳에서도 원만한 지혜로 보름달

---

38) 『大方廣佛華嚴經』卷40「離世間品33(『大正藏』9, 656쪽. 상14.)」:「菩薩摩訶薩遠離身、口、意惡業, 常持淨戒, 一向正求如來淨戒, 示現一切凡愚童蒙衆生持戒威儀, 爲敎化成熟犯戒衆生故；菩薩具足成滿一切淸淨功德, 正趣菩薩趣而現受生地獄、畜生、餓鬼、閻羅王及諸難趣, 令彼衆生離惡趣故, 而實菩薩不攝彼趣, 是爲第八莊嚴道」
『華嚴經海印道場懺儀』卷31(『만속장』74, 305쪽.
『圓宗文類』卷22(『大正藏』58, 554쪽. 중7.):「正趣菩薩讚. 正趣東方妙藏來, 疾行解脫普門開, 四維上下俱周徧, 步步光明示善財.」
『文殊指南圖讚』卷1(『大正藏』45, 800쪽. 상1.):「善財童子第二十九即此空中. 參正趣菩薩. … .」
『華嚴經綱目貫攝』卷1(『만속장』9, 303쪽. 상24.):「第七善知識補陀洛山觀世音菩薩. 主隨順一切衆生迴向, 所得法門, 名大悲行解脫門. 第八善知識正趣菩薩. 主眞如相迴向, 所得法門, 名菩薩普門速疾行解脫門.」

39) 『法華經指掌疏』卷1 (『만속장』33, 493쪽. 중1.)(만월보살은 자각한 성지(聖智)가 원만(圓滿)하여 밤에 보름달을 바라보는 것과 같다. 그러므로 이 경은 오직 부처가 부처의 경지에 이른 이에게만 주는 것으로 이에 능히 궁구하는 것이 다하여야 한다. 성지(聖智)가 원만(圓滿)하여 초월한 이는 오로지 대상으로 밝히려는 것이 없으므로 그 이름을 열거한 것이다.)
『法華經句解』卷1(『만속장』30, 473쪽. 하10.):「滿月菩薩, 義約菩薩, 久修梵行, 垢盡慧明, 如淨滿月.」(만월보살은 의롭게 보살로서 살기를 약속하고, 오랜 동안 청정한 범행(梵行)으로 수행하며, 번뇌망념이 다하고 지혜가 분명하여, 청정한 보름달과 같네.)
『妙法蓮華經』卷1「序品1」(『大正藏』9, 2쪽. 상6.):「以慈修身, 善入佛慧；通達大智, 到於彼岸；名稱普聞無量世界, 能度無數百千衆生. 其名曰: [1]文殊師利菩薩, [2]觀世音菩薩, 得大勢菩薩, 常精進菩薩, 不休息菩薩, 寶掌菩薩, 藥王菩薩, 勇施菩薩, 寶月菩薩, 月光菩薩, 滿月菩薩, 大力菩薩, 無量力菩薩, 越三界菩

(滿月)같이 사는 위대한 보살로서 살아가겠습니다.

南無水月菩薩摩訶薩　南無軍茶利菩薩摩訶薩

나무수월보살마하살　나무군다리보살마하살

수월보살[40])과 같이 해인(海印)삼매(三昧)를 관음(觀音)처럼 실천하는 위대한 보살로서 살아가겠습니다.

군다리(kuṇḍalī : 병(甁), 고리, 원)보살[41])과 같이 감로수(甘

薩, 跋陀婆羅菩薩, 彌勒菩薩, 寶積菩薩, 導師菩薩, 如是等菩薩摩訶薩八萬人俱.」([1]Mañjuśrī. [2]觀世音 Avalokiteśvara. ... .)

40) 『爲霖道霈禪師餐香錄』卷2 (『만속장』72, 638쪽. 중4.) : 「水月觀音讚. 水中月是天邊月, 幻化身爲法性身, 念念返聞聞自性, 觀音元不是他人.」(수월관음찬. 수중(水中)에 있는 달은 아득히 먼 하늘에 있는 것이지만, 환화신이 법성(法性)의 자신이라는 것을 알아야 하네, 생각생각(念念)으로 항상 망념으로 들리는 소리를 자기의 본성으로 들으면, 관음(觀音)이 원래 타인이 아니게 되네.)

『憨山老人夢遊集』卷33(『만속장』73, 704쪽. 중24.):「水月觀音贊. 身若浮雲, 心如水月. 不動而應, 無言而說. 呼之有聲, 覓之不得. 凡有苦求, 皆得解脫.」(육신은 뜬 구름과 같고, 마음은 수월과 같네. 부동의 경지에서 응하면, 무언(無言, 언어문자를 초월한 경지)으로 설하는 것이네. 부르는 것(呼)에 소리(聲)가 있으면 찾아도 체득할 수 없네. 범부들은 고통으로 인하여 구하는 것이 있는 것이나, 성자들은 모두에서 해탈하네.)

『御選語錄』卷11(『만속장』68, 552쪽. 상19.):「水月觀音大士: 一蒲靑草上, 四面白雲飛, 盡日無言說, 巖花落滿衣. 野店風濤驚泊岸, 西峯月上善財歸.」(수월관음대사; 하나의 창포(蒲)가 청초(靑草)의 최고가 되니, 사면에 백운이 날게 되고(飛), 하루종일 무언으로 설법하니, 바위에 꽃이 떨어져 법의가 가득하네. 황야(野)의 객잔(店)에 선풍(禪風)이 부니 파도(濤)가 생겨 놀라(驚) 피안(岸)에 정박하니, 서방극락의 봉우리에 보름달이 솟아오르고 선재동자가 귀가하네.)

『無幻禪師語錄』卷1(『嘉興藏』25, 59쪽. 중2.) : 「水月觀音; 大智若水大滿若月, 自在體同三無差別, 是境界中誰生誰滅, 我作是解認龜作鱉.」(대지혜는 물과 같고, 원만은 보름달과 같고, 자유자재한 본체는 삼신과 차별이 없으니, 이 경계 중에는 무엇이 생기고 무엇이 멸하는 것이며, 내가 거북(불법)을 인가하고 봉황(鱉)이 날게 되는 것을 깨닫게 되네.)

41) 『楞嚴經指掌疏』卷7(『만속장』16, 219쪽. 하9.)

『千手千眼觀世音菩薩大悲心陀羅尼』卷1(『大正藏』20, 116쪽. 중25.):「摩罰特豆

露水)로 모든 악귀(惡鬼)를 항복시키는 위대한 보살로서 살아 가겠습니다.

〔감로수(甘露水)〕

(此是軍吒利菩薩本身, 把鐵輪并把索, 而有三眼是也. 十七)」

南無十一面菩薩摩訶薩 南無諸大菩薩摩訶薩

나무십일면보살마하살[42] 나무제대보살마하살

---

42) 『十一面神咒心經義疏』卷1 (『大正藏』39, 1004쪽. 하23.) : 「又曰. 千手千眼大自在王 十一面觀自在菩薩, 此菩薩或, 現大自在天身故, 現此身也. 亦此菩薩, 有無量身無量面.」(또 말하였다. 천수천안대자재왕이 11면관자재보살이고 이 보살이 혹은 대자재천의 몸으로 나타내므로 이 몸을 나타내는 것이다. 역시 이 보살은 무량한 몸과 무량한 얼굴이 있다.) 『十一面神咒心經義疏』卷1(『大正藏』39, 1004쪽. 중19.)(11면이란 신령하여 삼유(三有, 삼계)를 꿰뚫어 알아서 현화(現化, 모든 곳에 상대에 따라 화신하는 것)하지 않는 곳이 없고 형상으로는 육취(六趣, 육도)에 나타내어 감응하지 않는 곳이 없다. 공덕은 이미 존자와 같이 성취하였고, 행적(行迹)은 한량이 없었다. 체는 법성으로 영원히 적정하여 고통 받는 이를 구제하는 자비심을 일으킨다. 지혜는 아주 신령하여 구경에는 법신이 법계에 두루하여 신령하게 어디에서나 통달하니 능히 삼을 업을 관조하는 것이다. 믿음으로 덕력을 오취의 고난(苦難)에서 근본으로 구제하는 어려운 생각을 내게한 덕력을 공경하는 것이다. 11면이란 앞의 3면은 자상(慈相, 사랑스런 얼굴)으로 선한 중생이 보면 사랑스런 마음을 내게 하는 위대한 사랑으로 기쁨을 주는 모습이다. 왼쪽의 3면은 진면(瞋面, 성내는 얼굴)으로 악한 중생이 보면 슬픈 마음을 생기게 하여 슬퍼하는 마음으로 고통받는 중생들을 구제하게 하는 것이다. 오른쪽의 3면은 흰 이빨이 위로 나온 얼굴로 정업(淨業)을 지은 이가 보고는 찬탄하는 마음을 발휘하게 하여 부지런히 불도(佛道)로 나아가게 하는 것이다. 최후(最後)의 1면은 갑자기 크게 웃는 얼굴로 선악(善惡)으로 사는 모든 세간(雜穢)의 중생들이 보고는 책망하는 웃음을 내게하여 악한 마음을 고쳐서 도(道)로 향하게 하는 얼굴이다. 정수리위의 부처의 얼굴은 언제나 불도를 익혀서 행하는 이가 보면 대승의 근기를 가진 이는 제법을 설하여 구경에는 불도(佛道)를 이루게 되므로 부처의 얼굴이 나타나는 것이다. 세 방향의 각각에는 세 얼굴이 있는데 삼계에 화현하므로 세 얼굴이 나타나게 된다. 만약에 본면(本面)을 합하면 12면이 되어야 하는데 11면이라고 하는 것은 방편의 모습이다. 본체의 사람으로 항상하는 얼굴이 진실한 얼굴이다. 비록 얼굴이 육신에 있더라도 얼굴의 주인을 아는 것으로 얼굴은 표면에 나타난 것이고 내부에는 생각이 있는 것을 말하는 것으로 방편과 진실을 나타낸 것이다. 그러므로 사람의 얼굴로서 11면을 나타낸 것이다. 그러므로 11면이라고 하는 것이다.) 『十一面神咒心經義疏』卷1(『大正藏』39, 1005쪽. 중15.)(11면이란 실제는 12면이다. 위의 부처의 얼굴은 과위이고 아래의 보살의 얼굴은 인위이다. 인과가 한 쌍이라는 것을 설명하는 것이다. 위의 11면은 역시 방편의 얼굴이고, 아래의 1면이 진실한 얼굴이다. 이것이 진실한 방편의 1쌍을 설명하는 것이다. 이 11면 중에 앞의 3면은 자비의 상이고 왼쪽의 3면은 성내는(瞋)상(相)으로 자비는 문(文)이고 성내는 것은 무(武)로서 문무(文武)의 한 쌍을 설명하는 것이다. 오른 쪽의 3면에는 백아(白牙)에 자유자재

십일면관자재보살과 같이 십일품류의 중생을 제도하는 위대한 보살로서 살아가겠습니다. (맨 위의 불면(佛面)은 불과(佛果)를 의미하는 것이고 나머지 열 개 얼굴 모습은 십지보살의 계위를 의미하는 것.)

모든 초지(初地) 이상의 보살들과 같이 보살도를 실천하는 위대한 보살로서 살아가겠습니다.

南無本師阿彌陀佛(3번) 나무본사아미타불[43)]

나의 본래 스승인 아미타부처와 같이 부처로 살아가겠습니다(3번)

한 보살이 변화하여 11면을 나타내는 것이다. 혹은 부처의 얼굴로 현신(現身)하고, 혹은 자비로운 얼굴을 나타내고, 혹은 성내는 얼굴로 현신(現身)하고, 혹은 백아(白牙) 상에 출현하기도 하고, 혹은 갑자기 대소(大笑)하는 얼굴로 현신하기도 한다. 비록 11면으로 현신(現身)한다고 할지라도 본체는 둘이 아닌 것이고, 변화하여 현신(現身)하는 얼굴이므로 11면이라고 하는 것이다.) 『十一面神咒心經義疏』卷1(『大正藏』39, 1009쪽. 중22.)(11면이라고 만드는 것은 정상의 한 얼굴을 부처의 얼굴로 만드는 것이다. 앞의 3면은 자비의 모습으로, 왼쪽의 3면은 성내는(瞋)상(相)으로, 오른쪽의 3면에는 백아(白牙)상에 나타난 모습으로, 뒤의 1면은 폭소하는 모습으로 만든 것이다. 본체에는 1면마다 하나의 신체가 있어서 언제나 부처의 얼굴을 하여서 구경의 깨달음을 설법하고, 혹은 자비의 모습을 하여서 대자비로 극락세계를 좋아하게 하고, 혹은 성내는 모습을 나타내어 악행을 막고 대비심으로 고통을 제거하여주고, 혹은 폭소하는 모습으로 좌가(左家)에서 안락하게 하고, 유익한 웃음으로 어려움을 벗어나게 하여 불도(佛道)로 인도하는 것이다. 그러므로 중생들이 교화 받는 모습을 11면으로 나타내는 것을 이름 하여 관세음이라고 하는 것이다. 그러므로 11면이라고 하는 것이다.) 『阿彌陀經疏鈔演義』卷4(『만속장』22, 785쪽. 중14)

43) 『觀自在菩薩如意心陀羅尼經略疏』卷2 (『만속장』23, 792쪽. 하3)

【해설】

편집한 이유를 밝힌 정확한 원본을 보지 못하였으므로 연구가 필요하다. 여기에 나오는 보살은 아미타불의 좌우보처인 관세음보살과 대세지보살을 포함하여 11명의 보살들에게 귀의하여 아미타불의 정토에 왕생하게 하기 위한 것이다.

여러 설이 있지만 편집자가 11명의 보살과 모든 보살들에게 귀의하여 아미타불의 극락세계에 탄생하게 하려는 의도로 보면 자비(慈悲)희사(喜捨)를 실천하는 관음세지보살의 다른 이름(異名)이다.

즉 관세음보살의 원력을 나타내는 육관음[44]이나 7관음, 15관음, 25관음, 33관음 등의 다양한 관음보살의 이명(異名)이 있고 또 만다라[45]에도 여러 관음보살의 이명(異名)이 있다.

여기에서 관음보살과 대세지보살이 아미타불의 좌우보처

44) 六觀音 : 『千手眼大悲心咒行法』卷1(『大正藏』46, 975쪽. 중21.):「後之六願一往破惡. 於中前三破地獄. 而初二別破刀火二種. 第三破一切地獄. 後三破餘三趣. 應知六願皆就對治悉檀而立. 故地獄云摧折枯竭. 餓鬼云飽滿. 修羅云調伏. 畜生云智慧. 如六觀音對破六道.」
正覺, 『천수경 연구』 184쪽. 각주62)번에 의하면 '六觀音' 은
① 聖觀音(Āryāvalokiteśvara)-지옥중생의 제도.
② 千手觀音(Sahasra-bhuja avalokiteśvara)-아귀중생의 제도.
③ 馬頭觀音(Hayagrīva avalokiteśvara)-축생도 제도.
④ 十一面觀音(Ekādaśa-mukha avalokiteśvara)-수라도 제도.
⑤ 准提觀音(Caṇḍi avalokiteśvara)-인간의 제도.
⑥ 如意輪觀音(Cintāmanicakra avalokiteśvara)-천상인간 제도.

45) 『頂輪王大曼荼羅灌頂儀軌』卷1(『大正藏』19, 328쪽. 상18.)
『頂輪王大曼荼羅灌頂儀軌』卷1(『大正藏』19, 328쪽. 중13.) : 「東南角歌供養菩薩(形服皆金色) 次如意輪菩薩 ~~~ 十一面觀音菩薩 ~~~ 甘露軍吒利菩薩 ~~~.)

이므로 구경(究竟)에는 극락세계에 왕생하여 여래로 살아가게 하려는 것이다. 여래로 살아가는 방법 중에 관세음보살이 되어야 하는 관세음보살의 원력을 10명의 관음보살의 화신(化身)을 통하여 교화하고, 대세지보살과 그 외에 모든 보살들의 원력으로 교화하게 하는 것이다.

그리고 다시 천수천안관자재보살의 광대하고 원만하여 장애가 없는 원력의 진실한 말씀으로 불쌍한 중생들이 진여의 지혜로 살아가도록 다라니에 설하고 있는 것이다.

누구나가 아미타불의 정토에 탄생하여 항상 여래로 살게 하는 위대한 원력을 관세음보살께서 발원하여 교화하는 말씀을 신묘장구대다라니에서 다음과 같이 설하고 있다.

〔나무본사아미타불(南無本師阿彌陀佛)〕

Ⅲ 진여의 지혜로 전환

5. 神妙章句大陀羅尼 신묘장구대다라니[46)]

나모 라다나 다라야야 나막알약 바로기제 새바라야 모지사다바야 마하사다바야 마하가로 니가야 옴 살바 바예수 다라나 가라야 다사명 나막 까리다바 이맘알야 바로기제 새바라다바 니라간타 나막하리나야 마발다 이사미 살발타 사다남 수반아예염 살바보다남 바바마라 미수다감 다냐타 옴 아로계 아로가 마지로가 지가란제 혜혜하례 마하모지 사다바 사마라 사마라 하리나야 구로구로 갈마 사다야 사다야 도로도로 미연제 마하미연제 다라다라 다린 나례 새바라 자라자라 마라미마라 아마라 몰제 예혜혜 로계새바라 라아 미사미 나사야 나베 사미사미 나사야 모하자라 미사미 나사야 호로 호로 마라호로 하례 바나마나바 사라사라 시리시리 소로소로 못쟈못쟈 모다야 모다야 매다라야 니라간타 가마사 날사남 바라하라나야 마낙사바하 싯다야 사바하 마하싯다야 사바하 싯다유예 새바라야 사바하 니라간타야 사바하 바라하 목카싱하 목카야 사바하 바나마 하따야 사바하 자가라 욕다야 사바하 상카섭나네 모다나야 사바하 마하라 구타다라야 사바하 바마사간타 이사시체다 가릿나 이나야 사바하 먀가라 잘마니

46) 『千手千眼觀世音菩薩廣大圓滿無礙大悲心陀羅尼經』卷1 (『大正藏』20, 107쪽. 중24.) : 「神妙章句陀羅尼 曰」
『大悲啟請』(『大正藏』85, 1295쪽. 중26.)

바 사나야 사바야 나모 라다나 다라야야 나막알야 바로기제 새바라야 사바하

『석문의범』에 의하면,

나모라 다나 다라 야야 나막알약 바로기제 새바라야 모지사다바야 마하사다바야 마하가로 니가야 옴 살바 바예수 다라나 가라야 다사명 나막까리다바 이맘 알야 바로기제새바라 다바 이라간타 나막하리나야 마발다 이샤미 살발타 사다남 수반 아예염 살바 보다남 바바말아 미수다감 다냐타 옴 아로계 아로가 마지로가 지가란제 혜혜하레 마하모지 사다바 사마라 사마라 하리나야 구로구로 갈마 사다야 사다야 도로도로 미연제 마하미연제 다라다라 다린 나레 새바라 자라자라 마라 미마라 아마라 몰제 예혜혜 로계 새바라 라아 미사미 나사야 나볘 사미사미나사야 모하자라 미사미 나사야 호로호로 마라호로 하레 바나마나바 사라사라 시리시리 소로소로 못댜못댜 모다야 모다야 매다라야 니라간타 가마사 날사남 바라하라나야 마낙사바하 싯다야 사바하 마하싯다야 사바하 싯다유예 새바타야 사바하 니라간타야 사바하 바라하 목카싱하 목카야 사바하 바나마 하따야 사바하 자가라 욕타야 사바하 상카섭나녜 모다나야 사바하 마하라 구타다라야 사바하 바마사간타 이사시체다 가릿나 이나야 사바하 먀가라 잘마 이바사나야 사바야 나모라 다나다라 야야 나막알야 바로기제 새바라야 사바하 [47]

『삼문직지』에서는,

47) 安震湖,『釋門儀範』, 96쪽. (서울: 法輪社(前 卍商會), 1975년.)

신묘장구다라니왈

나모라 ᄃᆞ나ᄃᆞ라야야 나막알약 바로기뎨ᄉᆡ바라야모디 사ᄃᆞ바야 마하 사ᄃᆞ바야 마하 가로니가야 옴 살바 바예수 ᄃᆞ라나 가라야 다샤명 나막ᄉᆡᆨ리ᄃᆞ바 이맘 알야 바로기뎨 ᄉᆡ바라 다바 니라간타 나막 ᄒᆞ리나야 마발다 이샤미 살발타 사다남 슈반 애예염 살바 보다남 바바말아 미슈다감 다냐타 옴 아로계아로가 마디 로가 디ᄀᆞ 란뎨 혜혜 하례 마하모디사ᄃᆞ바 ᄉᆞ마라 ᄉᆞ마라 ᄒᆞ리나야 구로 구로 갈마 사다야 사다야 도로도로 미연뎨 마하 미연뎨 다라다라 다린 ᄂᆞ례 ᄉᆡ바라 자라자라 마라미마라 아마라 몰뎨 예혜혜 로계 ᄉᆡ바라 라아 미사미 나샤야 ᄂᆞ볘 사미사미 나샤야 모하 자라 미사미 나사야 호로호로 마라 호로 하례 바ᄂᆞ 마나바 사라사라 시리 시리 소로소로 ᄉᆞ몯다 몯댜 모다야 모다야 ᄆᆡᄃᆞ리야 니라간타 가마샤 늘샤남 ᄇᆞ라 ᄒᆞ라 나야 마낙 ᄉᆞ바하 싣다야 ᄉᆞ바하 마하 싣다야 ᄉᆞ바하 싣아유예 ᄉᆡ바 라야 ᄉᆞ바하 니라 간타야 ᄉᆞ바하 바라하 목카 싱하목카야 ᄉᆞ바하 바ᄂᆞ마 하ᄠᅡ야 ᄉᆞ바하 자ᄀᆞ라 욕다야 ᄉᆞ바하 샹카 셥나녜 모다나야 ᄉᆞ바하 마하라 구타 다라야 ᄉᆞ바하 바마 ᄉᆞ간타 니샤 시톄다 ᄀᆞ릿나 이나야 ᄉᆞ바하 먀ᄀᆞ라 잘마 니바 사나야 ᄉᆞ바하 나모라 ᄃᆞ나ᄃᆞ라 야야 나막 알야 바로기뎨 ᄉᆡ바라야 ᄉᆞ바 [48]

唐西天竺沙門伽梵達摩譯,『千手千眼觀世音菩薩廣大圓滿無礙大悲心陀羅尼經』卷1[49]와 四明沙門知禮集,『千手眼大悲心咒行法』卷1[50]에도 기록하고 있다.

大唐贈開府儀同三司諡大弘教三藏沙門金剛智奉 詔譯,『千

48) 振虛捌開,『삼문직지』(『한국불교전서』10책, 145쪽.)

49) 唐西天竺沙門伽梵達摩譯,『千手千眼觀世音菩薩廣大圓滿無礙大悲心陀羅尼經』卷1(『大正藏』20, 107쪽. 중21.)

50) 四明沙門知禮集,『千手眼大悲心咒行法』卷1(『大正藏』46, 976쪽. 상26.)

手千眼觀自在菩薩廣大圓滿無礙大悲心陀羅尼咒本』卷1(『大正藏』20, 112쪽. 상3.)에서는,

> 曩慕 囉(引)怛曩(二合)怛囉(二合)夜耶(一) ~~~ 滿多羅(二合)跛娜耶 莎賀(一百一十三)」梵字眞言附載於卷末.

『千手千眼觀自在菩薩廣大圓滿無礙大悲心陀羅尼呪一卷』(『大正藏』20, 113쪽. 상2.)에서는,

(na)(mo) (rā)(tna) (tra)(yā)(ya) (na)(maḥ)(ā)(ryā) (va)(lo)(ki)(te) (śva)(rā)(ya) (bo)(dhi)(sa)(tvā)(ya) (ma)(hā)(sa)(tvā)(ya) (ma)(hā)(kā)(ru) (ṇi)(kā)(ya)
(sa) (rva) (ba) (ndha) (na) (cche) (da) (na) (ka) (rā) (ya) (sa) (rva) (bha) (va) (sa) (mu) (draṃ) (su) (kṣa) (ṇa) (ka) (rā) (ya) (sa) (rva) (vya) (dhi) (pra) (śa) (ma) (na) (ka) (rā) (ya) (sa) (rve) (ti) (tyu) (bha) (ndra) (va) (vi) (nā) (śa) (na) (ka) (rā) (ya) 옴(없음)
(sa)(rva) (bha)(ye)(ṣyo) (tra)(ṇa) (ka)(rā)(ya) (ta)(smai) (na)(ma) (skṛ)(tvā) (i)(na)(mā)(ryā) (va)(lo)(ki)(te) (śva)(ra)
(bha) (ṣi) (taṃ) 다바(없음)
(ni)(ra)(kaṃ)(ṭa)(bhe) (nā)(ma)(hṛ)(da)(ya) (ma)(vra)(ta) (i)(cchya)(mi)
(sa)(rvā)(tha) (sa)(dha)(kaṃ) (śu)(vaṃ)(a)(ji)(yaṃ) (sa)(rva)(bhū)(ta)(naṃ) (bha)(va)

(ma)(rga) (vi)(śu)(ddha)(kaṃ) (ta)(dya)(thā) (oṃ) (ā)(lo)(ke) (ā)(lo)(ka) (ma)(ti)(lo)(kā) (ti)(kraṃ)(te) (he)(ha)(re)

(ā)(ryā)(va)(lo)(ki)(te)(śva)(ra)

(ma)(hā)(bo)(dhi) (sa)(tva)

(he) (bo)(dhi)(sa)(tva) (he) (ma)(hā) (vo)(dhi) (sa)(tva) (he) (vi) (rya) (bo)(dhi)(sa)(tva) (he) (ma)(hā) (kā) (ru) (ṇi) (kā)

(smī)(ra) (hṛ)(da)(yaṃ) (사마라 사마라 하리나야)

(hi) (hi) (ha) (re) (ā) (ryā) (va) (lo) (ki) (te) (śva) (ra) (ma) (he) (śva) (ra) (pa) (ra) (ma) (tra) (ci) (tta) (ma) (hā) (kā) (ru) (ṇi) (kā)

(ku)(ru)(ku)(ru) (ka)(rmaṃ) (sa)(dha)(ya) (sa)(dha)(ya)

(vi) (ddhyaṃ) (ṇi) (he) (ṇi) (he) (ta) (va) (raṃ) (ka) (maṃ) (ga) (ma) (vi) (ga) (ma) (si) (ddha) (yu) (ge) (śva) (ra)

(dhu)(ru)(dhu)(ru) (vi)(ya)(nti) (ma)(hā)(vi)(ya)(nti) (dha)(ra)(dha)(ra) (dha)(re)(i)(ndre) (śva)(ra) (ca)(la)(ca)(la) 마라미마라아마라 (vi)(ma)(la)(ma)(ra) 몰제(없음)

(ā) (ryā) (va) (lo) (ki) (te) (śva) (ra) (ji) (na) (kṛ) (ṣṇi) (ja) (ṭā) (ma) (ku) (ṭa) (va) (raṃ) (ma) (pra) (raṃ) (ma) (vi) (raṃ) (ma) (ma) (hā) (si) (ddha) (vi) (dya) (dha) (ra) (va) (ra) (va) (ra) (ma) (hā) (va) (ra) (ba) (la) (ba) (la) (ma) (hā) (ba) (la) (ca) (ra) (ca) (ra) (ma) (hā) (ca) (ra) (kṛ) (ṣṇi) (vṛ) (ṇa)

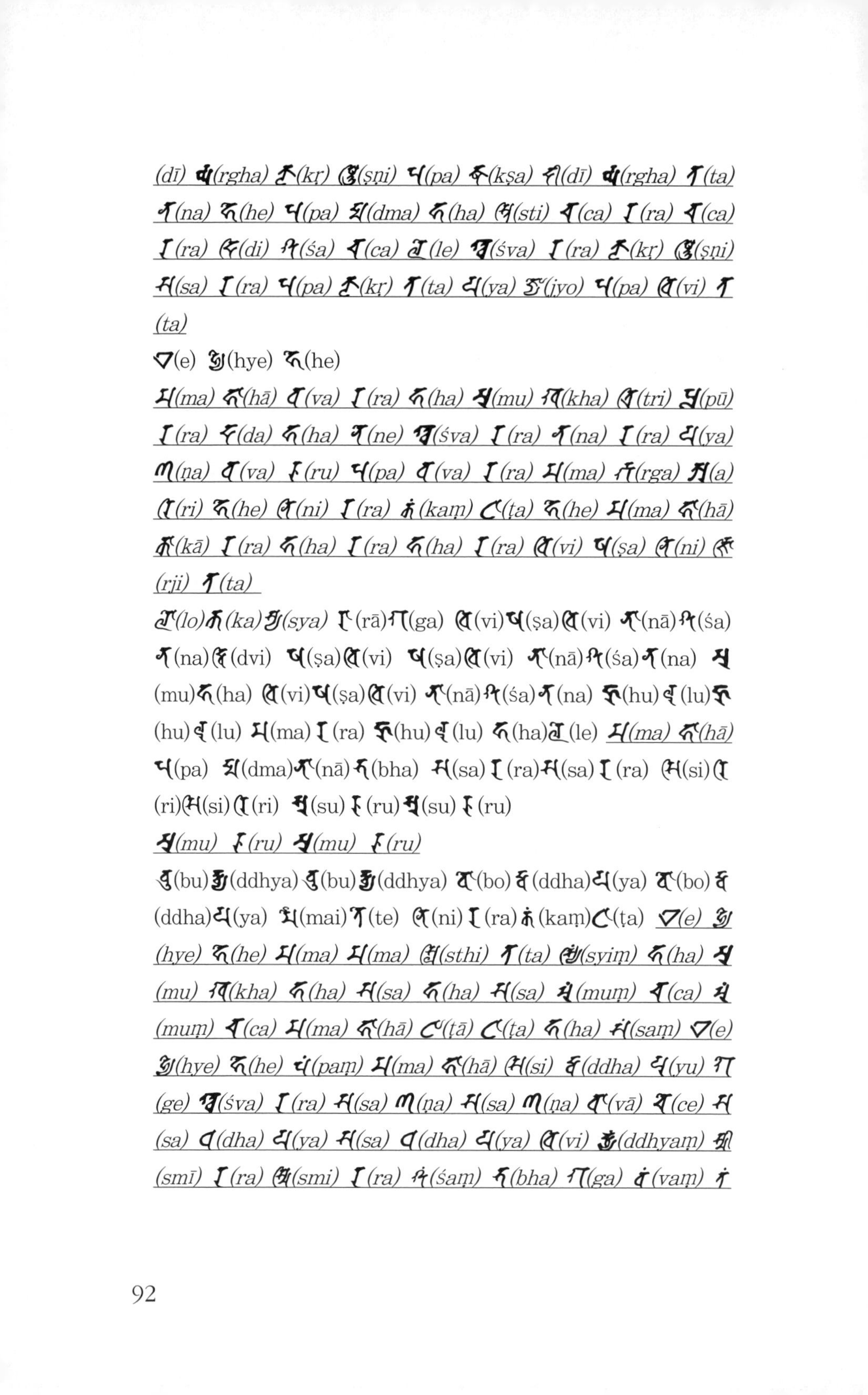

(dī) (rgha) (kṛ) (ṣṇi) (pa) (kṣa) (dī) (rgha) (ta)
(na) (he) (pa) (dma) (ha) (sti) (ca) (ra) (ca)
(ra) (di) (śa) (ca) (le) (śva) (ra) (kṛ) (ṣṇi)
(sa) (ra) (pa) (kṛ) (ta) (ya) (jyo) (pa) (vi)
(ta)

(e) (hye) (he)

(ma) (hā) (va) (ra) (ha) (mu) (kha) (tri) (pū)
(ra) (da) (ha) (ne) (śva) (ra) (na) (ra) (ya)
(ṇa) (va) (ru) (pa) (va) (ra) (ma) (rga) (a)
(ri) (he) (ni) (ra) (kaṃ) (ṭa) (he) (ma) (hā)
(kā) (ra) (ha) (ra) (ha) (ra) (vi) (ṣa) (ni)
(rji) (ta)

(lo)(ka)(sya) (rā)(ga) (vi)(ṣa)(vi) (nā)(śa)
(na)(dvi) (ṣa)(vi) (ṣa)(vi) (nā)(śa)(na)
(mu)(ha) (vi)(ṣa)(vi) (nā)(śa)(na) (hu)(lu)
(hu)(lu) (ma)(ra) (hu)(lu) (ha)(le) *(ma) (hā)*
(pa) (dma)(nā)(bha) (sa)(ra)(sa)(ra) (si)
(ri)(si)(ri) (su)(ru)(su)(ru)

(mu) (ru) (mu) (ru)

(bu)(ddhya)(bu)(ddhya) (bo)(ddha)(ya) (bo)
(ddha)(ya) (mai)(te) (ni)(ra)(kaṃ)(ṭa) *(e)*
(hye) (he) (ma) (ma) (sthi) (ta) (syiṃ) (ha)
(mu) (kha) (ha) (sa) (ha) (sa) (muṃ) (ca)
(muṃ) (ca) (ma) (hā) (ṭā) (ṭa) (ha) (saṃ) (e)
(hye) (he) (paṃ) (ma) (hā) (si) (ddha) (yu)
(ge) (śva) (ra) (sa) (ṇa) (sa) (ṇa) (vā) (ce)
(sa) (dha) (ya) (sa) (dha) (ya) (vi) (ddhyaṃ)
(smī) (ra) (smi) (ra) (śaṃ) (bha) (ga) (vaṃ)

(taṃ) (lo) (ki) (ta) (vi) (lo) (ki) (taṃ) (lo) (ke) (śva) (raṃ) (ta) (thā) (ga) (taṃ) (da) (dā) (he) (me) (da) (rśa) (na)

(ka)(ma)(sya) (da)(rśa)(naṃ) (pra)(kra)(da) (ya) (ma)(na) (svā)(hā) (si)(ddhā)(ya) (svā) (hā) (ma)(hā)(si)(ddhā)(ya) (svā)(hā) (si)(ddhā)(yo)(ge) (śva) (ra)(ya) (svā)(hā) (ni)(ra)(kaṃ)(ṭa)(ya) (svā)(hā) (va)(rā)(ha) (mu)(khā)

(ya) (svā) (hā) (ma) (hā) (da) (ra)

(syiṃ)(ha) (mu)(kha)(ya) (svā)(hā)

(si) (ddha) (vi) (ddhya) (dha) (ra) (ya) (svā) (hā) (pa)(dma) (ha)(sta)(ya) (svā)(hā) 바나마 하따야 사바하

(kṛ) (ṣṇi) (sa) (rpa) (kṛ)(dhya)(ya) (+jyo) (pa) (vi)(ta)(ya) (svā)(hā)

(ma)(hā)(la) (ku)(ṭa)(dha)(rā)(ya) (svā)(hā) 마하라 구타다라야 사바하

(ca)(kra) (yu)(dha)(ya) (svā)(hā) 자가라 욕다야 사바하

(śa)(ṅkha) (śa)(bda)(ni) (bo)(ddha)(nā)(ya) (svā)(hā) 상카섭나네 모다나야 사바하

(ma)(ma) (ska)(nda) (vi)(ṣa)(sthi)(ta) (kṛ) (ṣṇi) (ji)(nā)(ya) (svā)(hā) (vyā)(ghra) (ca) (ma) (ni)(va) (sa)(nā)(ya) (svā)(hā)

(lo) (ke) (śva) (rā) (ya) (svā) (hā) (sa) (rva) (si) (ddhe) (śva) (ra) (ya) (svā) (hā) (na) *(mo) (bha) (ga) (va) (te)* (ā)(ryā)(va)(lo)(ki

(te) (śva)(rā)(ya) *(bo)(dhi)(sa)(tvā)(ya) (ma)(hā) (sa)(tvā)(ya) (ma)(hā) (kā)(ru) (ṇi) (kā)(ya) (si)(ddhya) (ntu) (me) (va) (ntra) (pa)(dā)(ya)*[51] (svā)(hā) 나모라 다나다라 야야 나막알야 바로기제 새바라야 사바하 (없음)

大唐三藏不空譯, 『千手千眼觀世音菩薩大悲心陀羅尼』卷1(『大正藏』20, 116쪽. 중10.)에서는,

即說如是 廣大圓滿無礙大悲心陀羅尼神妙章句陀羅尼曰. 南無喝囉怛娜哆囉夜[口*耶](此是觀世音菩薩本身, 大須慈悲用心讀誦, 勿高聲神性急. 一) ~~~ 娑婆訶(八十四)

大廣智不空譯, 『大慈大悲救苦觀世音自在王菩薩廣大圓滿無礙自在青頸大悲心陀羅尼』(『大正藏』20, 498쪽. 하11.-500쪽. 하25.)에서는,

南無歸命頂禮南方海上蒲陀落淨土. 正法敎主釋迦牟尼如來. 觀音本師無量壽如來. 觀音本正法明如來. 南無千手千眼觀世音菩薩廣大圓滿無礙大悲心大陀羅尼. 救苦陀羅尼. 延壽陀羅尼. 加滅惡趣陀羅尼. 破業障陀羅尼滿願陀羅尼. 隨心自在陀羅尼. 速超上地陀羅尼. 一聞神呪超第八地陀羅尼. 四百四病一時消滅陀羅尼.

(na)(mo) (ra)(tna) (tra)(yā)(ya)
南無 喝羅 怛那 哆羅夜[口*耶](一)

---

51) 범어의 밑줄 부분은 현재의 신묘장구대다라니에는 없음.

此觀世音菩薩本身, 大須慈悲思勿高聲此神性忽.

(na)(mo) (ā)(ryā) 南無 阿唎[口*耶](二)

是如意輪菩薩本身, 到此誦在心.

(va)(lo)(ki)(te) (śva)(rā)(ya) 婆盧羯帝 爍鉢囉[口*耶](三) 此是轉鉢觀音, 昔誦此理轉菩薩.

(bo)(dhi)(sa)(tvā)(ya) 菩提薩哆婆[口*耶](四)

此不空羂索菩薩, 降押天兵衆.

(ma)(hā) (sa)(tvā)(ya) 摩訶薩埵婆[口*耶](五) 是菩薩種子之因, 誦呪本身.

(ma)(hā) (kā)(ru) (ṇi)(kā)(ya) 摩訶 迦嚧昵迦[口*耶](六) 是馬鳴菩薩本身, 手把拔折羅印菩薩自身.

(oṃ) 唵(七) 此是神唵語. 悉合掌聽誦呪曰.

(sa)(rva)(ra)(bha)(ye) 薩皤囉罰曳(八)

此是四天大王本身, 降伏魔王.

(śu) (dha)(na) (da)(sya) 數怛那怛寫(九)

此是四天大王八部鬼神名字.

(na)(mo) (skṛ) (ta) (ī)(mo) (a)(ryā)

南無 悉吉[口*栗]埵 伊蒙阿唎耶(十)

此是龍樹菩薩本身. 須用心誦勿令疎步菩薩性勿也.

(ba)(ru) (ki)(te) (śva) (raṃ) (dha)(va)

婆嚧 吉帝 室佛楞 馱婆(十一)

此是本師毘盧遮那佛本身. 廣大圓滿不可思議功德.

(na)(mo) (na)(ra) (ki)(dhi) 南無 那囉 謹墀(十二) 此是清淨圓滿報身盧舍那佛本身. 須用心勿令放逸.

(he)(ri)(ma) (va)(dha)(ṣa)(me)

醯利摩 皤哆沙咩(十三) 此是半頭神王. 菊大魔以爲眷屬.

(sa)(rva)(a)(thā) (du) (śu)(tuṃ) 薩婆阿陀 頭 輸朋(十四) 此是甘露菩薩亦是觀世音菩薩部落, 以爲眷屬.

𑖀(a)𑖕𑖸(je)𑖧𑖽(yaṃ) 阿遊孕(十五)

此是飛騰夜叉大王. 巡歷四方察其是非.

𑖭(sa)𑖨𑖿𑖪(rva) 𑖥𑖲(bhu)𑖝(ta)𑖡(na)𑖦(ma) 𑖪(va)𑖐(ga)

薩婆 菩哆那摩 縛伽(十六)

此是婆帝王其形黑大, 大以豹皮爲衣, 神手把衣叉.

𑖦(ma)𑖪(va) 𑖟𑖲(du)𑖟𑖲(du) 摩罰 特豆(十七)

此是刹利菩薩本身, 鐵輪手把夜叉素有三眼是也.

𑖝(ta)𑖟𑖿𑖧(dya)𑖞𑖯(thā) 𑖌𑖽(oṃ) 怛姪他(十八) 唵 此是劍語.

𑖀(a)𑖪(va)𑖩𑖺(lo)𑖎(ka) 𑖩𑖺(lo)𑖎(ka)𑖝𑖸(te) 阿波盧醯 盧迦帝(十九)

此是梵天王本身說佛爲部.

𑖎(ka)𑖨(ra)𑖝𑖸(te) 迦羅帝(二十) 此是立門五神, 長大黑色.

𑖊(e)𑖮𑖴𑖸(hṛe) 夷醯唎(二十一)

此是三十三天王, 是摩醯首羅天王神領天兵.

𑖦(ma)𑖮𑖯(hā) 𑖤𑖺(bo)𑖠𑖰(dhi) 𑖭(sa)𑖝𑖿𑖪(tva) 摩訶 菩薩埵(二十二) 此是寶心更無雜亂心節名薩埵.

𑖭(sa)𑖨𑖿𑖪(rva) 𑖭(sa)𑖨𑖿𑖪(rva) 薩婆薩婆(二十三)

此是香積菩薩. 押五方兵薩婆爲侍從不可思議.

𑖦(ma)𑖩(la) 𑖦(ma)𑖩(la) 𑖦(ma)𑖦(ma) 𑖮𑖴𑖸(hṛe)𑖟(da)𑖧𑖽(yaṃ)

摩羅 摩羅 摩摩 醯唎 馱 孕(二十四)(同上)

𑖎𑖲(ku)𑖨𑖲(ru) 𑖎𑖲(ku)𑖨𑖲(ru) 𑖎(ka)𑖨𑖿𑖦𑖽(rmaṃ) 俱嚧 俱嚧 羯蒙(二十五) 此是空身菩薩, 押夫將軍領二萬億天兵忽.

𑖠𑖲(dhu)𑖨𑖲(ru) 𑖠𑖲(dhu)𑖨𑖲(ru) 𑖪(va)𑖕(ja)𑖧(ya)𑖝𑖸(te)

度嚧 度嚧 罰闍耶帝(二十六) 此是嚴峻菩薩, 孔雀王兵.

𑖦(ma)𑖮(ha) 𑖪(va)𑖕(ja)𑖧(ya)𑖝𑖸(te) 摩訶 罰闍耶帝(二十七)(同上)

𑖠(dha)𑖨(ra) 𑖠(dha)𑖨(ra) 陀羅 陀羅(二十八)

此是觀世音菩薩, 大手把金輪.

𑖠𑖰(dhi)𑖨𑖰(ri)𑖜𑖰(ṇi) 地利尼(二十九) 此是師子王, 兵驗不調.

(rā)(ya) 囉 耶(三十) 是霹靂降伏魔眷屬.

(ca)(la) (ca)(la) 遮囉 遮囉(三十一)

此是摧碎菩薩, 本身手把金輪.

(ma) (ma) 摩 摩(弟子某甲受持)

(va)(ma)(ra) 罰摩羅(三十二)

此是大降魔金剛本身, 手把金輪.

(su)(kte)(le) 穆帝囇(三十三)

此是佛合掌, 聽誦千手千眼觀世音菩薩善神妙章句.

(e)(he)(e)(he) 伊醯 移醯(三十四)

此是嗅摩醯首羅天.

(ci)(nda) (ci)(nda) 室那 室那(三十五)(同上)

(a) (rṣaṃ) (pra) (ca)(li) 阿羅參 佛羅舍利(三十六) 此是觀世音菩薩, 手把軍弓箭.

(va)(ṣa)(va) (ṣaṃ) (pra) (śa)(ya) 罰沙 罰參 佛羅舍耶(三十七) 此是阿彌陀佛本身, 觀音菩薩師主.

(hu)(ru) (hu)(ru) (ma)(ra) 呼嚧 呼嚧 麼囉(三十八)

此是呼八部鬼神.

(hu)(ru) (hu)(ru) (hri) 呼嚧 呼嚧 醯唎(三十九)(同上)

(sa)(ra) (sa)(ra) 沙囉 沙囉(四十) 此是五濁惡世云.

(si)(ri) (si)(ri) (su)(ru) (su)(ru) 悉唎 悉唎(四十一) 蘇嚧 蘇嚧(四十二) 此是諸佛樹樂木聲也.

(bo)(dhi)(ya) (bo)(dhi)(ya) 菩提[口*耶] 菩提[口*耶](四十三) 此是觀世音豫衆生罪惡.

(bo)(dha)(ya) (bo)(dha)(ya) 菩提耶 菩提耶(四十四)

此是阿難本身也.

(mai)(tri)(ya) 彌帝唎耶(四十五)

此是本車菩薩手把金刀.

(na)(ra) (ki)(ndi) 那囉 謹墀(四十六)

此是龍樹菩薩, 手把金刀之長.

(dha)(rṣi)(ṇi)(na) (pa)(ya) (ma)(na) 他唎瑟 尼那 波夜 摩那(四十七) 此是金光幢菩薩, 手把跋折羅杵.

(svā)(hā) (si)(ddhā)(ya) 娑婆訶(四十八)(同上)悉陀夜(四十九) 此是達一切法門.

(svā)(hā) (ma)(hā) (si)(ddhā)(ya) (svā)(hā)
娑婆訶(五十法語) 摩訶 悉陀夜 娑婆訶

此是施光幢菩薩手把幡.

(si)(ddhā) (yo)(ge) 悉陀喻藝(五十二)

此是天大菩薩悉手來把刀或菩薩手把水椀.

(śva)(ka)(ra)(ya) (svā)(hā) 室皤伽羅耶 娑婆訶(五十三) 此是名安悉香.

(na)(ra) (ki)(ndi) (svā)(hā) (ma)(ra) (na)(ra) 那囉 謹墀(五十五)(同上) 娑婆訶(五十六) 摩囉 那羅(五十七) 此是散水菩薩手把水椀.

(svā)(hā) (si)(ra) (saṃ)(ā)(mu)(khā)(ya)
娑婆訶(五十八)(同上) 悉囉僧阿穆佉耶(五十九)

此是山海惠菩薩手把金鉤.

(svā)(hā) (pa)(ma) (hā) (si)(ddhā)(ya)
娑婆訶(六十)(同上) 婆摩訶 悉陀夜(六十一)(同上)

(svā)(hā) (ca)(krā) (si)(ddhā)(ya)
娑婆訶(六十二)(同上) 者吉囉阿 悉陀夜(六十三)

此是藥王菩薩本身行魔.

(svā)(hā) 娑婆訶(六十四)(同上)

(pa)(dma)(ka) (sta)(ya)
婆摩羯悉哆夜(六十五) 是藥上菩薩本身行魔痛.

(svā)(hā) 娑婆訶(六十六)(同上)

(na)(ra) (ki)(ndi) (va)(ga)(ra)(ya) (svā)

(hā) 那羅 謹墀 皤 迦 羅 夜(六十七)(同上) 娑婆訶(六十八)(同上)
(ma)(va)(ri) (śa)(ṅka)(ya) (svā)(hā)
摩婆唎 勝羯夜(六十九)(同上) 娑婆訶(七十)
(na)(mo) (ra)(tna) (tra)(yā)(ya)
南無 喝囉 怛那 多囉 夜耶(七十一)
(na)(mo) (ā)(ryā) (va)(ro) (ki)(te) (śva)(ra)(ya) (bo)(dhi) (svā)(hā)
南無 阿唎耶(七十二) 婆嚧吉帝(七十三) 爍皤囉耶(七十四) 菩提 娑婆呵

라고 기록하고 있다.

神妙章句大陀羅尼[52] : 신령한 진여의 지혜로 살아가게 하는 장구(章句)[53]인 위대한 총지(總持)

나모 라다나다라야야[54]

namo ratnatrayāya

𑖡(na)𑖦𑖺(mo) 𑖨(ra)𑖝𑖿𑖡(tna) 𑖝𑖿𑖨(tra)𑖧𑖯(yā)𑖧(ya)[55]

南無 喝羅 怛那 哆羅夜 [口*耶](一)

此觀世音菩薩本身. 大須慈悲思勿高聲此神性忽.[56]

나모(namo)는 귀의한다는 뜻이고, 라다나다라야(ratnatrayā)

---

52) 大廣智不空譯請, 『大慈大悲救苦觀世音自在王菩薩廣大圓滿無礙自在靑頸大悲心陀羅尼』(『大正藏』20, 498-500쪽.)
金剛智,『千手千眼觀自在菩薩廣大圓滿無礙大悲心陀羅尼呪一卷』(『大正藏』20, 113쪽. 상2.)
『金剛頂瑜伽千手千眼觀自在菩薩修行儀軌經』卷2(『大正藏』20, 82쪽.)
『世尊聖者千眼千首千足千舌千臂觀自在菩提薩埵怛嚩廣大圓滿無礙大悲心陀羅尼』卷1(『大正藏』20, 114쪽.)

53) 장구(章句): 글의 장과 구, 뜻을 주해하는 것. 문장, 장구의 해석과 분석.

54) 이자승,『한글천수경』, 서울: 조계종출판사, 2014.

55) 金剛智, 『千手千眼觀自在菩薩廣大圓滿無礙大悲心陀羅尼呪一卷』(『大正藏』20, 113쪽. 상2.)

56) 大廣智不空譯請, 『大慈大悲救苦觀世音自在王菩薩廣大圓滿無礙自在靑頸大悲心陀羅尼』(『大正藏』20, 498쪽. 하20.-하22.)
𑖡(na)𑖦𑖺(mo) 𑖨(ra)𑖝𑖿𑖡(tna)𑖝𑖿𑖨(tra)𑖧𑖯(yā)𑖧(ya) 南無 喝羅怛那哆羅夜[口*耶](一)「此觀世音菩薩本身. 大須慈悲思 勿高聲 此神性忽.」(이것은 관세음보살의 본신이다. 위대한 자비는 반드시 생각(思)으로 하는 것이지 고성(高聲)으로만 하는 것이 아니면 이 신령한 본성은 홀연히 나타나는 것이다.)
『千手千眼觀世音菩薩大悲心陀羅尼』卷1(『大正藏』20, 116쪽. 중13.) :「南無喝囉怛娜哆囉夜[口*耶](此是觀世音菩薩本身. 大須慈悲 用心讀誦, 勿高聲神性急. 一」(이것은 관세음보살의 본신이다. 위대한 자비는 본심으로 독송하는 것이지 고성(高聲)으로만 하는 것이 아니면 신령한 본성이 빠르게 작용하는 것이다.)
『千手千眼大悲心咒行法』卷1(『만속장』74, 544쪽. 상3.):「南無喝囉怛娜哆囉夜[口*耶](此是觀世音菩薩本身. 大須慈悲, 用心讀誦, 勿高聲神性急.)」

에서 라다나는 가장 훌륭한 보배이고 다라야는 세 종류이니 불법승 삼보를 의미하는 것이다. 그러므로 “위대한 삼보에 귀의합니다.” 라고 한다.

此觀世音菩薩本身. 大須慈悲 思勿高聲 此神性忽. (이것은 관세음보살의 본신이다. 위대한 자비는 반드시 생각(思)으로 하면 고성(高聲)으로 하지 않더라도 이 신령한 본성은 홀연히 나타나는 것이다.)

【해설】

불법승(佛法僧) 삼보(三寶)에 귀의한다는 것은 나 자신이 불법승 삼보가 되겠다는 서원(誓願)이고, 삼보(三寶)로 살아가겠다는 보살도의 실천을 서원하는 것이고, 지금 자신이 부처로서 진여의 지혜로 불법(佛法)에 맞게 살아가겠다는 서원이다.

이와 같이 서원(誓願)을 강조하는 것은 앞으로 전개될 내용을 여시(如是)하게 지견해회(知見解會)하여야 여시(如是)한 진여의 지혜가 발현되어 관세음보살이 되는 것이다. 관세음보살이 되어야 대의정(大疑情)으로 확신, 검정하여 만법일여의 경지에서 진여의 지혜로 불법(佛法)에 맞게 살아가게 되는 것이다.

그러므로 관세음보살이 되지 않고서 매사(每事)에 어떻게 여시(如是)한 삶을 살아갈 수 있겠는가? 삼학(三學)으로 확신하지 않고 공(空, 진여)의 지혜로 살아간다는 것은 불가능한 것이다.

부처는 멀리 있는 것은 아니지만 가까이 있다고 방심하면 자만심만 커지고 멀리 있다고 기다리면 영원히 오지 않는 것이다. 깊은 신앙심만 가지고 누군가가 구제하여 주기를 기다리며 성자를 추종하며 따라 하기만 하면 자신이 삼악도는 겨우 벗어날지 몰라도 자신을 구제하는 것은 정말로 멀어지게 되는 것이다.

이 경전을 많은 이들이 이제까지 번역하였지만 미진하나마 연구한 것은 요즘과 같은 다종교 사회에서 많은 사람들이 불법(佛法)에 맞게 지혜로운 생활을 하기를 바라는 것이고, 또 연구하는 이들에게 조금이라도 도움이 되었으면 하는 생각에서 시작한 것이다.

나막 알약 바로기제새바라야

namaḥ āryaḥ valokiteśvāraya

𑖡(na)𑖦𑖺(mo) 𑖁(ā)𑖨𑖿𑖧𑖯(ryā) 𑖪(va)𑖩𑖺(lo)𑖎𑖰(ki)𑖝𑖸(te) 𑖫𑖿𑖪(śva)𑖨𑖯(rā)𑖧(ya)[57]

南無 阿唎[口*耶](二) 婆盧羯帝 爍鉢 囉 [口*耶](三)

是如意輪菩薩本身. 到此誦在心. 此是轉鉢觀音. 昔誦此理轉菩薩.[58]

---

57) 金剛智, 『千手千眼觀自在菩薩廣大圓滿無礙大悲心陀羅尼呪一卷』(『大正藏』20, 113쪽. 상2.)

58) 大廣智不空譯請, 『大慈大悲救苦觀世音自在王菩薩廣大圓滿無礙自在青頸大悲心陀羅尼』(『大正藏』20, 498쪽. 하24.-하29.)
𑖡(na)𑖦𑖺(mo) 𑖁(ā)𑖨𑖿𑖧𑖯(ryā) 南無 阿唎[口*耶](二) 是如意輪菩薩本身. 到此誦在心. 𑖪(va)𑖩𑖺(lo) 𑖎𑖰(ki)𑖝𑖸(te) 𑖫𑖿𑖪(śva)𑖨𑖯(rā)𑖧(ya) 婆盧羯帝 爍鉢囉[口*耶](三)

나막(namaḥ)은 귀의한다는 뜻이고, 알약(āryaḥ)은 존경스러운 사람을 말하는 것이다.

바로기제새바라야(valokiteśvāraya)에서 avalokiteśvāra는 관세음보살이라는 뜻이므로 (북방)불교에서 숭배하는 관세음보살에게라는 뜻이다.

즉 아발로카(avaloka)는 관찰하여 본다는 뜻이므로 관조(觀照)한다는 것이고, 할 수 있는 역량을 가진 전문가를 뜻하는 īśvaraya가 붙어서 '관세음보살에게' 가 되는 것이다.

그러므로 번역하면, "위대한 관세음(觀世音)보살에게 귀의합니다." 라고 하는 것이다.

是如意輪菩薩本身. 到此誦在心. (이것이 여의륜보살의 본신이다. 이것에 도달하여 염송(誦)하면 불심(佛心)이 자유자재 하게 되는 것이다.)
此是轉鉢觀音. 昔誦此理轉菩薩. (이것은 전발(轉鉢, 鉢盂를 轉乘)관음으로 앞의 염송을 이와 같이 망념을 지혜로 전환(轉換)한 보살이다.)

【해설】

위대한 진여의 지혜로 생활하는 능력을 가지고 살아가고자 합니다. 즉 자신의 망념을 관조(觀照)하고 자각하여 살아가는 관세음보살이 되는 것이다. 진여의 지혜라는 위대한 가르침을 자신이 실천하는 관세음보살로서 살아가고자 하는 발원이다.

此是轉鉢觀音. 昔誦此理轉菩薩.

처음은 삼보에 귀의하고 그 다음은 위대한 관세음보살에게 귀의하게 하는 것이다. 즉 관세음보살이 되어 살아가기를 서원하는 것이다. 모두가 원래는 부처이지만 사상(四相; 아상, 인상, 중생상, 수자상)이 생기게 되면 관세음보살의 자비로 진여의 지혜가 발현되어야 하는 것이다.

모지사다바야 마하사다바야
bodhisattvāya mahāsattvāya

(bo)(dhi) (sa)(tvā)(ya) (ma)(hā) (sa)(tvā)(ya)[59]

菩提 薩哆婆[口*耶](四) 摩訶 薩埵婆[口*耶](五)

此不空羂索菩薩. 降押天兵衆. 是菩薩種子之因. 誦呪本身.[60]

모지사다바야(bodhisattvāya)는 '보살에게' 라는 뜻으로 바른 깨달음을 자신이 자각하는 것을 보살이라고 하는 것이고, 마하사다바야(mahāsattvāya)는 위대한 이라는 뜻의 마하에 정각이라는 sattvāya가 붙어서 위대한 보살(바른 깨달음을 자신이 아는 전문가)에게가 되는 것이다.

그러므로 "보살들과 마하살들에게 귀의 합니다." 라고 하는 것이다. 이것은 보살로서 보리(佛法의 깨달음)를 바르게 깨달

---

59) 金剛智, 『千手千眼觀自在菩薩廣大圓滿無礙大悲心陀羅尼呪一卷』(『大正藏』20, 113쪽. 상3.)

60) 大廣智不空譯請, 『大慈大悲救苦觀世音自在王菩薩廣大圓滿無礙自在青頸大悲心陀羅尼』(『大正藏』20, 499쪽. 상1.-상6.) (bo)(dhi) (sa)(tvā)(ya) 菩提 薩哆婆[口*耶](四) 此不空羂索菩薩. 降押天兵衆. (ma)(hā) (sa)(tvā)(ya) 摩訶 薩埵婆[口*耶](五) 是菩薩種子之因. 誦呪本身.

아 알고 살아가기를 서원하는 것이고, 위대한 보살이라고 하는 것은 불법(佛法)의 지혜를 실천하는 마하살로 살아가기를 서원하는 것이다.

此不空羂索菩薩. 降押天兵衆. (이것은 불공견색(不空羂索)보살이다. 천상의 병사들을 항복시키는 것이다.(보살, 망념을 진여의 지혜로 자각))
是菩薩種子之因. 誦呪本身. (이것은 보살의 종자가 되는 원인(자비)으로 송주(誦呪, 진실을 염송)하는 본신이다.)

【해설】

관세음보살과 같이 보살도를 실천하는 무수한 보살들로서 대자비를 실천하며 살아가겠다는 서원이다. 보살이라고 하면 자신이 자신의 마음을 직접 삼학(三學)에 맞게 알아차리는 것이다. 그리하여 마하살은 자신의 마음이 공(空, 진여)이라는 것을 알고는 대자비를 실천하는 것으로 진여의 지혜로 삼학에 맞게 생활하는 사람이라는 것이다.

그러므로 보살로서 마하살이 되어 자신의 중생과 모든 중생들을 구제하고자하는 발원을 하게 되는 것이다. 자신의 중생을 구제하는 삶이 진실한 보살도의 실천이 되어 많은 중생들을 구제하게 되는 것이고, 매사를 진여의 지혜로 생활하여 보리심을 체득하게 되는 것이다.

마하 가로니가야

mahākāruṇikaya.

𑖦(ma)𑖮𑖯(hā) 𑖎𑖯(kā) 𑖨𑖲(ru) 𑖜𑖰(ṇi)𑖎𑖯(kā)𑖧(ya)[61]

摩 訶 迦 嚧 昵 迦 [口*耶](六)

是馬鳴菩薩本身. 手把拔折羅印菩薩自身.[62]

마하(mahā)는 위대하다는 뜻이고, kāruṇika는 자비란 뜻이고, kāruṇikaya는 위대한 자비를 실천하는 보살을, 실천하는 보살에게 라는 것이니, 자신이 자비를 실천하는 것이 되므로 "위대한 자비를 실천하는 보살에게 귀의합니다." 라고 하는 것이다.

是馬鳴菩薩本身. 手把拔折羅印菩薩自身. (이것은 마명보살(대승)의 본신이다. 손으로 발절라(拔折羅, 발사라, 바일라, 금강저, 번뇌망념을 부수는 무기, 보리심)인(印)을 잡은 보살의 자신이다.)

【해설】

위대하다고 하는 것은 자신의 중생심을 모두 다 알기 때문에 위대하다고 하는 것이다. 그리고 진여의 지혜로 어디에서나 자비를 실천하는 마하살이기 때문에 위대한 것이고 또 자신도

---

61) 金剛智, 『千手千眼觀自在菩薩廣大圓滿無礙大悲心陀羅尼呪一卷』(『大正藏』20, 113쪽. 상4.)

62) 大廣智不空譯請, 『大慈大悲救苦觀世音自在王菩薩廣大圓滿無礙自在青頸大悲心陀羅尼』(『大正藏』20, 499쪽. 상7.-상9.) 𑖦(ma)𑖮𑖯(hā) 𑖎𑖯(kā) 𑖨𑖲(ru) 𑖜𑖰(ṇi)𑖎𑖯(kā)𑖧(ya) 摩訶 迦嚧昵迦[口*耶](六) 是馬鳴菩薩本身. 手把拔折羅印菩薩自身.

그렇게 자비를 실천하게 되는 것이다. (대승)

위대한 자비라고 하는 것은 일체 번뇌망념의 액난이나 고통을 소멸시키는 것이 자비(慈悲)인 것이다. 그래서 위대하다고한 것이고, 관세음보살은 대자대비를 실천하는 보살이라는 것이 된다.

왜냐하면 범어나 한자에서 보듯이 avalokiteśvāra는 자신의 망념을 관조하는 전문가라는 뜻이 되고, 관세음보살은 세간의 망념을 관조하는 보살(菩薩, 진여의 지혜로 자각하는 전문가)이 되고, 관자재보살은 자신의 망념을 자유자재로 관조하는 보살이라는 뜻이 되므로 같은 뜻이 된다.

자신의 망념을 자신이 관조(觀照)하여 진여의 지혜로 자각하는 전문가라고 풀이를 하면 되고 이와 같이 전문가가 삼학으로 확인하여 불법(佛法)에 맞게 항상 여여(如如)하게 진여의 지혜로 몰종적의 생활을 하는 것을 여래라고 한다.

염불을 하든, 참선을 하든, 절을 하여도 한 사람은 여래로 살아갈 수 있지만, 또 한 사람은 지식인으로만 살아가게 되는 것이 이것이다.

옴

Oṁ

𑖌𑖼(oṃ) 唵(七)

此是神唵語. 悉合掌聽誦呪曰.[63]

---

63) 大廣智不空譯請, 『大慈大悲救苦觀世音自在王菩薩廣大圓滿無礙自在青頸大悲心陀羅尼』(『大正藏』20, 499쪽. 상10.-상12.)

oṃ 옴!

【해설】

옴! 이라는 한 글자는 간화선에서 말하는 조주의 무(無)! 자(字)와 같은 것으로 자신의 망념을 자각하는 주체가 되기 때문에 지혜의 근본이다.

그러므로 부처의 어머니라고 비유는 하지만 진여나 여래장의 시초가 되는 부모미생전의 일구(一句)를 말하는 것이다. 법신, 반야, 해탈의 의미가 함축되어 있는 것이다.

此是神唵語. 悉合掌聽誦呪曰. (이것은 신령한 옴(唵)이라는 말이다. 모두가 합장하고 진실하게 독송하는 것을 본심으로 들어야 하는 것이다.)

【해설】

(옴! 이라는 이 한 글자와 하나(삼매)가 되면) 일체의 고해(苦海)에서 벗어나게 되는 본래의 그인 진정한 참사람으로서 살아가게 되는 것입니다. 옴! 이라는 이 한마디와 하나 되는 일행삼매의 경지가 되면 일체의 고액(苦厄)를 초월하게 되는 것이다.

그러므로 무(無)! 자(字) 한마디를 자각하여 해탈하는 것이

ओं(oṃ) 唵(七) 此是神唵語. 悉合掌聽誦呪曰.

나 옴! 이 한마디로 자각하여 해탈하는 것은 같은 것이다. 옴! 이 한마디를 자각하여 여여(如如)하게 살아가는 참사람으로 살아가겠다는 위대한 발원이다.

『如意輪菩薩觀門義注祕訣』卷1에 의하면,

> 唵(oṃ) 其字成於三身義也. 唵(oṃ) 之一字.(唵之一字所謂＝含三字義) 所謂唵阿摩(oṃ) (a) (ma)等三字共成. 唵(oṃ) 字者一切法生不可得義. 阿(a) 字者一切法本不生義. 摩(ma) 字者一切法我無所得義. 又釋云. 唵(oṃ) 字化身義. 阿(a) 字者報身義. 摩(ma) 字者法身義. 由此三字契實相理, 則成稽首禮一切如來, 亦如來無觀頂義. ('옴' 자(字)는 삼신(三身)의 뜻으로 이루어진 것이다. '옴' 에는 '옴아마' 라는 세 글자로 이루어 진 것이다. '옴' 자(字)는 일체법이 생기지만 얻을 수 있는 것은 아니라는 뜻이다. '아' 자(字)는 일체법은 본래 생기는 것이 아니라는 뜻이다. '마' 자(字)는 일체법은 내가 대상으로 얻을 수 있는 것은 없다는 뜻이다. 또 해석하면 '옴' 자는 화신이라는 뜻이고, '아' 자는 보신이라는 뜻이고, '마' 자는 법신이라는 뜻이다. 이 세 글자는 실상의 도리와 계합하는 것이고 즉 일체의 여래와 같게 살아가는 것이고, 역시 여래께서 관정한다는 뜻은 없는 것이다.) 『如意輪菩薩觀門義注祕訣』卷1 『大正藏』20, 216쪽. 중3.)

라고 하고 있다.

옴! 이 한 자(字)는 삼신(三身)으로 살아가게 하는 무한한 능력을 가진 것이고 부처가 되는 근본인 것이다. 옴! 은 앞부분의 설명을 참조할 것.

살바 바예수 다라나가라야 다사명 나막 가리다바
sarvā bhayesu trāṇakarāya tasmai namaḥs kṛtvā

(sa)(rva) (bha)(ye)(ṣyo) (tra)(ṇa) (ka)(rā)(ya) (ta)(smai) (na)(ma) (skṛ)(tvā)[64]
(sa)(rva)(ra) (bha)(ye) (śu) (dha)(na) (da)(sya) (na)(mo) (skṛ)(ta)
薩皤 囉罰曳(八)數 怛那怛寫(九) 南無 悉吉[口*栗] 埵.[65]
此是四天大王本身. 降伏魔王. 此是四天大王八部鬼神名字.

여기에서 sarva는 일체 라는 뜻이고 bhayeśu 는 고해(苦海)에서라는 뜻이다. trāṇakarāya에서 trāṇa는 피안의 세계라는 뜻이고, karāya는 (피안의 세계로) 건너가게 되어진다는 것을 의미하며, tasmai는 그에게 라는 뜻으로 망념을 모두 없애버린 진여의 지혜를 뜻하여, 옴! 하며 일체의 고해에서 피안의 그에게로 가게 되는 것이다.

namaḥ은 귀의하는 것이고, kṛtvā는 √kṛi라는 하다. 만들다. 성취하다. 에서 kṛitvā는 having done으로 지금 성취한 것, 지금 행한 것이라는 뜻이므로 옴! 하며 피안에 도달하여 성취한 것에 귀의 합니다. 라고 하는 것이다.

---

64) 金剛智, 『千手千眼觀自在菩薩廣大圓滿無礙大悲心陀羅尼呪一卷』(『大正藏』20, 113쪽. 상8.)

65) 大廣智不空譯請, 『大慈大悲救苦觀世音自在王菩薩廣大圓滿無礙自在青頸大悲心陀羅尼』(『大正藏』20, 499쪽. 상13.-상19.)
(sa)(rva) (ra) (bha) (ye) 薩皤 囉罰曳(八) 此是四天大王本身. 降伏魔王. (śu) (dha)(na) (da)(sya) 數怛 那 怛寫(九) 此是四天大王八部鬼神名字. (na)(mo) (skṛ) (ta) 南無 悉吉[口*栗]埵.

이것을 번역하면, "옴! 하며 일체의 고해에서 피안의 세계인 진여의 지혜로운 삶을 살아가겠습니다. 나는 지금 이와 같이 성취하였으므로 이와 같이 여시하게 살아가겠습니다." 라고 하는 것이다.

此是四天大王本身. 降伏魔王. (이것은 사천대왕의 본신으로 마왕을 항복시키는 것이다.)
此是四天大王八部鬼神名字. (이것이 번뇌망념에서 피안으로 가게 하는 사천대왕과 팔부의 귀신(鬼神, 지혜롭고 신령한 천룡팔부) 이름이다.)

【해설】

옴! 이라는 이 한 자(字)는 "일체의 고해(苦海)에서 피안의 세계로 가게 하는 무기인 것이다. 일체의 고해에서 벗어나게 되는 존경하는 그것에 귀의하는 것이다." 라고 하는 것은 자신이 옴! 이라는 의미를 자신이 아는 것이고 그리고 자비를 실천하는 관세음보살과 똑같이 살겠다는 서원을 다시 세우는 것이다.

천룡팔부에 비유한 것은 모든 망념을 반드시 차단하여 고해를 벗어나게 하는 것이고 또 피안(彼岸)에 도달한다는 것은 진여의 지혜가 무엇인가를 정확하게 체득하게 되는 것이다.

피안이라는 것도 여기에 있는데 어떻게 하여야 피안에

가게 되는가를 옴! 이라는 한마디로 말하고 있다. 즉 이 옴! 한마디로 일체의 고해를 건너 피안에 간다고 설하고 있는 것이다.

즉 색즉시공, 오온이 모두 공(空)의 삶을 살아가게 하는 원동력이 옴! 이 한 마디라면 이제는 삼학(三學)에 맞게 오온으로 불공(不空)의 생활을 하며 조사(祖師)들의 몰종적을 체득해야 피안에 도달하게 되는 것이다.

(나모 라다나다라야야)

이맘 알야바로기제새바라 다바 니라간타 나막 하리나야 마발다이사미

īmām aryāvalokiteśvāra tava nilakaṇṭha namaḥ hṛdayam āvartayiṣyāmi

(i)(na)(mā)(ryā) (va)(lo)(ki)(te) (śva)(ra) (bha) (ṣi) (taṃ) (ni)(ra)(kaṃ)(ṭa)(bhe)(nā)(ma)(hṛ)(da)(ya) (ma)(vra)(ta) (i)(cchya)(mi)[66]

(ī)(mo) (a)(ryā) (ba)(ru)(ki)(te) (śva)(raṃ) (dha)(va)

伊蒙 阿唎耶(十) 婆嚧吉帝 室佛楞 馱婆(十一)

此是龍樹菩薩本身. 須用心誦勿令疎步菩薩性勿也. 此是本師毘盧遮那佛本身. 廣大圓滿不可思議功德.

(na)(mo) (na)(ra) (ki)(dhi) (he)(ri) (ma)(va)(dha) (ṣa)(me)

南無那囉 謹墀(十二) 醯利摩 皤哆 沙咩(十三)

此是清淨圓滿報身盧舍那佛本身. 須用心勿令放逸. 此是半頭神王. 菊大魔以爲眷屬.[67]

---

66) 金剛智, 『千手千眼觀自在菩薩廣大圓滿無礙大悲心陀羅尼呪一卷』(『大正藏』20, 113쪽. 상.9) (i) (na) (mā) (ryā) (va) (lo) (ki) (te) (śva) (ra) (bha)(ṣi)(taṃ) (ni) (ra) (kaṃ) (ṭa) (bhe) (nā) (ma) (hṛ) (da) (ya) (ma) (vra) (ta) (i) (cchya) (mi)

67) 大廣智不空譯請, 『大慈大悲救苦觀世音自在王菩薩廣大圓滿無礙自在青頸大悲心陀羅尼』(『大正藏』20, 499쪽. 상19.-499쪽. 중4.) (ī) (mo) (a) (ryā) 伊蒙 阿唎耶(十) 此是龍樹菩薩本身. 須用心誦勿令疎步菩薩性勿也. (ba) (ru) (ki) (te) (śva) (raṃ) (dha) (va) 婆嚧吉帝 室佛 楞馱婆(十一) 此是本師毘盧遮那佛本身. 廣大圓滿不可思議功德. (na) (mo) (na) (ra)

īmām aryāvalokiteśvāra tava에서 īmām은 불규칙한 정보, aryāvalokiteśvāra에서 aryā는 성스런이고, avalokita는 관조하는 것이고, īśvāra는 주인, 절대신, 할 수 있는, 전문가의 뜻으로 성관세음보살이고, stava는 칭찬, 송가라는 뜻이니 성관세음보살의 진여의 지혜를 찬탄하고 귀의하겠습니다.

이것을 번역하면 고정되지 않은 무상(無常)한 번뇌망념을 진여의 지혜로 관조하여 삼학에 맞게 자각하게 하는 보살의 자비를 찬탄하며 귀의 하겠습니다. 라고 하는 것이다.

nilakaṇṭha namaḥ hṛdayam āvartayiṣyāmi에서 nila는 푸른이고, kaṇṭha는 목이므로 청경(靑頸)으로 청경관세음보살이고, namaḥ은 귀의한다는 것이고, hṛdayamdms는 마음을이고, āvartayiṣyāmi는 ā−√vṛit, ā−√vṛt는 반복하다. 수행하다, 암송하다. 등의 미래형 1인칭으로 내가 마음을 수행하겠습니다. 라는 뜻이다.

번역하면 청경(靑頸)관세음보살과 같이 번뇌가 보리라고 자각하여 불심(佛心)의 지혜로 불법에 따라 수행하며 살아가겠습니다. 라고 하는 것이다.

즉 제가 지금 망념에서 나 자신의 본심으로 돌아와서 진여의 지혜로 생활하겠다는 것은 즉 청경관자재보살과 같이 대상의 번뇌를 모두 자기의 마음에서 자각하여 자신의 본심으로 관조하는 진여의 지혜로 삼학에 맞게 생활 하겠습니다. 라고

𑖎𑖰(ki) 𑖠𑖰(dhi) 南無 那囉 謹墀(十二) 此是淸淨圓滿報身盧舍那佛本身. 須用心勿令放逸. 𑖮𑖸(he) 𑖨𑖰(ri) 𑖦(ma) 𑖪(va)𑖠(dha) 𑖬(ṣa)𑖦𑖸(me) 醯利 摩皤哆 沙咩(十三) 此是半頭神王. 菊大魔以爲眷屬.

하면 된다.

此是龍樹菩薩本身. 須用心誦 勿令疎步 菩薩性勿也. (이것은 용수보살의 본신이다. 마땅히 고정된 마음으로 찬송(讚誦)하여 지혜가 작용(用)하게 하려고 한다면 소통(疎)하는 행(步)이 아니고 보살의 본성도 아닌 것이다.)
此是本師毘盧遮那佛本身. 廣大圓滿不可思議功德. (이것은 나의 본래 스승이신 비로자나불의 본신이다. 그러므로 광대하고 원만하여 불가사의한 공덕이 있는 것이다.)
此是清淨圓滿報身盧舍那佛本身. 須用心勿令放逸. (이것은 청정하고 원만보신인 노사나불의 본신으로 마땅히 망심을 불심(佛心)으로 작용하게 하기를 방일하지 말아야 하는 것이다.)
此是半頭神王. 菊大魔以爲眷屬. (이것은 반두신왕으로 국대마(菊大魔)의 권속이다.)
※ 여기에서 반두신왕은 마음을 두고 한 말이라고 생각된다. 왜냐하면 망심이나 불심(佛心)이 구경에는 다른 것이 아니기 때문이다. 국대마라고 한 것은 마음을 수행해야 하는 것이므로 아주 큰 마장(魔障, 마귀의 장애)이라고 한 것으로 보인다.

【해설】

관세음보살의 자비에 귀의한다고 하는 것은 지금 옴! 자(字)로 깨달아 알았으니 지금 부터는 자신의 불심(佛心)으로 살아가겠다는 서원이며 보살도를 실천하며 살겠다는 것이다.

고정되지 않은 무상(無常)한 번뇌망념이라고 하는 것은 마음의 의식이 멈추어진 것이 아니고 계속해서 마음은 변화하므로 고정되지 않은 무상(無常)이라고 하는 것이고, 번뇌망념이라고 한 것은 삼학(三學)에 맞지 않으므로 번뇌망념이라고 한 것이다.

삼학(三學)에 맞게 청정한 공(空)의 지혜라면 번뇌망념이 아니지만 지식이라면 자신도 구제하지 못하는 것이 되므로 번뇌망념이라고 한 것이다.

진여의 지혜로 관조하여 삼학에 맞게 자각하는 보살의 자비를 찬탄하여 귀의하겠다고 하는 것은 진여의 지혜라는 청정한 계율에 의거하여 공(空)이라는 사실을 자신이 지금 하는 일에서 아는 것이고, 또 다시 관조(觀照)하여 삼학에 맞게 자각하게 하는 보살의 자비를 찬탄하여 귀의하는 것은 관세음보살의 자비를 실천하겠다고 서원을 하는 것이다.

청경관자재보살과 같이 대상의 번뇌를 모두 자기의 마음에서 자각하여 자신의 본심으로 관조하는 진여의 지혜로 생활하겠다고 하는 것은 번뇌는 망념의 대상경계가 있을 때에 일어나게 되는 것이기 때문이다.

그러므로 이와 같이 일어나는 것이 자기의 망심에서 일어나는 대상경계라고 자각하여 자신의 본심(本心, 佛心)으로 관조하게 되면 지혜가 발현되는 것이다.

이와 같은 지혜로 살아가겠다는 서원을 세워야 열반적정의 경지에 도달하게 되고, 요즈음 현대에서 말하는 타인을 미워하거나 시기, 질투 등을 하지 않게 되어 극락세계의 삶을 살게 되고 지금 이곳이 극락세계가 되는 것이다.

그러므로 자신이 자신을 구제(구원)하게 되는 것인데 어찌

남이 자신을 구제할 수 있다는 것인가? 구제하는 방법을 가르쳐 주는 역할만 할 뿐이고 자신이 밥을 먹어야 자신의 배가 부르게 되는 것이지 남이 밥을 먹는데 자신의 배가 부르게 되는 일은 없는 것이다.

그래서 부처는 '천상천하 유아독존' 이라고 하지 않았던가? 자신이 귀하면 타인도 존귀하다는 가르침을 극명하게 말하고 있는 것이다.

살발타 사다남 수반 아예염
살바 보다남 바바말야 미수다감
sarvārthā sadhanāṁ śubhaṁ ajeyaṁ
sarvābhūtānāṁ bhavamārga viśodhakaṁ

(sa)(rvā)(tha) (sa)(dha)(kaṃ) (śu)(vaṃ) (a)(ji)(yaṃ) (sa)(rva) (bhū)(ta)(naṃ) (bha)(va)(ma)(rga) (vi)(śu)(ddha)(kaṃ)[68]

(sa)(rva) (a) (thā) (du) (śu) (tuṃ) (a) (je) (yaṃ)

薩婆阿 陀頭 輸朋(十四) 阿遊孕(十五)

此是甘露菩薩亦是觀世音菩薩部落, 以爲眷屬. 此是飛騰夜叉大王. 巡歷四方察其是非.

(sa)(rva) (bhu)(ta)(na)(ma) (va)(ga)(ma) (va)(du)(du)

68) 金剛智,『千手千眼觀自在菩薩廣大圓滿無礙大悲心陀羅尼呪一卷』(『大正藏』20, 113쪽. 상11.)

薩婆 菩哆那 摩縛伽(十六) 摩罰 特豆(十七)
此是婆帝王其形黑大. 大以豹皮爲衣. 神手把衣叉.
此是刹利菩薩本身. 鐵輪手把夜叉素有三眼是也.[69]

sarvārthā sadhanāṁ śubhaṁ ajeyaṁ 에서 sarvārthā는 sarva라는 일체, 모두, 모든 과 목적, 중요한 것, 대상 등을 말하는 ārthā가 합하여 일체의 지혜라는 뜻이고, sadhanāṁ은 체득을 한다는 뜻이다.

śubhaṁ은 śubha라는 아름다운, 빛나는, 축복에서 대격인 ṁ이 첨가되어 장엄을 하다는 것은 지혜의 작용을 말하는 것이고, ajeyaṁ은 ajeya이라는 불굴의, 일인자, 방어, 수단, 해독제에서 대격인 ṁ을 첨가하여 최고의 경지에 오른다는 것을 말하는 것이다.

번역하면, "일체에서 지혜를 체득하여 위대한 진여의 지혜로 생활하겠습니다." 라고 할 수 있다.

sarvābhūtānāṁ bhava mārga viśodhakaṁ에서 sarvābhūtānāṁ은 sarvā는 일체라는 뜻이고 bhūtānāṁ은 유정, 중생들로 일체중생들이 된다.

---

69) 大廣智不空譯請, 『大慈大悲救苦觀世音自在王菩薩廣大圓滿無礙自在青頸大悲心陀羅尼』(『大正藏』20, 499쪽. 중5.-중18.)
(sa)(rva) (a) (thā) (du) (śu)(tuṃ) 薩婆 阿陀 頭輪朋(十四) 此是甘露菩薩亦是觀世音菩薩部落, 以爲眷屬. (a)(je)(yaṃ) 阿遊孕(十五) 此是飛騰夜叉大王. 巡歷四方察其是非. (sa)(rva) (bhu)(ta)(na) (ma) (va)(ga) 薩婆 菩哆那 摩縛伽(十六) 此是婆帝王其形黑大. 大以豹皮爲衣. 神手把衣叉. (ma) (va)(du)(du) 摩罰 特豆(十七) 此是刹利菩薩本身. 鐵輪手把夜叉素有三眼是也.

bhava는 존재나 기원, 탄생, 생명, 인생, 삶, 행복 등을 의미하고, mārga는 ~을 찾는, 과정이나 길, 방법 등의 뜻이고, viśodhakaṁ은 청정하게, 확실하게라는 뜻이다.

번역하면, "모든 중생들을 삼계의 근원으로 돌아가게 하여 청정하게 하겠습니다." 라고 하는 것이다.

此是甘露菩薩亦是觀世音菩薩部落, 以爲眷屬. (이것은 감로보살이고 역시 관세음보살에서 나누어진 일부의 권속이다.)
此是飛騰夜叉大王. 巡歷四方察其是非. (이것은 비등(飛騰)하는 야차대왕으로 사방을 순역(巡歷)하며 그것의 시비를 관찰하는 것이다.)
此是婆帝王其形黑大. 大以豹皮爲衣. 神手把衣叉. (이것은 제바왕으로 그 형상은 검고 크다. 큰 표범의 가죽을 입고 신비하게 손으로 옷을 잡은 야차이다.)
此是刹利菩薩本身. 鐵輪手把夜叉素有三眼是也. (이것은 찰리보살의 본신으로 철륜을 손에 잡은 야차로 소박한 세 눈이 있는 것을 말한다.)

『千手千眼觀世音菩薩大悲心陀羅尼』卷1(『大正藏』20, 116쪽. 중23.) 에서는 다음과 같이 기록하고 있다.

「薩婆阿他豆輸朋(此是甘露菩薩. 亦是觀世音菩薩部落以爲眷屬也. 十四)阿逝孕(此是飛騰夜叉天王巡歷四方察其是非也. 十五)薩婆薩哆那摩婆伽(此是婆加帝神王, 其形黑大, 以豹皮爲裩, 手把鐵刃, 十六)」 (이것은 감로보살이고 역시 관세음보살에서 나누어진 일부의 권속이다. 이것은 비등(飛騰)하는 야차대왕이 사방을 순역(巡歷)하며 그것의 시비를 관찰하는 것이다. 이것은 파가제신왕(제바왕)으로 그 형상은 검고 크며 큰 표범의 가죽을 입고 손에는 철인을 잡은 것을 말한다.)

【해설】

반야의 지혜로 대자비를 베푸는 법을 알게 되었으니 일체의 만법에서 지혜로운 생활을 하게 되는 것이다. 그러므로 자신의 중생심을 청정하게 하는 것을 체득하게 되는 것이다.

자신의 중생심을 자각하고 청정하게 하는 원동력인 옴! 이란 이 한마디가 시초가 되어 일체의 만법을 청정하게 하는 것이다. 그러므로 모든 중생이 열반적정을 체득하여 청정하게 살아가게 되는 것이다.

일체에서 지혜를 체득하고 위대한 진여의 지혜로 생활하여 모든 자신의 중생들을 삼계의 근원으로 돌아가게 하여 청정하게 생활하겠다는 서원이다.

다냐타

tadyathā

𑖝(ta)𑖟𑖿𑖧(dya)𑖞𑖯(thā)[70]

怛姪他(十八) 此是劍語.[71]

tadyathā는 이와 같이 실천하는 방법은 다음에 따르는 것과 같다는 것이다. 그러므로 진여의 지혜로 살아가는 것은

---

70) 金剛智, 『千手千眼觀自在菩薩廣大圓滿無礙大悲心陀羅尼呪一卷』(『大正藏』20, 113쪽. 상12.)

71) 大廣智不空譯請, 『大慈大悲救苦觀世音自在王菩薩廣大圓滿無礙自在青頸大悲心陀羅尼』(『大正藏』20, 499쪽. 중20.)
𑖝(ta)𑖟𑖿𑖧(dya)𑖞𑖯(thā) 怛姪他(十八) 此是劍語.

다음에 설명하는 것과 같은 것이라는 뜻이다.

此是劍語 (이것이 망념을 없애는 살인검을 말하는 것이다.)

〔차시검어(此是劍語)〕

옴

oṁ

ॐ(oṃ)

唵

옴!

【해설】

앞에서 보았듯이 옴! 이란 이 한 글자(字)가 부처의 원동력이 된다는 것을 다시 강조하고 있는 것이다. 조주께서 말씀하신 무(無)자가 얼마나 위대한 가를 새삼 깨닫게 하는 대목이다.

즉, 옴! 이라는 한마디에 부처가 다시 살아나는 것이고 무(無)라는 한마디에 조사가 탄생하신 것이다.

〔무(無)〕

아로계아로가마지 로가지가란제 혜혜하례
aloke alokamati lokātikrānte hehehāle

𑖁(ā)𑖩𑖺(lo)𑖎𑖸(ke) 𑖁(ā)𑖩𑖺(lo)𑖎(ka)𑖦(ma)𑖝𑖰(ti) 𑖩𑖺(lo)𑖎𑖯(kā)
𑖝𑖰(ti)𑖎𑖿𑖨𑖽(kraṃ)𑖝𑖸(te) 𑖮𑖸(he)𑖮(ha)𑖨𑖸(re)[72]

𑖀(a)𑖪(va)𑖩𑖺(lo)𑖎(ka) 𑖩𑖺(lo)𑖎(ka)𑖝𑖸(te) 𑖎(ka)𑖨(ra)𑖝𑖸(te)
𑖊(e)𑖮𑖴𑖸(hṛe)

阿波盧醯盧迦帝(十九) 迦羅帝(二十) 夷醯唎(二十一)
此是梵天王本身說佛爲部. 此是立門五神, 長大黑色.
此是三十三天王, 是摩醯首羅天王神領天兵.[73]

aloke는 āloka의 호격으로 관찰하여 본다는 뜻으로 관조한다는 것이고, alokamati는 마음으로 관조하는 것이고, lokā는 세간이고, ātikrānte는 초월한 것이라는 뜻이므로 관조하고 다시 진여의 지혜로 마음을 관조하여 출세간의 생활을 하는 것이다.

번역하면, "지혜로 관조하고 또 진여의 지혜로 마음을 관조하여 세간의 망념을 초월한 출세간의 생활을 하기를 서원하는 것이다." 라고 할 수 있다.

hehe는 오! 감탄, 비난 등을 앞의 것을 최고로 강조하여

---

72) 金剛智, 『千手千眼觀自在菩薩廣大圓滿無礙大悲心陀羅尼呪一卷』(『大正藏』20, 113쪽. 상13.)

73) 大廣智不空譯請, 『大慈大悲救苦觀世音自在王菩薩廣大圓滿無礙自在青頸大悲心陀羅尼』(『大正藏』20, 499쪽. 중23.- 하3.)
𑖀(a)𑖪(va)𑖩𑖺(lo)𑖎(ka) 𑖩𑖺(lo)𑖎(ka)𑖝𑖸(te) 阿 波 盧 醯 盧 迦 帝(十九) 此是梵天王本身說佛爲部. 𑖎(ka)𑖨(ra)𑖝𑖸(te) 迦羅帝(二十) 此是立門五神, 長大黑色. 𑖊(e)𑖮𑖴𑖸(hṛe) 夷 醯唎(二十一) 此是三十三天王, 是摩醯首羅天王神領天兵.

표현하는 것이고, hāle는 hare로 성취하게 수행하는 것을 말한다.

번역하면, "관조하여 출세간의 마음인 진여의 지혜로 생활하는 것을 자신이 아는 불법(佛法)의 지혜를 구족하여서 세간(世間)에서 출세(出世)하여 생활하게 되므로 오! 이 최고의 경지를 체득하여 수행하겠습니다." 라고 할 수 있다.

此是梵天王本身說佛爲部. (이것은 범천왕의 본신으로 불법(佛法)을 범천에게 설하는 부분이 되는 것이다.)
此是立門五神, 長大黑色. (이것은 법문을 건립하는 오신통이고, 성장하여 성자가 되어 흑색(黑色, 모든 대상경계에 망념이 없는 것)이 되는 것이다.)
此是三十三天王, 是摩醯首羅天王神領天兵. (이것은 33천왕이다. 이것이 마혜수라천왕이 통솔하는 천병이다.)

【해설】

지혜로 관조하는 것은 자신의 망심을 보는 것이고, 진여의 지혜로 관조하는 것은 자신의 망념을 관조하여 출세간의 마음이라는 것을 확인하여서 차별분별 없는 진여지혜로 몰종적의 생활을 하는 조사가 되는 것이다.

세간의 망념을 초월한다는 것을 출세간이라고 하는 것이다. 세간은 탐진치에 의한 망념인 차별분별로 만들어진 것이므로 차별분별을 초월하면 출세간이 되는 것이다.

즉 지혜인 광명(光明)을 풀이하면 빛을 분명하게 분별하는 것이 되는데 이것은 자신의 망념의 마음을 밝혀서 지혜를 분명하게 판단하는 것을 말하는 것이다.

여기에서 광명을 지혜로 하였고 또 광명혜는 진여의 지혜로 망념을 분명하게 밝히는 것이라고 풀이하여 삼학(三學)에 맞게 생활하는 것을 진여의 지혜라고 설명하였다.

즉 다르게 설명하면 오온에서 색즉시공의 공(空)을 가지고 공즉시색의 색(色)이 되게 하는 방법을 택하여 오온의 진여지혜로 생활하는 것이고, 출세간의 삶을 살아가게 된다고 하는 것은 모든 사람이 임제의 수처작주(隨處作主) 입처개진(入處皆眞)하는 무위진인(無位眞人)으로 살아가기를 서원하고 있는 것이다.

〔수처작주 입처개진(隨處作主 入處皆眞)〕

마하모지 사다바 사마라 사마라 하리나야 구로구로 갈마
mahābodhisattvā smara smara hṛdaya kuru kuru karma

𑖦(ma)𑖮𑖯(hā)𑖤𑖺(bo)𑖠𑖰(dhi) 𑖭(sa)𑖝𑖿𑖪(tva) ~~~ 𑖭𑖿𑖦𑖱(smī)𑖨(ra) 𑖮𑖴(hṛ)𑖟(da)𑖧𑖽(yaṃ) ~~~ 𑖎𑖲(ku)𑖨𑖲(ru)𑖎𑖲(ku)𑖨𑖲(ru) 𑖎(ka)𑖨𑖿𑖦𑖽(rmaṃ)[74]

𑖦(ma)𑖮𑖯(hā) 𑖤𑖺(bo)𑖠𑖰(dhi) 𑖭(sa)𑖝𑖿𑖪(tva) 𑖭(sa)𑖨𑖿𑖪(rva) 𑖭(sa)𑖨𑖿𑖪(rva)

摩訶 菩薩埵(二十二) 薩婆 薩婆(二十三)

此是寶心更無雜亂心節名薩埵.

此是香積菩薩. 押五方兵薩婆爲侍從不可思議.

𑖦(ma)𑖩(la) 𑖦(ma)𑖩(la) 𑖦(ma) 𑖦(ma) 𑖮𑖴𑖸(hṛe) 𑖟(da)𑖧𑖽(yaṃ)

摩羅 摩羅 摩 摩 醯唎 馱 孕(二十四)(同上)

𑖎𑖲(ku)𑖨𑖲(ru) 𑖎𑖲(ku)𑖨𑖲(ru) 𑖎(ka)𑖨𑖿𑖦𑖽(rmaṃ)

俱 嚧 俱嚧 羯 蒙(二十五)

此是空身菩薩. 押夫將軍領二萬億天兵忽.[75]

---

74) 金剛智, 『千手千眼觀自在菩薩廣大圓滿無礙大悲心陀羅尼呪一卷』(『大正藏』20, 113쪽. 상14.)

75) 大廣智不空譯請, 『大慈大悲救苦觀世音自在王菩薩廣大圓滿無礙自在青頸大悲心陀羅尼』(『大正藏』20, 499쪽. 하4.-하15.)
𑖦(ma)𑖮𑖯(hā) 𑖤𑖺(bo)𑖠𑖰(dhi) 𑖭(sa)𑖝𑖿𑖪(tva) 摩訶 菩薩 埵(二十二) 此是寶心更無雜亂心節名薩埵. 𑖭(sa)𑖨𑖿𑖪(rva) 𑖭(sa)𑖨𑖿𑖪(rva) 薩 婆 薩婆(二十三) 此是香積菩薩. 押五方兵薩婆爲侍從不可思議. 𑖦(ma)𑖩(la) 𑖦(ma) 𑖩(la) 𑖦(ma)𑖦(ma) 𑖮𑖴𑖸(hṛe)𑖟(da)𑖧𑖽(yaṃ) 摩 羅 摩羅 摩 摩 醯唎 馱 孕(二十四)(同上) 𑖎𑖲(ku)𑖨𑖲(ru) 𑖎𑖲(ku)𑖨𑖲(ru) 𑖎(ka)𑖨𑖿𑖦𑖽(rmaṃ) 俱嚧 俱嚧 羯蒙(二十五) 此是空身菩薩. 押夫將軍領二萬億天兵忽.

mahābodhisattvā smara smara hṛdaya kuru kuru karma에서 mahābodhisattvā는 위대하다는 mahā와 bodhisattvā라는 보리살타라고 하며 보살이라는 뜻이니, 위대한 자각(自覺)의 올바른 지혜로 생활하는 보살을 말하는 것이다.

smara smara는 염불한다, 기억한다는 뜻으로 마음 깊이 새겨서 관조(觀照)하고 관조(觀照)하는 것을 강조한 것이고, hṛdaya는 본심(本心), 불심(佛心)을 말하는 것이다.

kuru kuru는 수행하다. 생활하다. 라는 뜻이고, karma는 업장(業障), 행위, 기억하다. 라는 뜻이다.

번역하면, "위대한 자각(自覺)의 올바른 지혜로 생활하는 보살로서 염불하고 관조하며 업장을 본심으로 관조하여 수행하고 불법(佛法)으로 수행하겠습니다." 라고 할 수 있다.

此是寶心 更無雜亂心節名薩埵. (이것은 마니보주의 마음이고, 다시는 잡란한 망심이 끊어져 없는 것으로 이름을 살타(보살)라고 하는 것이다.)
此是香積菩薩. 押五方兵薩婆爲侍從不可思議. (이것은 향적보살이다. 오방의 병사들을 확인 관리하며 관조하는 보살로서 (본심의) 시종이 되는 불가사의한 것이다.)
此是空身菩薩. 押夫將軍領二萬億天兵忽. (이것은 공신보살이다. 무릇 장군이 관리하고 통솔하는 2만억 천병들이 멸한 것(忽)이다.)

【해설】

그러므로 위대한 보살의 지혜로운 생활을 자신의 마음

깊이 새겨서 관조(觀照)하고 관조(觀照)하여 업장(業障)을 불심(佛心)의 지혜로 전환하여 생활하겠다는 것이고, 보살도를 실천(行化)하여 자신의 많은 중생들을 제도하겠다는 서원이다.

앞에서 보았듯이 '관세음보살과 같이 보살도를 실천하는 무수한 보살들로서 대자비를 실천하며 살아가는 것이다. 보살이라고 하면 자신이 자신의 마음을 불법(佛法)에 맞게 직접 알아차리는 것이다. 그리하여 마하살은 자신의 마음이 공(空)이라는 것을 알고는 대자비를 실천하는 것으로 진여의 지혜로 불법(佛法)에 따라 생활하는 사람이라는 것이다.

그러므로 보살로서 마하살이 되어 자신의 중생과 모든 중생들을 구제하고자하는 발원을 하게 되는 것이다. 자신의 중생을 구제하는 삶이 진실한 보살도의 실천이 되어 많은 중생들을 구제하게 되는 것이고 진실한 포교인 것이다.(모지사다바야~~~)' 라고 설명을 하였는데 여기에서는 관조(觀照)하여 실천하겠다는 강한 서원이 엿보이는 대목이다.

즉 관조(觀照)하여 수지(授持)라고 하는 것은 불법(佛法)의 지혜를 체득하는 것을 말한다. 불심(佛心)의 지혜를 체득하여 공신보살(空身菩薩)로서 중생의 병을 치료하는 것을 강조하고 있는 것이다.

사다야 사다야 도로 도로 미연제 마하 미연제 다라다라
sādhaya sādhaya dhuru dhuru viyānta i mahāviyānta i dhara dhara

(sa)(dha)(ya) (sa)(dha)(ya) ~~~ (dhu)(ru)
(dhu)(ru) (vi)(ya)(nti) (ma)(hā) (vi)(ya)
(nti) (dha)(ra) (dha)(ra)[76]
(dhu)(ru) (dhu)(ru) (va) (ja) (ya)(te)
度 嚧 度嚧 罰 闍 耶 帝(二十六)
此是嚴峻菩薩. 孔雀王兵.
(ma)(ha) (va)(ja)(ya)(te)
摩 訶 罰 闍 耶 帝(二十七)(同上)
(dha)(ra) (dha) (ra)
陀羅 陀羅(二十八)
此是觀世音菩薩. 大手把金輪.[77]

sādhaya sādhaya dhuru dhuru viyānta i mahāviyānta i dhara dhara에서 sādhaya sādhaya는 이룩하게 된다, 성취하게 된다, 얻게 된다는 뜻으로 성취하소서라고 하는 것이고, dhuru dhuru는 멍에, 불꽃, 부(富), 명성, 운명 등으로 매사(每事)의 지혜라는 뜻이므로 순간순간의 지혜를 성취하소서라는 뜻이다.

---

76) 金剛智, 『千手千眼觀自在菩薩廣大圓滿無礙大悲心陀羅尼呪一卷』(『大正藏』20, 113쪽. 상20.)

77) 大廣智不空譯請, 『大慈大悲救苦觀世音自在王菩薩廣大圓滿無礙自在青頸大悲心陀羅尼』(『大正藏』20, 499쪽. 하16.-하23.)
(dhu)(ru) (dhu)(ru) (va)(ja)(ya)(te) 度嚧 度嚧 罰闍耶帝(二十六) 此是嚴峻菩薩. 孔雀王兵. (ma)(ha) (va)(ja)(ya)(te) 摩訶罰闍耶帝(二十七)(同上) (dha)(ra) (dha)(ra) 陀羅 陀羅(二十八) 此是觀世音菩薩. 大手把金輪.

viyānta i 는 진여의 지혜를 체득한 이를 일컫는 말로서 진여의 지혜를 체득한 것을 말하는 것이고, mahāviyānta i 는 위대한 진여의 지혜를 체득한 이를 일컫는 것을 말하는 것으로 진여의 지혜를 체득하는 것이 위대하다는 것이다. dhara dhara는 수지(授持)하는 것이다.

번역하면, "순간순간의 지혜를 성취하여서, 진여의 지혜를 체득하고 위대한 진여의 지혜를 수지(授持)하는 보살이 되어 불법(佛法)을 수지(授持)하겠습니다." 라는 서원이다.

此是嚴峻菩薩. 孔雀王兵. (이것은 엄준보살로 공작왕(孔雀王, 독사를 먹는 공작의 왕, 사악한 번뇌를 제거하는 보살)의 병사이다.)
此是觀世音菩薩. 大手把金輪. (이것은 관세음보살로 금륜을 대수(大手, 큰 손, 큰 일을 하는 유능한 사람)로 잡은 것이다.)

【해설】

진여의 지혜를 체득하여 실천하려고 하면 불법(佛法)을 수지(授持)해야만 하는 것이다. 진여의 지혜를 수지(授持)하고 여시(如是)하게 실천하는 사람을 여래라고 하는 것이니 이 위대한 진여의 지혜로 매사(每事)에서 실천하여 대자비를 베푸는 관세음보살이 되겠다는 서원(誓願)인 것이다.

〔불법수지(佛法授持)〕

다린나례 새바라 자라자라
dhalīndheśvāra cala cala

(dha)(re)(i) (ndre) (śva) (ra) (ca)(la) (ca)
(la)[78]

(dhi)(ri) (ṇi) (rā)(ya) (ca)(la) (ca) (la)
地利尼(二十九)囉耶(三十) 遮囉 遮囉(三十一)
此是師子王. 兵驗不調. 是霹靂降伏魔眷屬. 此是摧碎菩薩, 本身手把金輪.[79]

dhalīndheśvāra cala cala에서 dhalīndheśvāra는 dhara, īndhe, īśvāra로 되어 있는데 dhara는 수지하는 것이고, īndhe는 불을 말하는 망념이 없는 진여의 지혜를 말하는 것이고, īśvāra는 수지하여 자유자재하게 사용하는 것이므로 청정한 불법(佛法)의 진여지혜를 능히 자신이 수지(授持)하여 임운자재하는 것이고, cala cala는 행동하다. 움직이다. 라는 것이므로 불법(佛法)을 수지하여 진여의 지혜로 임운자재하게 생활하는 것이다.

번역하면, "불법(佛法)을 수지(授持)하여 진여의 지혜로 임운자재(任運自在)하게 생활하겠습니다." 라는 서원인 것이다.

---

78) 金剛智, 『千手千眼觀自在菩薩廣大圓滿無礙大悲心陀羅尼呪一卷』(『大正藏』20, 113쪽. 상23.)

79) 大廣智不空譯請, 『大慈大悲救苦觀世音自在王菩薩廣大圓滿無礙自在青頸大悲心陀羅尼』(『大正藏』20, 499쪽. 하24.-500쪽. 상3.) (dhi)(ri)(ṇi) 地利尼(二十九) 此是師子王. 兵驗不調. (rā)(ya) 囉耶(三十) 是霹靂降伏魔眷屬. (ca)(la) (ca)(la) 遮囉 遮囉(三十一) 此是摧碎菩薩, 本身手把金輪.

此是師子王. 兵驗不調. (이것은 사자왕으로 병사가 망념의 부조(不調)를 증험하는 것이다.) 「此是師子王兵驗讀誦」[80]

是霹靂降伏魔眷屬. (이것은 마장의 모든 권속들을 벽력(霹靂)같은 위엄으로 자유자재로 항복시키는 것이다.)

此是摧碎菩薩, 本身手把金輪. (이것은 최쇄(摧碎, 번뇌를 깨는)보살의 본신으로 금륜(金輪, 전륜성왕의 7보 중의 하나로 망념을 항복시키는 무기로 진여의 지혜를 말함)을 손으로 잡아 파악(把握)하여 자유자재하는 것이다.)

【해설】

불법(佛法)을 수지(授持)하여 진여의 지혜를 체득하는 것은 모든 불법(佛法)으로 마장들을 항복시켜 자신이 여여(如如)하게 살아가는 법을 깨달아 익힌 것이다.

임운자재(任運自在)하게 생활하는 것은 여여(如如)한 진여(眞如)의 지혜로 생활하는 것이 자유자재한 것이다.

번뇌망념을 독사나 사악한 것에 비유한 것은 자신을 괴롭혀서 죽이는 것이 되기 때문이다. 그러나 현대에서는 독사나 사악한 것의 망념으로 남을 괴롭히는 일을 즐기며 재물이나 명예로 군림하여 타인들을 괴롭히는 것을 행복으로 알고 살아가는 이들이 많은 말법(末法), 말세(末世)의 시대에 살고 있는 것이다.

부와 명예를 위해서는 부모형제, 친척, 자식, 동료 등등을

80) 『千手千眼大悲心呪行法』卷1 (『만속장』74, 544쪽. 상24.) : 「此是師子王兵驗讀誦(이것은 사자왕으로 독송하면 망념을 죽이는 증험을 나타내는 것이다.)」

살생(殺生)하는 계율을 어기기를 밥 먹듯이 하고 있는 것이다. 세간에서 살아가는 이들에게 불교에서는 오계(五戒)를 지키며 살아가기를 강조하는 것이 이와 같은 일들을 막기 위해서 하고 있는 것이다.

살생하지 말라는 계율은 사람을 죽이지 말라는 율법(律法)인데 사람, 동물, 미물, 무정물 등 모두를 죽이지 말라는 것으로 이해를 하면 이 세상은 온갖 잡동사니가 판을 치는 세상이 될 것이고, 죽여도 된다고 하면 이 지구상에 있는 사람들은 동물, 미물, 무정물 등등의 종자(種子)조차도 없애는 우(愚)를 범하게 될 것이다.

'살생하지 말라' 라고 하는 것은 어떻게 하면 서로가 화합하며 살아가는 공존의 세상을 추구하는 것이다. 말법(末法)의 시대에는 자신을 뒤돌아보는 법은 없고 어떻게 하면 살생을 하고 자신만 살아남겠다는 동물적인 본능만 살아있기 때문에 말세(末世)가 되는 것이다.

부처님 당시에 말법, 말세라는 말을 사용한 것은 지식으로만 살아가는 동물적인 본능만 남아 있는 이들을 두고 이와 같은 말을 사용한 것일 것이다.

이것이 불교인들을 탄압하는 도구로 사용한 유교정치 시대나 불교를 배척하는 시대의 정치가들이 하는 수법이었다. 작은 아이들 싸움에 사람을 죽이는 무수한 무기를 개발하여 개입하고는 이익을 챙기는 수법을 사용하는 이들을 두고 말법(末法), 말세(末世)라고 하는 것이다.

살생을 금지하는 계율을 잘 지키는 것은 어떻게 하면 화합할 수 있는지에 대하여 연구하고 노력하는 지식을 쏟아 부어야 진여의 지혜로 삼학(三學)에 맞게 화합하는 행복한 세상이 바로 지금 눈앞에 펼쳐지게 되는 것이다.

어떻게 하면 되는지에 대해서는 각자가 노력하면 순식간에 바꾸어서 살아갈 수 있는 것이다.

지혜는 자신이 아는 것이고, 불법의 지혜는 삼학(三學)에 맞게 아는 것이고, 진여는 차별분별이 없는 것이고, 불교에서 말하는 진여는 색즉시공(色卽是空), 오온개공의 진여를 말하는 것이다.

승가(僧伽)라고 하는 것을 화합이라고 하는 것도 색즉시공(色卽是空), 즉 오온개공의 진여와 계합하는 것을 화합이라고 말하는 것도 이와 같은 뜻이다. 그러므로 이와 같은 승가를 존중하는 것인데 이것이 파괴되면 존중할 근본이 사라지게 되므로 말법(末法)[81]이 되는 것이다. 명예나 재물에 대하여는 『선가귀감』에 잘 나타나 있으므로 참조.

마라미마라 아마라 몰제 예혜혜

malavimala amala mūrte ehyehe

mala(없음) (vi) (ma) (la) (ma) (ra) ~~~ **mūrte(없음)** ~~~ (e) (hye) (he)[82]

---

81) 말법(末法): 불법(佛法)의 지혜로운 삶을 살아가지 못하는 것을 말법(末法)이라고 함. 시간의 흐름에 따라 역사적으로 분류하기도 하지만 자신의 의식에서 인연법을 모르는 중생들이 치성하게 되는 것.(『선가귀감』 부산, 맑은소리 맑은나라, 2014. 130쪽. 각주 233)참조)

82) 金剛智, 『千手千眼觀自在菩薩廣大圓滿無礙大悲心陀羅尼呪一卷』 (『大正藏』20, 113쪽. 상23.)

𑖦(ma) 𑖦(ma) 𑖪(va) 𑖦(ma) 𑖨(ra)
摩 摩(弟子某甲受持) 罰 摩 羅(三十二)
此是大降魔金剛本身. 手把金輪.
𑖭𑖲(su) 𑖎𑖿𑖝𑖸(kte) 𑖩𑖸(le) 𑖊(e)𑖮𑖸(he) 𑖊(e)𑖮𑖸(he)
穆帝 囇(三十三)伊醯 移醯(三十四)
此是佛合掌. 聽誦千手千眼觀世音菩薩善神妙章句.
此是喚摩醯首羅天.[83]

mala는 마장으로 번뇌망념를 말하며 세속을 말하는 것이고, vimala는 마장을 벗어난 것을 나타내는 출세간을 말하는 것이고, amala는 자신의 마라에서 벗어난 것을 의미하는 출세간의 삶을 사는 것을 말하는 것이다.

mūrte ehyehe에서 mūrte는 실체, 몸, 모습, 사람 등을 지칭하는 것이고, ehyehe는 '가까이 오다' 와 '바라다' 가 합해진 것이므로 (출세간의) 모습으로 살아가기를 서원하다. 라고 하는 것이다.

마장에서 벗어난 출세간의 삶을 사는 천수천안관세음보살의 미묘한 모습으로 살아가기를 서원하는 것이다.

번역하면, "마장(魔障)에서 벗어나 출세간의 삶을 사는 청정한 관세음보살과 같이 진여의 지혜로 살아가기를 서원합니

83) 大廣智不空譯請, 『大慈大悲救苦觀世音自在王菩薩廣大圓滿無礙自在青頸大悲心陀羅尼』(『大正藏』20, 500쪽. 상4.- 상15.)
𑖦(ma)𑖦(ma) 摩摩(弟子某甲受持) 𑖪(va)𑖦(ma)𑖨(ra) 罰摩羅(三十二) 此是大降魔金剛本身. 手把金輪. 𑖭𑖲(su) 𑖎𑖿𑖝𑖸(kte) 𑖩𑖸(le) 穆帝囇(三十三) 此是佛合掌. 聽誦千手千眼觀世音菩薩善神妙章句. 𑖊(e)𑖮𑖸(he) 𑖊(e)𑖮𑖸(he) 伊醯 移醯(三十四) 此是喚摩醯首羅天.

다.” 라고 할 수 있다.

此是大降魔金剛本身. 手把金輪. (이것은 마장을 대항(大降)받는 금강(金剛, 진여의 지혜)의 본신으로 금륜(金輪, 전륜성왕의 7보 중의 하나로 망념을 항복시키는 무기로 진여의 지혜를 말함)을 손으로 잡아 파악(把握)하여 자유자재하는 것이다.)
此是佛合掌. 聽誦千手千眼觀世音菩薩善神妙章句. (이것은 부처가 합장하고 천수천안관세음보살이 본원(本願)으로 독송하는 신묘장구를 부처의 본심으로 듣는 것이다.) ※ 그러므로 출세간이라고 한다.
此是喚摩醯首羅天. (이것을 마혜수라천이라고 부른다. ※ 제4선천의 맨위)

【해설】

마라[84]는 자신의 마음속에 있는 마장(魔障)이지 밖에 있는 것이 아니다. 그러므로 자신의 망념을 자기가 삼학(三學)으로 자각하면 마라(魔羅)는 사라지게 되는 것이다.

즉 마라가 사라지면 청정한 관세음보살이 되는 것이고 자신이 청정하면 모든 법계가 청정하게 되어 일행삼매가 되는 것이다. 이것을 출세간이라고 하는 것이다.

관세음보살이란 자신이 자신의 망념을 관조하여 진여의 지혜로 생활하게 하는 것을 자신이 삼학(三學)으로 확인하여 지혜로운 무위진인이 되기를 서원하는 보살인 것이다.

84) 마(魔) : 마라(魔羅)라고 하기도하며 마(魔)라고 하는 것으로 마(魔)는 외부에 있는 것이 아니라 자신의 정념(正念)을 방해하는 망념(妄念)이 마(魔)이다. 귀신 등등.

무위진인을 조사라고 하기도 하고 여래라고 하기도 하는데 관세음보살의 삶을 살아가는 조도(鳥道)의 생활을 자유자재로 하는 이를 무위진인, 참사람, 부처라고 하는 것이다.

여기에서는 마라를 벗어나고 초월하여 관세음보살의 삶을 살아가기를 서원하는 것이다.

로계 새바라 라아 미사미 나사야 나베사미 사미 나사야 모하자라 미사미 나사야 호로호로 마라 호로 하례

lokeśvārā rāgaviṣavināśaya dveṣaviṣavināśaya mohācalaviṣavināśaya huru huru mala hulu hale

(lo)(ka)(sya) (rā)(ga) (vi)(ṣa)(vi) (nā)(śa) (na)(dvi) (ṣa)(vi) (ṣa)(vi) (nā)(śa)(na) (mu)(ha) (vi)(ṣa)(vi) (nā)(śa)(na) (hu)(lu)(hu)(lu) (ma)(ra) (hu)(lu) (ha)(le)[85]

(ci)(nda) (ci)(nda) (a)(rṣaṃ) (pra)(ca)(li)

室那 室那(三十五)(同上) 阿 羅參 佛羅 舍利(三十六)

此是觀世音菩薩, 手把軍弓箭.

(va) (ṣa)(va) (ṣaṃ) (pra)(śa)(ya)

罰 沙 罰 參 佛羅 舍 耶(三十七)

此是阿彌陀佛本身, 觀音菩薩師主.

(hu)(ru) (hu)(ru) (ma)(ra)

85) 金剛智, 『千手千眼觀自在菩薩廣大圓滿無礙大悲心陀羅尼呪一卷』(『大正藏』20, 113쪽. 중5.)

呼 嚧 呼嚧 麼 囉(三十八)

此是呼八部鬼神

(hu) (ru) (hu) (ru) (hri)

呼嚧 呼嚧 醯唎(三十九)(同上)

此是五濁惡世云.[86]

lokeśvārā rāgaviṣavināśaya dveṣaviṣavināśaya mohācalaviṣavināśaya huru huru mala hulu hale에서 lokeśvārā는 세간이라는 loka와 지혜를 수지하여 자유자재롭게 사용하는 것을 말하는 īśvāra가 합하여진 것으로 관자재보살과 같은 의미이다.

rāgaviṣavināśaya에서 rāga는 탐욕(貪欲)이나 욕망을 말하고, viṣam은 악독, 마장(魔障)을 나타내는 것이며, vināśaya는 소멸시키는 것을 나타내므로 요약하면 (관자재보살과 같이 번뇌망념을 돌이켜) 진여의 지혜로 계율을 어기지 않고 자유자재하게 생활하면 탐욕으로 인한 마장(魔障)은 진여의 지혜에 의하여 사라지게 되는 것이다.

dveṣaviṣavināśaya에서 dveṣa는 진심(瞋心, 성내는 마음)

---

86) 大廣智不空譯請, 『大慈大悲救苦觀世音自在王菩薩廣大圓滿無礙自在青頸大悲心陀羅尼』(『大正藏』20, 500쪽. 상16.- 상27.)
(ci) (nda) (ci) (nda) 室 那 室那(三十五)(同上) (a) (rṣaṃ) (pra) (ca) (li) 阿 羅參 佛羅 舍 利(三十六) 此是觀世音菩薩, 手把軍弓箭. (va) (ṣa) (va) (ṣaṃ) (pra) (śa) (ya) 罰 沙 罰 參 佛羅 舍 耶(三十七) 此是阿彌陀佛本身, 觀音菩薩師主. (hu) (ru) (hu) (ru) (ma) (ra) 呼 嚧 呼嚧 麼 囉(三十八) 此是呼八部鬼神. (hu) (ru) (hu) (ru) (hri) 呼 嚧 呼嚧 醯唎(三十九)(同上) 此是五濁惡世云.

을 나타내고, viṣam은 마장(魔障)을 나타내는 것이며, vināśaya는 소멸시키는 것을 나타낸다. 그러므로 (관자재보살과 같이 번뇌망념이 없게 살아가면) 진심(瞋心)의 마라(魔障)를 소멸하게 되는 것이라고 할 수 있는 것이다.

그리고 mohā는 또 치심(癡心, 無明)이고, cala는 행동하는 것을 나타내는 것이고, viṣavināśaya에서 viṣam은 마장(魔障)을 나타내는 것이며, vināśaya는 소멸시키는 것을 나타낸다.

그러므로 또 치심(癡心, 無明)의 마장(魔障)으로 인하여 자신이 본성을 알지 못하고 행하는 것을(관자재보살과 같이 번뇌망념이 없는 것을 자각하는) 지혜가 있으면 치심(癡心)은 자연히 소멸되는 것이 된다.

huru huru mala에서 huru huru는 훔치다. 파괴하다. 가져가다. 도달하게 하다. 두렵다. 기쁘도다. 아아! 감탄사, 빨리 등으로 하는데 의미를 전달하는데 약간의 어려움이 있는 것 같아서 가라앉아 있는, 숨겨져 있는 이라는 뜻으로 하고, mala는 마라(魔障)이니 '숨겨져 있는 탐진치의 마장을' 이라고 하였다.

hulu hale에서 hulu는 억지로 가두어 넣는 것이고, hale는 제거하는 것이다. 그러므로 마라(魔羅, 번뇌, 마장)를 억지로 가두어 모아서 완전하게 제거하는 것이다.

숨겨져 있는 탐진치로 인하여 생긴 마장을 억지로 가두어 모아서 완전하게 제거하겠습니다. 라고 하는 것이다.

번역하면, "(관자재보살과 같이 번뇌망념을 돌이켜) 진여의 지혜로 계율을 어기지 않고 자유자재하게 생활하면 탐욕으로 인한 마장은 진여의 지혜에 의하여 사라지게 되고, (관자재보살과 같이 번뇌망념이 없게 살아가면) 진심(瞋心)의 마라(魔障)를 소멸하게 되고, 치심(癡心, 無明)의 마장(魔障)으로 인하여 자신의 본성을 알지 못하고 행하는 것을 (관자재보살과 같이 번뇌망념이 없는 것을 자각하는) 지혜가 있으면 치심(癡心)은 자연히 소멸되는 것이다.

그러므로 이와 같이 하여 숨겨져 있는 탐진치로 인하여 생긴 마장(魔障)을 억지로 가두어 모아서 완전하게 제거하겠습니다." 라고 하는 것이다.

此是觀世音菩薩, 手把軍弓箭. (이것은 관세음보살이 손에 군사용 활과 화살을 잡고 있는 것이다.)
此是阿彌陀佛本身, 觀音菩薩師主. (이것은 아미타불의 본신이고 관음보살의 사주(師主, 스승)이다.)
此是呼八部鬼神. (이것을 팔부귀신이라고 부른다.)
此是五濁惡世云. (이것은 오탁악세(탐진치)를 말하는 것이다.)

【해설】

이와 같은 지혜를 자신이 자각하여 깨닫게 되니 탐욕의 마라(魔障)는 사라지게 되고, 그리고 진심(瞋心)의 마장(魔障)도 사라지게 되고, 또 치심(癡心, 無明)의 마장(魔障)까지도 사라지게 되니, 온갖 마장(魔障, 마라)에서 벗어나고 마장이라는 의식에서 조차 벗어나게 되는 것이다.

탐진치(貪瞋癡)의 삼독심으로 생긴 마장(魔障)에서 벗어나는 법은 자신의 망념을 자신이 자각하는 것이다. 이와 같이 삼학(三學)에 맞게 자각하니 마장(魔障)에서 벗어나 자신이 마장을 완전하게 제거하기를 서원해야 하는 것이다.

"관자재보살과 같이 번뇌망념을 돌이킨다." 라고 하는 것은 자신이 번뇌망념을 자유자재로 삼학(三學)으로 관조하여 살아가는 보살을 관자재라고 하는 것이므로 돌이킨다. 라고 한 것이다.

"진여의 지혜로 계율을 어기지 않고 자유자재하게 생활하면 탐욕으로 인한 마장은 진여의 지혜에 의하여 사라지게 된다." 라고 한 것은 계율을 어기지 않고 생활하면 탐욕이 사라지게 되는 것이고 진여의 지혜에 의하여 사라진다고 하는 것은 계율을 지키는 그 본성(本性)이 진여(眞如)이기 때문이고 지혜에 의한다고 한 것은 두 번 다시 반복하지 않기를 바라기 때문에 지혜라고 한 것이다.

진심(瞋心)의 마라(魔羅, 魔障)와 치심(癡心, 無明)의 마장(魔障)도 위와 같은 것이므로 이와 같이 하여 숨겨져 있는 탐진치의 마장을 모두 뽑아내어 완전하게 제거하게 하는 것이다.

이것이 신묘장구대다라니의 핵심으로 삼독(탐진치)을 삼학(계정혜)으로 전환하는 것이다.

〔탐진치(貪嗔癡) 계정혜(戒定慧)〕

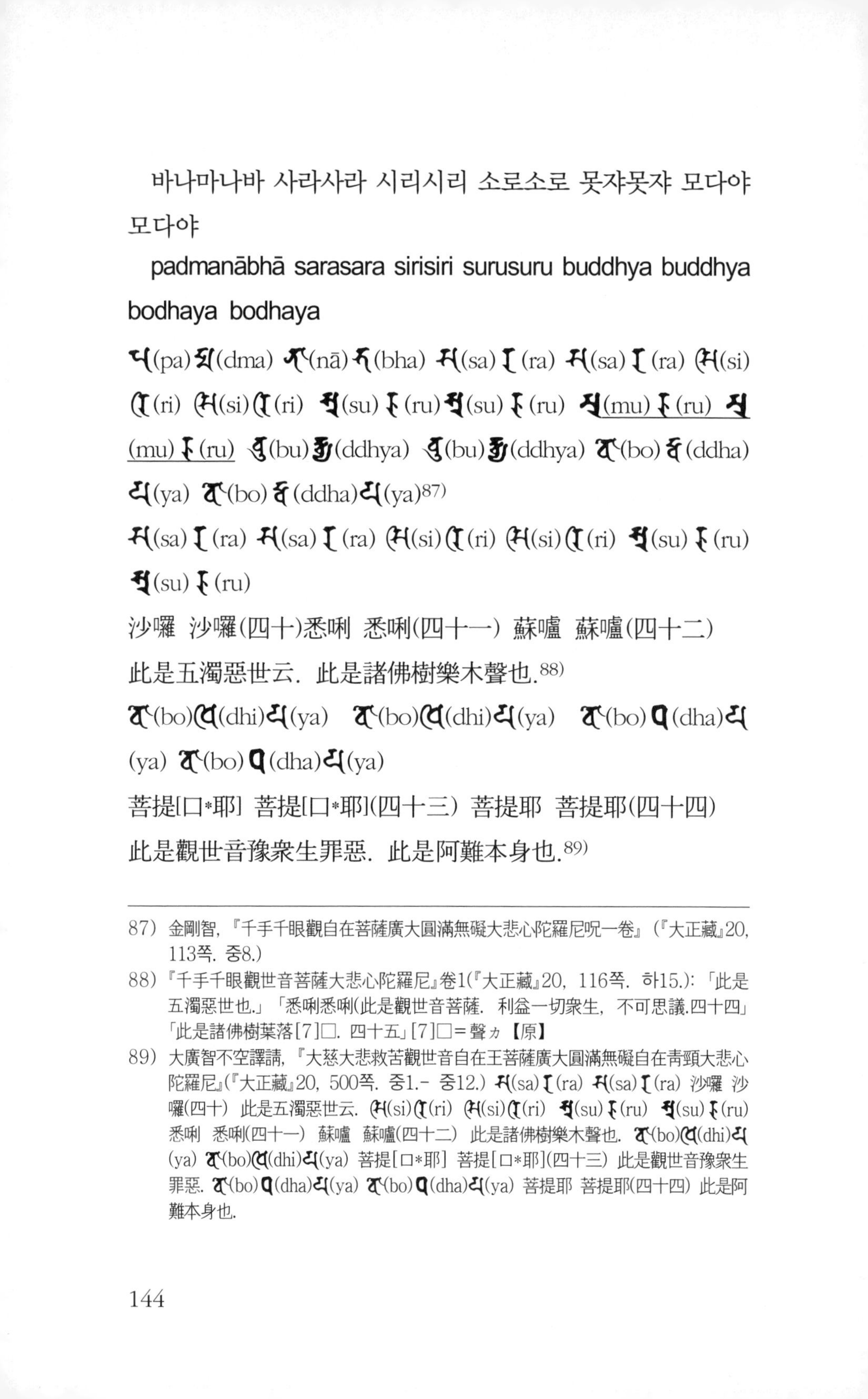

바나마나바 사라사라 시리시리 소로소로 못쟈못쟈 모다야 모다야

padmanābhā sarasara sirisiri surusuru buddhya buddhya bodhaya bodhaya

(pa)(dma)(nā)(bha) (sa)(ra) (sa)(ra) (si)(ri) (si)(ri) (su)(ru)(su)(ru) (mu)(ru) (mu)(ru) (bu)(ddhya) (bu)(ddhya) (bo)(ddha)(ya) (bo)(ddha)(ya)[87]

(sa)(ra) (sa)(ra) (si)(ri) (si)(ri) (su)(ru) (su)(ru)

沙囉 沙囉(四十)悉唎 悉唎(四十一) 蘇嚧 蘇嚧(四十二)

此是五濁惡世云. 此是諸佛樹樂木聲也.[88]

(bo)(dhi)(ya) (bo)(dhi)(ya) (bo)(dha)(ya) (bo)(dha)(ya)

菩提[口*耶] 菩提[口*耶](四十三) 菩提耶 菩提耶(四十四)

此是觀世音豫衆生罪惡. 此是阿難本身也.[89]

---

87) 金剛智, 『千手千眼觀自在菩薩廣大圓滿無礙大悲心陀羅尼呪一卷』(『大正藏』20, 113쪽. 중8.)

88) 『千手千眼觀世音菩薩大悲心陀羅尼』卷1(『大正藏』20, 116쪽. 하15.): 「此是五濁惡世也.」「悉唎悉唎(此是觀世音菩薩. 利益一切衆生, 不可思議.四十四」「此是諸佛樹葉落[7]□. 四十五」[7]□＝聲ヵ【原】

89) 大廣智不空譯請, 『大慈大悲救苦觀世音自在王菩薩廣大圓滿無礙自在青頸大悲心陀羅尼』(『大正藏』20, 500쪽. 중1.- 중12.) (sa)(ra) (sa)(ra) 沙囉 沙囉(四十) 此是五濁惡世云. (si)(ri) (si)(ri) (su)(ru) (su)(ru) 悉唎 悉唎(四十一) 蘇嚧 蘇嚧(四十二) 此是諸佛樹樂木聲也. (bo)(dhi)(ya) (bo)(dhi)(ya) 菩提[口*耶] 菩提[口*耶](四十三) 此是觀世音豫衆生罪惡. (bo)(dha)(ya) (bo)(dha)(ya) 菩提耶 菩提耶(四十四) 此是阿難本身也.

padmanābhā에서 padma는 연꽃이고, nābhā는 허공을 말하는 것이다. sarasara sirisiri surusuru에서 sarasara는 (허공에서 연꽃과 같이)사방팔방으로 움직이는 모습을 나타내는 것으로 허공에서 자유자재로 행동하는 모습과 같은 것이다.

sirisiri는 왕복하여 반복하는 모습을 영어로는 shuttle이라고 하여 베틀의 북과 같이 반복하는 의미를 나타내는 것이다.

surusuru는 srusru와 같은 것으로 내뿜다. 사라지다. 벗어나다 라는 뜻으로 허공에서 연꽃이 자유자재로 사는 모습조차도 사라진 몰종적의 조사가 되어야 다음 구절에 나오는 구경의 깨달음을 체득하게 되는 것이다.

buddhya buddhya는 구경의 깨달음을 이고, bodhaya bodhaya는 깨닫게 되는 것으로 체득하는 것이다.

번역하면, "허공에서 연꽃과 같이 자유자재하여 사방팔방에서 자유자재로 생활하는 것을 허공에서 하듯이 자유자재로 행동을 하되 조금도 계율에 어긋나지 않게 훈습하고 반복하여 허공에서 연꽃이 자유자재로 사는 모습조차도 사라진 몰종적의 조사가 되어 구경의 깨달음을 체득하겠습니다." 라고 서원하는 것이다.

此是五濁惡世云. 此是諸佛樹樂木聲也.

(此是五濁惡世也. 此是諸佛樹葉落□(聲))

이것은 오탁악세를 말하는 것으로 이것이 제불께서 설법하는 소리로 나무가 본성으로 내는 소리와 같은 것이다.

(이것이 오탁악세이다. 이것은 제불께서 본성으로 설법하는 소리가

나뭇잎이 떨어지는 소리이다. ※ 즉 나뭇잎 떨어지는 소리가 제불의 설법소리이다.)

※ 「悉唎悉唎(此是觀世音菩薩, 利益一切衆生, 不可思議.[90])

이것은 관세음보살로서 일체중생을 이익되게 하는 불가사의 한 것이다,

此是觀世音豫衆生罪惡 此是阿難本身也.

이것은 관세음보살이 중생의 죄악을 예약하는 것으로 이것을 아난의 본신이라고 한다.

【해설】

"허공에서 연꽃과 같이 자유자재하여 사방팔방에서 자유자재로 생활하는 것을 허공에서 하듯이 자유자재로 행동을 한다고 하는 것" 은 부처의 여여(如如)한 생활은 어디에도 걸림이 없으므로 허공에서 한다고 하는 것이고 장애가 없으므로 자유자재하다고 하는 것이다.

"조금도 계율에 어긋나지 않게 훈습(熏習)하고 반복하여 허공에서 연꽃이 자유자재로 사는 모습조차도 사라진 몰종적의 조사가 되어 구경의 깨달음을 체득하겠습니다." 라고 하는 것은 훈습이 되어 있으므로 삼학(三學)에 위배되지 않는 생활을 하면 집착이 없는 조사의 생활이 가능하여 구경의 깨달음을 체득하게 되는 것이다.

이것은 탐진치의 마라를 완전하게 제거하면 허공에서 연꽃이 피어, 차별 분별이 없는 진여의 불심(佛心)으로 지혜롭게

---

90) 『千手千眼觀世音菩薩大悲心陀羅尼』卷1(『大正藏』20, 116쪽. 하16.)

생활하게 되어 생사(生死)의 중생심에서 벗어나게 되는 것이다.

그리고 구경의 깨달음을 자각하게 되는 것이라고 (관세음보살이 신묘장구대다라니에서 설법으로) 확인을 시켜주는 것이고, 지금 내가 부처라는 연꽃으로 피어서 여여(如如)하게 지혜로 생활하여 온 법계의 중생을 제도하면 구경에는 부처가 되는 수기를 받게 되는 것이고 또 자비로 진여법(眞如法)을 설하여 모든 중생들을 제도하겠다는 광대한 발원을 하게 되는 것이다.

연꽃이 피는 것은 중생심의 생사(生死)에서 불심(佛心)의 연꽃이 피는 것을 비유하는 것이므로 중생심을 삼학(三學, 계정혜)으로 자각(自覺)하여야 진여의 불심(佛心)이 되는 것이다.

자신의 중생을 자각하여 제도(濟度)하니 법계의 중생들을 제도하게 되고 또 여여(如如)하게 보살도를 실천하게 되어 각자가 일체 중생을 제도하게 되는 것이다.

매다라야 니라간타 가마사 날사남 바라하라나야 마낙 사바하

maitrīya nilakaṇṭha kamasya darśanāṁ prahladaya mānaḥ svāhā

(mai) (te) (ni) (ra) (kaṃ) (ṭa) ~~~ (ka) (ma) (sya) (da) (rśa) (naṃ) (pra) (kra) (da) (ya) (ma) (na) (svā) (hā)[91]

(mai) (tri) (ya) (na) (ra) (ki) (ndi)

彌帝唎耶(四十五) 那囉 謹墀(四十六)

此是本車菩薩手把金刀. 此是龍樹菩薩, 手把金刀之長.

(dha) (rṣi) (ṇi) (na) (pa) (ya) (ma) (na) (svā) (hā)

他 唎瑟 尼 那 波夜摩那(四十七) 娑婆訶(四十八)(同上)

此是金光幢菩薩, 手把跋折羅杵. 此是達一切法門.[92]

maitrīya nilakaṇṭha kamasya darśanāṁ prahladaya mānaḥ svāhā에서, maitrīya, mātrīya는 자비심이 많은, 자비로운, 어머니와 같이 생각하는 이라는 뜻이고, nilakaṇṭha에서 nila

91) 金剛智, 『千手千眼觀自在菩薩廣大圓滿無礙大悲心陀羅尼呪一卷』(『大正藏』20, 113쪽. 중10.)

92) 大廣智不空譯請, 『大慈大悲救苦觀世音自在王菩薩廣大圓滿無礙自在靑頸大悲心陀羅尼』(『大正藏』20, 500쪽. 중13.- 중24.) (mai) (tri) (ya) 彌帝唎耶(四十五) 此是本車菩薩手把金刀. (na) (ra) (ki) (ndi) 那囉 謹墀(四十六) 此是龍樹菩薩, 手把金刀之長. (dha) (rṣi) (ṇi) (na) (pa) (ya) (ma) (na) 他唎瑟 尼那 波夜 摩那(四十七) 此是金光幢菩薩, 手把跋折羅杵. (svā) (hā) 娑婆訶(四十八)(同上) 此是達一切法門.

는 검은, 푸른, 질병의 뜻이 있고, kaṇṭha는 음성, 목, 목구멍, 가장 좁은 부분이라는 뜻으로 nilakaṇṭha는 공작새, 참새, 물꽁 등이나 식물의 이름으로도 사용되고 유명한 사람을 말하기도 하므로 여기에서는 청경의 관자재보살을 말한다. 그러므로 자비로운 청경관자재보살이라는 뜻이다.

kamasya는 탐욕, 욕망이고, darśanāṁ은 관찰하여, 관조(觀照)하여 라는 뜻이고, prahladaya에서 pra는 충만하다는 뜻이고, hladaya는 hlāda라는 기쁨, 영예, 행복, 환희라는 뜻의 여격으로 prahladaya는 환희가 충만하여 라는 뜻이고, mānaḥ는 마음으로, 정신으로, 지혜로 라는 뜻이고, svāhā는 구경(究竟)의 경지가 되는 것이다.

번역하면, "자비로운 청경관자재보살로서 탐욕의 삼독심을 관조하여 자각하니 기쁨이 충만한 지혜로 구경의 경지를 체득하겠습니다." 라는 뜻이다.

此是本車菩薩手把金刀. (이것은 본(대)거보살이 손에 금도(金刀)를 잡은 모습이다.)

此是龍樹菩薩, 手把金刀之長. (이것은 용수보살이 손에 금도(金刀)를 잡고 불법(佛法)을 성장시키는 것이다.)

此是金光幢菩薩, 手把跋折羅杵. (이것은 금강당보살이 손에 발절라저(跋折羅杵, 금강저)를 잡은 모습이다.

此是達一切法門. (이것은 일체법문을 통달한 것이다.)

【해설】

자비로운 청경관자재보살로서 탐욕의 삼독심을 관조하여 자각하니 기쁨이 충만한 지혜로 구경의 경지를 체득하겠다는 것에서 청경관자재보살로서 탐진치의 삼독을 관조하는 것이 청경관자재보살이므로 자비(慈悲)롭다고 한 것이다.

기쁨이 충만한 지혜라고 한 것은 탐진치를 관조하여 계정혜로 전환하게 되므로 기쁨이 충만한 지혜라고 한 것이고, 구경의 경지를 체득하겠다 라고 한 것은 삼독을 관조하여 삼학(三學)으로 전환한 지혜로 여시한 여래로 살아가겠다는 서원을 하게 한 것이다.

삼독의 중생심을 자각하니 모든 마장(魔障)을 벗어나게 되고, 관세음보살의 자비와 지혜로 탐진치(貪瞋癡)의 삼독심에서 삼학(三學, 계정혜)의 기쁨이 충만한 청정한 법신(法身)으로 살아가게 하는 것이다.

싯다야 사바하 마하싯다야 사바하
싯다유예새바라야 사바하
siddhāya svāhā mahāsiddhāya svāhā
siddhāyogeśvāraya svāhā

니라간타야 사바하
nilakaṇṭhaya svāhā

(si)(ddhā)(ya) (svā)(hā) (ma)(hā) (si)(ddhā)(ya) (svā)(hā) (si)(ddhā) (yo)(ge) (śva) (ra)(ya) (svā)(hā) (ni) (ra) (kaṃ)(ṭa)(ya) (svā)(hā)[93)]

(si)(ddhā)(ya)

悉 陀 夜(四十九)

(svā)(hā) (ma)(hā) (si)(ddhā)(ya) (svā)(hā)

娑婆訶(五十法語) 摩訶 悉陀夜 娑婆訶

此是施光幢菩薩手把幡.

(si)(ddhā) (yo)(ge) (śva)(ka) (ra)(ya) (svā)(hā)

悉 陀 喩 藝(五十二) 室皤 伽 羅 耶 娑婆 訶(五十三)

此是天大菩薩悉手來把刀或菩薩手把水椀. 此是名安悉香.

(na) (ra) (ki)(ndi) (svā)(hā)

那 囉 謹 墀(五十五)(同上) 娑婆訶(五十六)

---

93) 金剛智, 『千手千眼觀自在菩薩廣大圓滿無礙大悲心陀羅尼呪一卷』(『大正藏』20, 113쪽. 중18.)

此是散水菩薩手把水椀.[94]

siddhāya svāhā mahāsiddhāya svāhā siddhāyogeśvāraya svāhā nilakaṇṭhaya svāhā에서 siddhāya svāhā는 siddhāya 라는 (지혜를) 체득하여 라는 것과, svāhā는 구경(究竟)의 경지가 되는 것이므로 합하면 지혜를 체득하여 구경의 경지로 살아가겠습니다. 라고 하는 것이다.

mahāsiddhāya svāhā에서 mahāsiddhāya는 위대한 반야의 지혜를 체득하여 이고, svāhā는 구경의 경지가 되는 것이므로 위대한 반야의 지혜를 체득하여 구경의 경지로 살아가겠습니다. 라고 하는 것이다.

siddhāyogeśvāraya svāhā에서 siddhāyogeśvāraya는 siddhā와 yogeśvāraya가 합해진 것이므로 (지혜를) 체득하여와 요가의 전문가, 작가라는 yogeśvāraya가 합하여서 지혜를 체득하여 속박의 굴레를 벗어나는 전문가에게 라는 뜻이고, svāhā는 구경의 경지이므로 지혜를 체득하여 관자재보살로서 구경의 경지에서 살아가겠습니다. 라고 하는 것이다.

nilakaṇṭhaya svāhā에서 nilakaṇṭhaya는 nilakaṇ—

94) 大廣智不空譯請, 『大慈大悲救苦觀世音自在王菩薩廣大圓滿無礙自在青頸大悲心陀羅尼』(『大正藏』20, 500쪽. 중24.) (si)(ddhā)(ya) 悉陀夜(四十九) (svā)(hā) (ma)(hā) (si)(ddhā)(ya) (svā)(hā) 娑婆訶(五十法語) 摩訶 悉陀夜 娑婆訶 此是施光幢菩薩手把幡. (si)(ddhā) (yo)(ge) 悉陀 喩藝(五十二) 此是天大菩薩悉手來把刀或菩薩手把水椀. (śva) (ka)(ra)(ya) (svā)s(hā) 室皤 伽羅耶 娑婆訶(五十三) 此是名安悉香. (na)(ra) (ki)(ndi) (svā)(hā)) 那囉 謹墀(五十五)(同上) 娑婆訶(五十六) 此是散水菩薩手把水椀.

ṭha에서 nila는 검은, 푸른, 질병이라는 뜻이 있고, kaṇṭha는 음성, 목, 목구멍, 가장 좁은 부분이라는 뜻이다.

그리고 nilakaṇṭha는 공작새, 참새, 물꽁 등이나 식물의 이름으로도 사용되고 유명한 사람을 말하기도 하므로 여기에서는 마장(魔障)에서 벗어난 청경관자재보살의 자비라는 뜻이고, svāhā는 구경의 경지이므로 이것을 번역하면 마장(魔障)에서 벗어난 청경관자재보살과 같은 자비를 구경에는 체득하여 살아가겠습니다. 라고 하는 것이다.

번역하면, "지혜를 체득하여 구경의 경지로 생활하고, 위대한 반야의 지혜를 체득하여 구경의 경지로 생활하며, 진여의 지혜를 체득하여 관자재보살로서 구경의 경지에서 살아가겠습니다. 그리하여 마장(魔障)에서 벗어난 청경(青頸)관자재보살과 같은 자비를 구경에는 체득하여 살겠습니다." 라고 하는 것이다.

此是施光幢菩薩手把幡. (이것은 시광당보살이 손에 번을 잡은 모습이다.)

此是天大菩薩悉手來把刀或菩薩手把水椀. (이것은 천상의 대보살이 모두 와서 검을 잡은 것이고, 혹은 보살이 손에 수완(水椀)을 잡은 모습이다.)

此是名安悉香. (이것은 이름을 안실향(安悉香)이라고 한다.)

此是散水菩薩手把水椀. (이것은 보살이 수완(水椀)을 잡고 물을 뿌리는 모습이다.)

【해설】

"지혜를 체득하여 구경의 경지로 생활하고, 위대한 반야의 지혜를 체득하여 구경의 경지로 생활하며, 진여의 지혜를 체득하여 관자재보살로서 구경의 경지에서 살아가겠습니다. 그리하여 마장(魔障)에서 벗어난 청경관자재보살과 같은 자비를 구경에는 체득하겠습니다." 라고 하는 것에서 지혜는 어느 누구나가 체득할 수 있는 것이나 반야의 지혜는 삼학(三學)에 맞는 지혜이어야 하는 것이고, 진여의 지혜는 관조하는 지혜이므로 관자재보살의 경지라고 한 것이다.

청경관자재보살의 자비라고 하는 것은 모든 중생을 제도하여 구경에는 모두가 부처가 되기를 서원하는 것이다.

〔청경관세음보살(靑頸觀世音菩薩)〕

바라하목카 싱하목카야 사바하

varahamukha siṁhamukhaya svāhā

(va)(rā)(ha) (mu)(khā) <u>(ya)(svā)(hā) (ma)(hā)(da)(ra)</u> (syiṃ)(ha) (mu)(kha)(ya) (svā)(hā)[95]

(ma)(ra) (na) (ra) (svā)(hā)

摩 囉 那囉(五十七) 娑婆 訶(五十八)(同上)

此是散水菩薩手把水椀.

(si)(ra)(saṃ)(ā) (mu)(khā)(ya) (svā)(hā)

悉囉僧 阿穆佉耶(五十九) 娑婆訶(六十)(同上)

此是山海惠菩薩手把金鉤.[96]

varahamukha siṁhamukhaya svāhā에서 varaha-mukha는 varaha와 mukha로 나누어지는데 varaha는 멧돼지이며 mukha는 모습이고, siṁhamukhaya는 siṁha와 mukhaya로 나누어지는데 siṁha는 사자이고 mukhaya는 모습을 나타내어이고, svāhā는 구경(究竟)의 경지이다.

그러므로 번역하면, "사나운 산돼지 모습을 보고, 사자(獅子)의 모습으로 포효하는 소리를 듣고 모든 망념을 제거하여

---

95) 金剛智, 『千手千眼觀自在菩薩廣大圓滿無礙大悲心陀羅尼呪一卷』(『大正藏』20, 113쪽. 중20.)

96) 大廣智不空譯請, 『大慈大悲救苦觀世音自在王菩薩廣大圓滿無礙自在青頸大悲心陀羅尼』(『大正藏』20, 500쪽. 하5.- 하13.) (ma)(ra)(na)(ra) (svā)(hā) 摩囉 那囉(五十七) 娑婆訶(五十八)(同上) 此是散水菩薩手把水椀. (si)(ra) (saṃ)(ā) (mu)(khā)(ya) 娑婆訶(五十八)(同上) 悉囉僧 阿穆佉耶(五十九) 此是山海惠菩薩手把金鉤. (svā)(hā) 娑婆訶(六十)(同上)

구경의 경지를 체득하여 살아가겠습니다." 라고 하는 것이다.

此是山海惠菩薩手把金鉤. (이것은 산해혜보살이 손에 금구(金鉤)를 잡은 모습이다.)

【해설】

"사나운 산돼지 모습을 보고, 사자(獅子)의 모습으로 포효하는 소리를 듣고 모든 망념을 제거하여 구경의 경지를 체득하겠습니다." 라고 한 것은 산돼지와 같은 모습을 하여 망념을 벗어나게 하기도 하고 무서운 모습을 보고 차별분별을 내지 않게 되고, 사자(獅子)의 모습과 포효에서 안목을 구족하여 자신의 모든 중생을 제도하고 일체중생도 제도하는 것이다.

또 다르게 보면 산돼지와 같은 미천한 중생에서 부터 사자(獅子)와 같은 무서운 사람까지 모두를 부처가 되게 하는 관세음보살의 자비를 실천하는 살인검을 잘 사용하는 보살도를 실천하겠다는 서원을 세우는 것도 된다.

바나마하따야 사바하 자가라 욕다야 사바하

padmāhastaya svāhā cakrayuktaya svāhā

(pa)(dma)(ha)(sta)(ya) (svā)(hā) ~~~ (ca)

(kra) (yu)(dha)(ya) (svā)(hā)[97]

(pa)(ma) (hā)(si)(ddhā)(ya)

婆 摩 訶 悉 陀 夜(六十一)(同上)

(svā)(hā) (ca)(krā) (si)(ddhā)(ya)

娑婆 訶(六十二)(同上) 者 吉囉阿 悉 陀 夜(六十三)

此是藥王菩薩本身行魔.

(svā)(hā)

娑婆 訶(六十四)(同上)[98]

padmāhastaya svāhā에서 padmā는 연꽃이고, hastaya는 수지(受持)하여 사용하는 것이고, svāhā는 구경의 경지를 체득하여 실천하는 것이다.

cakrayuktaya svāhā에서 cakra는 수레바퀴이므로 법륜이고, yuktaya는 사용하여 생활하는 것이고, svāhā는 구경의 경지를 체득하여 실천하는 것이다.

번역하면, "모두가 연꽃을 피우는 법을 깨달아 수지 하고

---

97) 金剛智, 『千手千眼觀自在菩薩廣大圓滿無礙大悲心陀羅尼呪一卷』(『大正藏』20, 113쪽. 중22.)

98) 大廣智不空譯請, 『大慈大悲救苦觀世音自在王菩薩廣大圓滿無礙自在青頸大悲心陀羅尼』(『大正藏』20, 500쪽. 하14.-하23.)(pa)(ma) (hā) (si)(ddhā)(ya) 婆摩訶 悉陀夜(六十一)(同上) (svā)(hā) (ca)(krā) (si)(ddhā)(ya) 娑婆 訶(六十二)(同上) 者吉囉阿 悉陀夜(六十三) 此是藥王菩薩本身行魔. (svā)(hā) 娑婆訶(六十四)(同上)

생활하여 구경의 경지를 체득하고, 법륜을 생활화 하여 굴리게 되니 구경의 경지를 체득하여 실천하겠습니다.” 라고 하는 것이다.

此是藥王菩薩本身行魔. (이것은 약왕보살의 본신으로 마장을 제거하는 것이다.)[99] ※ (모든 망념의 병을 치료한다.)
是藥上菩薩本身行魔痛. (이것이 약상보살의 본신으로 마장의 고통에서 건지는 것이다.)

【해설】

“모두가 연꽃을 피우는 법을 깨달아 수지 하고 생활하여 구경의 경지를 체득하고, 법륜을 생활화 하여 굴리게 되니 구경의 경지를 체득하여 실천하겠습니다.” 에서 연꽃을 피우는 법을 깨닫는다고 한 것은 망념에서 출세하여 진여의 지혜로 살아가는 법을 자각한 것을 말하는 것이고, 구경의 경지는 불법(佛法)에 맞는 궁극적인 경지를 체득하는 것이다.

법륜을 생활화 하여 굴리게 되는 것은 진여의 지혜로 생활하는 것을 체득한 것이 법륜을 생활화하는 것이다. 굴린다고 하는 것은 일상생활이 되어 불퇴전하면 구경의 경지를 체득하여 생활하게 되는 것이다.

---

99) 『千手千眼觀世音菩薩大悲心陀羅尼』卷1(『大正藏』20, 116쪽. 하25.):「悉囉僧阿穆佉耶(此是藥王菩薩本身, 行療諸病. 六十四)娑婆訶.」
『千手千眼大悲心咒行法』卷1(『만속장』74, 544쪽. 중16.):「悉囉僧阿穆佉耶(六十四)(此是藥王菩薩本身, 行療諸病.」

상카섭나네 모다나야 사바하

śaṁkhaśabnane bodhanaya svāhā

賞佉攝娜(二合)[寧*頁][日/月](引)馱(引)曩(引)也娑嚩(二合)賀(法螺聲驚覺)[100]

(śa)(ṅkha)(śa)(bda)(ni) (bo)(ddha)(nā)(ya) (svā)(hā)[101]

śaṁkhaśabna nebodhanaya svāhā에서 śaṁkha는 소라이고, śabna는 śabda의 소리와 같은 뜻으로 소라의 고동소리를 뜻하므로 법라의 소리는 부처님의 음성을 나타내는 자각의 소리[102]이다.

nebodhanaya svāhā에서 nebodhanaya는 nibodh— anaya로 깨달음의 소리를 듣는 이는, 법라의 소리를 듣는 사람에게라는 뜻으로 고동소리를 듣는 사람들은 자각하게 되어 라고 하는 것이다. svāhā는 구경의 경지를 불법(佛法)에 맞게 체득하여 실천하는 것이다.

번역하면, "법라(法螺)를 부니 고동소리를 듣는 모든 중생들은 불법(佛法)을 깨달아 구경의 경지를 체득하게 하겠습니다." 라고 하는 것이다.

---

100) 『青頸觀自在菩薩心陀羅尼經』卷1(『大正藏』20, 490쪽. 상17.) : 「賞佉攝娜(二合)[寧*頁][曰/月](引)馱(引)曩(引)也娑嚩(二合)賀(法螺聲驚覺)」

101) 金剛智, 『千手千眼觀自在菩薩廣大圓滿無礙大悲心陀羅尼呪一卷』(『大正藏』20, 113쪽. 중24.)

102) 『維摩義記』卷4 「菩薩行品11」(『大正藏』38, 507쪽. 중8.) : 「法螺聲相是佛音聲.」

【해설】

법라(法螺)로 사자후를 하니 모든 중생들이 듣고는 망념의 귀가 멀게 되고 망념의 눈이 멀게 되어 모두가 불법(佛法)을 깨닫게 되어 구경의 경지를 체득하게 되는 것이다.

즉 사자후 소리에 모든 망념(妄念)이 사라지고 북(도독고)을 치면 모든 중생들이 죽게 되는 것과 같은 것이다. 여기에서는 소리를 듣고 깨달아 불국토에 태어나게 되는 것을 설명하고 있는 것이다.

마하라 구타다라야 사바하

mahālakuṭādharaya svāhā

摩賀羅矩吒馱羅(引)也娑嚩(二合)賀(持大杖者福圓滿)[103]

(ma) (hā) (la) (ku) (ṭa) (dha) (rā) (ya) (svā) (hā)[104]

mahālakuṭādharaya svāhā에서 mahā는 위대하다는 뜻이고, lakuṭā는 laguda로 지팡이, 깃발, 방망이, 주장자이고, dharaya는 수지(受持)하는 것이고, svāhā는 구경의 경지를 불법(佛法)에 맞게 체득하여 실천하는 것이다.

번역하면, "위대한 주장자(지혜의 방편)를 수지(受持)하여

---

103) 『青頸觀自在菩薩心陀羅尼經』卷1(『大正藏』20, 490쪽. 상16.) : 「摩賀羅矩吒馱羅(引)也娑嚩(二合)賀(持大杖者福圓滿)」

104) 金剛智, 『千手千眼觀自在菩薩廣大圓滿無礙大悲心陀羅尼呪一卷』(『大正藏』20, 113쪽. 중23.)

활용하는 이는 (모든 중생들이) 구경의 경지를 체득하게 하겠습니다." 라고 하는 것이다.

【해설】

"위대한 주장자(지혜의 방편)를 수지(受持)하고 활용하여서 (모든 중생들이) 구경의 경지를 체득하게 하겠습니다." 라고 하는 것에서 위대한 주장자라고 하는 것은 진여의 지혜를 수지하였다는 표시를 주장자를 수지(受持)하였다고 하는 것이다.

모든 중생들이 위대한 진여의 지혜를 활용하게 하는 자비를 베푸는 것과 자신이 진여의 지혜를 체득하여 자신 속에 있는 모든 중생들을 제도하여야 일체중생을 제도하는 것이 된다.

먼저 자신의 중생을 제도하지 않고서 타인(他人)을 제도한다고 하는 말은 어긋나는 것이 된다. 왜냐하면 자신도 구제하지 못하는 도구를 가지고 타인에게 사용하여 보라고 하면 무슨 도구인가? 어떻게 사용하는 것인가? 하는 등등을 어떻게 구분할 수 있다는 말인지 참으로 의심스럽다.

우리들은 자신은 믿지도 알지도 못하면서 타인에게 강요하지는 않았는지 돌이켜보고 참회해야 한다. 그러므로 자신을 먼저 제도하고 타인을 제도한다고 해도 자신이 타인을 제도(濟度)할 수는 진정으로 없는 것이다.

바마사간타 이사시체다 가릿나이나야 사바하
vamaskāṇṭhadiśasṭitakṛṣṇajinaya svāhā

嚩麼娑蹇(二合)馱禰捨娑體(二合 池以反)多訖哩(二合)史拏(二合)爾曩(引)也娑嚩(二合)賀(左肩所住被黑鹿皮 願智圓滿)[105]

(ma)(ma)(ska)(nda) (vi)(ṣa)(sthi)(ta) (kṛ)(ṣṇi)(ji)(nā)(ya) (svā)(hā)[106]

vama skāṇṭha diśa sṭita kṛṣṇa jinaya svāhā에서 vama는 왼쪽의, 왼쪽에 있는 등의 뜻이고, skāṇṭha는 skaṇdha라는 어깨 쪽에 라는 뜻이고, diśa는 방향, 장소를 나타내는 뜻이고, sṭita는 sṭhita로 서있는 모습, 멈추어 있는 상황을 뜻하는 것이며, kṛṣṇa는 kṛishṇā로 검은, 어두운, 흑사슴, 검은 영양, 신의 이름을 뜻하는 것이고, jinaya는 부처, 승리자로 작용하는 것이고, kṛṣṇa jinaya는 검은 사슴의 가죽을 덮은 부처로 라는 뜻이고, svāhā는 구경의 경지를 불법(佛法)에 맞게 체득하여 실천하는 것이다.

번역하면, "왼쪽 어깨를 드러내고 검은 사슴의 가죽을 덮은 부처로서 망념(妄念)에서 벗어나서 구경의 경지를 불법에 맞게 체득하여 실천하겠습니다." 라고 하는 것이다.

---

105) 『靑頸觀自在菩薩心陀羅尼經』卷1(『大正藏』20, 490쪽. 상19.) : 「嚩麼娑蹇(二合)馱禰捨娑體(二合、[10]池以反)多訖哩(二合)史拏(二合)爾曩(引)也娑嚩(二合)賀(左肩所住被黑鹿皮願智圓滿)」

106) 金剛智, 『千手千眼觀自在菩薩廣大圓滿無礙大悲心陀羅尼呪一卷』(『大正藏』20, 113쪽. 중25.)

【해설】

“왼쪽 어깨를 드러내고 검은 사슴의 가죽을 덮은 부처로서 망념(妄念)에서 벗어나서 구경의 경지를 체득하겠습니다.” 라고 한 것은 왼쪽어깨를 드러낸 부처를 지칭하는 것이고, 검은 사슴의 가죽을 덮은 부처라고 하는 것은 일체의 망념에서 벗어난 것을 말하는 것이고, 구경의 경지를 체득한 것은 진여의 지혜를 체득하여 불법(佛法)에 맞게 생활하게 되는 것을 말하는 것이다.

망념(妄念)의 원인인 오온(五蘊)이 공(空)이라는 사실을 관조하여 오온이 공(空)이라는 사실을 확신하게 되면 자신이 마음의 고향으로 돌아가는 수행을 늦추지 않게 되어 항상 보살도를 실천하는 것이고 부처에 귀의하게 되는 것이다.

출가사문의 본분은 항상 번뇌망념이라는 재난에서 오온(五蘊)을 확실하게 공(空)이라고 관조하며 살펴보고 심지(心地)를 일구어 일체의 액난에서 보살도를 실천하며 생활하는 수행자이기에 존중하고 귀의해야 하는 것이다.

먀가라 잘마 이바 사나야 사바하
vyaghracarmanivasanaya svāhā

尾也(二合)伽羅(二合)拶麼[寧*頁]嚩薩曩(引)也娑嚩(二合)賀(鹿皮裙者)[107]

(vyā)(ghra) (ca)(ma) (ni)(v) (sa)(nā)(ya) (sv)(hā)[108]

vyaghracarmanivasanaya svāhā에서 vyaghra는 호랑이라는 뜻으로 출중하게 강한사람, 고귀한 사람을 뜻하는 것이고, carman는 가죽, 포효라는 뜻이고, nivasanaya는 거주, 의복 등의 뜻으로 거주하는, 의복을 입은 이라는 뜻이고, svāhā는 구경의 경지를 불법(佛法)에 맞게 체득하여 행하는 것이다.

번역하면, "호랑이 가죽의 옷을 입게 되어 구경의 경지를 불법에 맞게 체득하겠습니다. 라고도하고 가사를 입고 부처의 설법을 하여 구경의 경지를 체득하여 행하겠습니다." 라고 하는 것이다.

【해설】

---

107) 『靑頸觀自在菩薩心陀羅尼經』卷1(『大正藏』20, 490쪽. 상20.) : 「尾也(二合)伽羅(二合)拶麼[寧*頁]嚩[11]薩曩(引)也娑嚩(二合)賀(鹿皮裙者)」

108) 金剛智, 『千手千眼觀自在菩薩廣大圓滿無礙大悲心陀羅尼呪一卷』(『大正藏』20, 113쪽. 중26.)
『大慈大悲救苦觀世音自在王菩薩廣大圓滿無礙自在靑頸大悲心陀羅尼』卷1(『大正藏』20, 500쪽. 하25.): (va)(ga) (ra) (ya) (svā)(hā)

“호랑이 가죽의 옷을 입게 되어 구경의 경지를 체득하여 행하겠습니다. 라고 하고 가사를 입고 부처의 설법을 하여 구경의 경지를 불법(佛法)에 맞게 체득하여 행하겠습니다.” 라고 한 것은 호랑이의 가죽이라는 것은 고귀한 사람인 부처가 포효한다고 하는 것을 의미하는 것이므로 설법을 하는 것이 되는 것이다.

그러므로 무명(無明)에서 벗어나 깨달음을 체득하게 되니 자신이 확신하고 인가하게 되어 불퇴전의 경지를 체득하여 설법을 하는 것이라고 하였다.

무명(無明)에서 벗어나기 위한 고행에서 깨달음을 체득하신 부처와 같이 확신하게 되어 불퇴전(不退轉)의 경지에서 보살도를 실천하겠다고 서원을 하며 관세음보살께서 설법을 마무리 하시는 것이다.

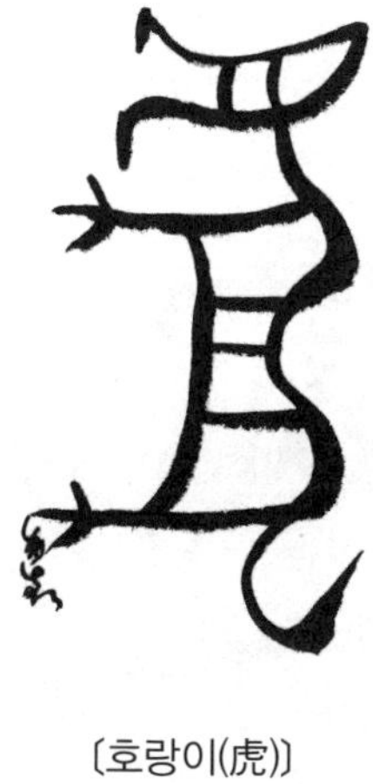

〔호랑이(虎)〕

나모 라다나다라야야

namo ratnatrayāya

(na)(mo) (ra)(tna) (tra)(yā)(ya)

南 無喝 囉 怛那 多囉 夜 耶(七十一)

나모(namo)는 귀의한다는 뜻이고, 라다나다라야(ratnatrayā, 라다나는 가장 훌륭한 보배이고 다라야는 세 종류이다)는 불법승 삼보를 의미하는 것이다. 그러므로 "위대한 삼보에 귀의합니다." 라고 하는 것이다.

【해설】

불법승(佛法僧) 삼보(三寶)에 귀의한다는 것은 나 자신이 불법승 삼보가 되겠다는 서원(誓願)을 세울 수도 있고, 삼보(三寶)로 살아가겠다는 보살도의 실천을 강조할 수도 있지만, 지금 자신이 부처의 지혜로 살아가야 하는 것을 말하는 것이다.

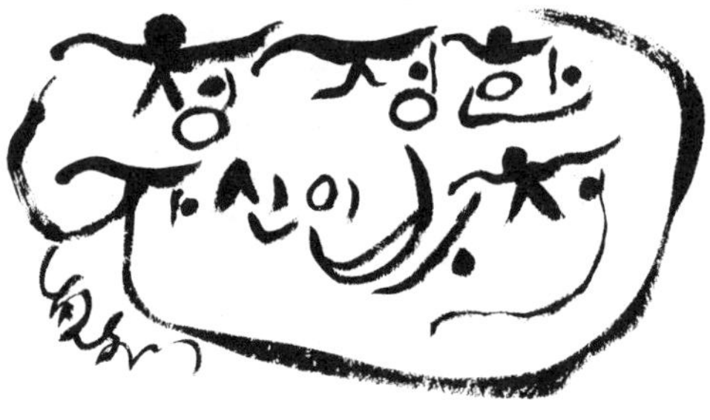

(청정한 자신이 부처)

나막알야 바로기제 새바라야 사바하[109](3번)

namaḥ arya avalokiteśvāraya svāhā ※ (namaḥ āryaḥ valokiteśvāraya svāhā)[110]

(na)(mo) (ā)(ryā) (va)(ro)(ki)(te) (śva)

南 無 阿 唎耶(七十二) 婆 嚧 吉 帝(七十三) 爍皤

(ra)(ya) (bo) (dhi) (svā)(hā)

囉 耶(七十四) 菩 提 娑婆 呵[111]

青頸觀音陀羅尼一卷

나막(namaḥ)은 귀의한다는 뜻이고, 알약(āryaḥ)은 존경스러운 사람을 말하는 것이다.

바로기제새바라야(valokiteśvāraya)에서 avalokiteśvāra는 보살(bodhi－sattva)이라는 뜻으로 북방불교에서 숭배하는 관세음보살을 의미한다. 즉 아발로카(avaloka)는 관찰하여 본다는 뜻이므로 관조한다는 것이고, 할 수 있는 역량을 가진 전문가를 뜻하는 īśvara가 붙어서 관세음보살이 되는 것이다. svāhā는 구경을 체득하여 행하는 것이다.

---

109) 홍법원편집부, 『불교법요집』, 15쪽.

110) 무비, 『천수경』, 전남, 불일출판사, 1993년. 3판.
전재성,『천수다라니와 붓다의 가르침』,서울,한국빠알리성전협회, 2003.
정각, 『천수경연구』, 서울, 운주사, 2011년.
임동근, 『신묘장구대다라니강해』, 서울, 솔바람, 2003.
이평래, 『천수천안우리님』, 서울, 해조음, 2011. 등에서 참조.

111) 『青頸觀自在菩薩心陀羅尼經』卷1 (『大正藏』20, 501쪽.상1.) (na)(mo) (ra)(tna) (tra)(yā)(ya) 南無 喝囉 怛 那多囉夜耶(七十一)(na)(mo) (ā)(ryā) (va)(ro) (ki)(te) (śva) 南無 阿唎耶(七十二) 婆嚧吉帝(七十三) 爍皤 (ra) (ya) (bo)(dhi) (svā)(hā) 囉耶(七十四) 菩提 娑婆呵

그러므로 “성(聖)관자재보살(觀自在菩薩)에게 귀의하여 구경의 경지를 체득하여 실천하겠습니다.” 라고 다시 반복하여 발원하는 것이다.

【해설】

위대한 진여의 지혜로 생활하는 능력을 가지고 살아가고자 합니다. 즉 자신의 망념을 간파(看破)하고 자각하여 살아가는 보살이 되는 것이다. 진여의 지혜라는 위대한 가르침을 실천하는 근본적인 관자재보살로서 살아가는 것을 다시 강조하여 발원하게 하는 것이다.

〔관세음보살(觀世音菩薩)〕

Ⅳ 만법일여의 세계에서

6. 四方讚 사방찬 : 동서남북이라는 공간의 모두가 불국토라는 사실을 찬탄하는 것.

一灑東方潔道場　二灑南方得淸凉
일쇄동방결도량　이쇄남방득청량
三灑西方俱淨土　四灑北方永安康
삼쇄서방구정토　사쇄북방영안강

첫 번째로 자신의 망념(妄念)을 자각하니 동방(본래심)이 청정한 도량이 되고,
두 번째로 자신의 망념을 자각하니 남방이 청량한 환희의 세계가 되며,
세 번째로 자신의 망념을 자각하니 서방이 정토를 구족하게 되니,
네 번째로 자신의 망념을 자각하니 북방이 영원히 편안한 부동(不動)의 세계가 되네.

【해설】

동방의 만월세계는 자신의 본래심을 자각하게 되어 온 법계가 청정한 도량이 된다는 것이다 이것은 동쪽이라는 방향을 초월한 것이지 꼭 동쪽을 지칭하는 것은 아니다. 여기

에 나오는 동서남북은 사방의 모든 법계를 초월하게 하려는 방편일 따름이므로 방향에 구속되면 안 된다.

다음은 남방의 환희세계는 자신의 본래심을 자각하니 청량한 환희의 세계가 되는 것이다. 그리고 서방정토는 모든 곳에서 극락세계가 구족되는 것으로 임제스님의 수처작주(隨處作主) 입처개진(入處皆眞)이 되는 것이다.

네 번째는 북방의 두려움이 없는 세계에서 편안하고 안락하게 되는 것이다. 즉 불국토에서 물러나지 않게 되는 것이다.

여기에서 직접 물을 뿌려서 청정하게 하려고 하는 것은 많은 사람들과 의식(儀式)을 거행할 때에 방편으로 많은 중생을 제도하기 위한 의식(儀式)의 수단이었다고 보여 진다.

그래서 물을 뿌린다는 것은 망념을 씻어내는 방법이므로 망념을 자각(自覺)하여 씻어내는 것이라고 해석하였다. 동서남북이라는 말은 4계절이나, 발심(동), 수행(남), 보리(서), 열반(북) 등의 여러 가지 의미가 있는데 시공간이라는 의미를 하지만 자신이 보는 입장에서 모든 법계를 청정하게 보는 기초가 되는 것이다.

즉 자신이 청정하면 모든 법계가 청정해지는 것을 확인하는 것이다. 그리고 자신이 청정하게 되는 법을 앞에서 신묘장구대다라니까지 설명을 하였으므로 이제부터는 안목을 넓혀서 모든 법계가 청정해지는 법과 자신이 참회하고, 실천하여 많은 중생을 제도하여서 일체중생을 모두 제도하고는 한 중생도 제도(濟度)하지 않은 중생이 없도록 해야 열반적정의 경지가 되는 것이다.

그러므로 모든 법계가 청정하게 되어야 모든 도량이 청정하게 되는 것이기에 다음에 도량찬이 나오게 되는 것이다.

〔불국토(佛國土)〕

7. 道場讚 도량찬 : 모든 곳이 좌도량(坐道場)이 되는 것을 찬탄함.

道場淸淨無瑕穢　三寶天龍降此地
도량청정무하예　삼보천룡강차지
我今持誦妙眞言　願賜慈悲密加護[112)]
아금지송묘진언　원사자비밀가호

모든 곳이 좌도량이 되어 청정하게 되니 망념(妄念)이 하나도 없게 되고,

삼보(三寶)와 호법(護法)천룡(天龍)이 되어 여기(此地)에서 망념을 항복시키네.

내가 지금 진실한 불법(佛法)의 지혜로 사는 법을 수지(授

112) 『삼문직지』(『한국불교전서』10, 145쪽.)
淨三業眞言(졍삼업진언) 唵 沙嚩婆嚩 輸馱薩婆達麼 沙嚩皤嚩 輸度唅(옴 ᄉᆞ바바바 슈다살바달마 ᄉᆞ바바바 슈도함)
內外安土地眞言(ᄂᆡ외안토디진언) 南無 三滿彈 沒馱喃 唵 度嚕度嚕 地尾 莎嚩訶(나모 사만다 몯다남 옴 도로도로 디미 ᄉᆞ바하)
開經偈(ᄀᆡ경게) 無上甚深微妙法 ~~~ .
千手千眼觀自在菩薩廣大圓滿無碍大悲心大陁羅尼 啓請(쳔슈쳔안관ᄌᆞ진보살광대원만무 애대비심대다라니 계청) 觀世音菩薩摩訶薩 大勢至菩薩摩訶薩 관셰음보살마하살 대셰지보살마하살) ~~~ 則其功可知 ; 신묘쟝구다라니왈 나모라 ᄃᆞ나ᄃᆞ라야야 ~~~나막 알야 바로기뎨 ᄉᆡ바라야 ᄉᆞ바하
嚴淨偈(엄졍계) 道場淸淨無瑕穢 三寶龍天降此地(도댱쳥졍무하예 삼보뇽텬강ᄎᆞ디) ~~~ .
懺悔偈(참회게)　我昔所造諸惡業 皆由無始貪瞋痴(아셕소조제악업 ᄀᆡ유무시탐진티) ~~~ .
懺悔眞言(참회진언) 唵 薩婆 菩陁 菩提 薩埵耶 莎訶(옴 살바 몯다 몯디 사다야 ᄉᆞ바하)
歸依三寶眞言(귀의삼보진언) 那謨囉 怛捺 怛囉 夜野 唵 僕坎(나모라 ᄃᆞ나ᄃᆞ라 야야 옴 복캄)
歸敬偈 (偈末拜)(귀경게 (게말ᄇᆡ)) 稽首十方三寶尊 冥資所願當成就(계슈시방삼보존 명ᄌᆞ소원당셩취) ~~~ .)

持)하고 독송하니,

대자비를 실천하기를(賜) 바라며(願) 현묘한 지혜로 생활하여 불법(佛法)을 가호(加護)하네.

【해설】

모든 법계가 청정하여 모든 곳이 좌도량이 되어 청정하게 되니 망념의 때가 하나도 없다고 하는 것은 어디에서나 무애자재하게 진여의 지혜로 불법(佛法)에 맞게 살아가는 것이다. 즉 자신이 청정하고 법계가 청정하게 되는 선정(禪定)의 경지에는 세간의 망념은 하나도 없다는 것을 '도량청정무하예' 라고 설하고 있는 것이다.

그리고 '三寶天龍降此地' 라고 하여 보통은 삼보천룡이 이 도량에 강림하여 오게 되는 것이나 마음에 내려와 함께하는 것으로 하였는데 "삼보(三寶)와 호법(護法)천룡(天龍)이 되어 여기(此地)에서 망념을 항복시키네." 라고 한 것은 어느 누구든지 앞 구절의 '도량청정무하예' 에서 선정(禪定)의 경지가 되면 삼보, 천룡이 되어서 지금 이곳에서 일체의 망념을 항복시키게 되는 것이기에 이렇게 한 것이다.

다음 구절인 '我今持誦妙眞言' 은 "내가 지금 진실한 불법(佛法)의 지혜로 사는 법을 수지(受持)하고 독송하니" 라고 한 것은 신묘장구대다라니 진언을 수지(受持)하고 독송하는 것을 진실한 불법(佛法)의 지혜로 사는 법이라고 하는 것이다.

왜냐하면 신묘장구대다라니가 구경에는 진여의 지혜로

불법(佛法)에 맞게 살아가는 법을 설하고 있는 것이기에 위와 같이 한 것이다. 도량이 청정하여 삼보천룡이 되면 지금 항상 진실한 말을 하는 진여의 지혜로 불법(佛法)에 맞게 살아갈 수 있기 때문이다.

그리고 마지막 구절인 '願賜慈悲密加護' 는 "대자비를 실천하기를(賜) 바라며(願) 현묘한 지혜로 생활하여 불법(佛法)을 가호(加護)하네." 라고 한 것은 잘 알겠지만 진여의 지혜로 생활을 하면 내가 대자비를 실천하는 주체가 되는 것이고, 불법(佛法)을 계승하여 전등(傳燈)하는 것이기 때문이다.

즉 자신이 삼보와 천룡의 주체가 되는 것이기에 다른 외부의 삼보천룡을 바라는 것이 아니므로 강림이나 내려오라고 하지 않은 것이다.

『삼문직지』에서는 嚴淨偈(엄정계)라는 제목으로 게송이 기록 되어 있다. 각주112) 참조.

V 앞으로 업장을 짓지 않는 참회

8. 懺悔偈 참회게 : 참회하는 방법[113]을 설한 게송

我昔所造諸惡業　皆有無始貪瞋癡
아석소조제악업　개유무시탐진치
從身口意之所生　一切我今皆懺悔
종신구의지소생　일체아금개참회

내가 지금까지 의식의 대상으로 인하여 조작하여 모든 악업을 지은 것은,

모두가 무시(無始)이래로 탐진치(貪瞋癡)의 삼독심으로 인한 것이었네.

탐진치는 신구의(身口意) 삼업(三業)으로 인하여 생긴 것이니,

지금까지 지은 일체의 악업을 내가 지금 바로 모두 참회하네.

【해설】

'我昔所造諸惡業, 皆有無始貪瞋癡. 從身口意之所生, 一切

113) 참회(懺悔): 참회懺悔라는 것은 지금 이전의 허물을 뉘우치는 것이 참懺이고, 지금 이후에 그 과오過誤를 범犯하지 않는 것이 회悔이다. 라고 설명하고 있다.(『선가귀감』 부산, 맑은소리 맑은나라, 2014. 205쪽.)

我今皆懺悔.' 는 "지금 까지 지은 모든 악업은 내가 무시이래로 탐진치로 인하여 내가 본심으로 지은 것이 아니고 의식의 대상으로 지은 것이다. 이것은 모두가 신구의 삼업을 내가 본심으로 살지 못하고 탐진치에 의하여 의식의 대상으로 살며 지은 것이기에 이제 일체 만법을 본심으로 알았으니 참회합니다." 라는 내용이다.

그러므로 내가 지금까지 지은 모든 악업(惡業)은 나 자신이 있다는 아상(我相)과 인상(人相) 등 사상(四相)으로 인한 것인데 이것은 모두가 탐진치(貪瞋癡)의 삼독심 때문이다. 이것의 원인은 본심과 비교나 차별 분별하는 사상(四相; 아상, 인상, 중생상, 수자상)을 구분하지 못하는 것 때문이다.

그리고 이것은 신구의(身口意) 삼업(三業)으로 인한 것이므로 십악(十惡)을 행하는 것으로 인하여 모든 업장(業障)이 형성 되었던 것이다. 그러나 지금부터 십선(十善)을 행(行)하면 삼업(三業)이 청정해지는 것이다.

여기에서 참회라고 하는 것은 악업을 두 번 다시 짓지 않는 것이고 항상 삼업(三業)을 청정하게 하는 것이다. 항상 참회한다는 것은 항상 삼업(三業)을 청정하게 하는 것이 십선(十善)을 행하는 것이다. 참회는 지금부터 행하는데 의미가 있는 것이고 행하지 않으면 참회는 아닌 것이다.

입으로 아무리 용서를 빌어도 마음에서 부터 실천하는 것보다 못한 것이고 그리고 마음에서 참회하지 않으면 자신에게나 타인에게 무슨 이익이 있겠는가? 참회를 하는 것이나 용서를 비는 것은 가슴으로 하지 않으면 안 되는 것이다.

지난 세월의 죄업은 아무리 빌어도 참회를 해도 또 시간을 돌이켜 과거로 돌아가서 다시 하고 싶어도 흘러가는 물처럼 일회전인 것을 어찌하겠는가? 그러므로 계율로서 다스리고, 대장경으로 설하고, 어록(語錄)으로 가르치고 있는 것이다.

그러므로 일체를 각자가 지금 모두 참회하고 지금부터 항상 모두가 참사람으로 살아가기를 간절하게 바라는 것을 '懺除業障十二尊佛' 에서 설하고 있다.

〔종신구의지소생 일체아금개참회(從身口意之所生 一切我今皆懺悔)〕

9. 懺除業障114)十二尊佛115) 참제업장십이존불: 업장(業障)을 참회하여 제거하는 12존불(尊佛)116) 『삼문직지』(『한국불교전서』10, 151쪽. 중. 1769년)에 기록된 것을 첨가하고 참조.

---

114) 『禮念彌陀道場懺法』卷6 (『만속장』74, 102쪽. 중6. 1213년):「禮懺罪障第六(夫禮懺罪障者, ~~~ 自然春到來.)」

115) 『삼문직지』(『한국불교전서』 10, 151쪽. 중. 영조45. 1769년)에 의하면 懺悔十二佛 참회십이불
南無寶勝藏佛 남무보승장불 念一聲滅一生騎畜罪 ~~~
南無寶光王火焰照佛 남무보광왕화염죠불 念一聲滅損常住罪
南無一切香花自在力王佛 남무일체향화ᄌᆞ진녁왕불 念一聲滅一生破齋戒罪
南無百億恒河沙決定佛 남무ᄇᆡᆨ억ᄒᆞᆼ하사결뎡불 念一聲滅一生殺生等罪
南無振威德佛 남무진위덕불 念一聲滅一生邪婬惡口罪
南無金剛堅强消伏壞散佛 남무금강견강쇼복괴산불 念一聲不墮阿鼻地獄
南無寶光月殿妙尊音王佛 남무보광월뎐묘존음왕불 念一聲准誦大藏經一遍
南無歡喜藏摩尼寶積佛 남무환희장마니보젹불 古板本無注功應同餘佛
南無無盡香勝王佛 남무무진향승왕불 若有衆生 持念此佛名者 即得超越 無量劫生死罪 得宿命智
南無師子月佛 남무ᄉᆞᄌᆞ월불 聞此佛名者 生生之處 常得遠離畜 生身 滅除無量劫生死罪
南無歡喜莊嚴珠王佛 남무환희장엄쥬왕불 聞此佛名者 五體投地 歸依頂禮 即脫五百萬億劫所造生死之罪
南無帝寶幢摩尼勝光佛 남무뎨보당마니승광불 聞此佛名者 歸依頂禮 超越五百萬 億劫生死之罪

116) 『禮念彌陀道場懺法』卷6 (『만속장』 74, 104쪽. 하10.) 南無一十二尊懺悔佛. 南無寶勝藏佛. 南無寶光王火燄照佛. 南無一切香華自在力王佛. 南無百億河沙決定佛 南無振威德佛. 南無金剛堅強消伏壞散佛. 南無寶光月殿妙音尊王佛. 南無歡喜藏摩尼寶積佛(佛名下注語准上不須讀) 南無無盡香勝王佛(若有衆生, 持念此佛名者, 即得超越無量劫生死之罪, 當得宿命智. 만약에 중생이 이 부처님의 명호를 수지하여 염불하는 이는 무량겁의 생사의 죄업을 바로 초월하게 되고 마땅히 숙명지를 체득하게 된다.) 南無師子月佛 (若有衆生, 聞此佛名, 生生之處, 常得遠離畜生之身, 滅除無量劫生死之罪. 만약에 중생이 이 부처의 이름을 들으면 어느 곳에서나 항상 축생의 신세(身世)를 영원히 벗어나게 되고 무량겁 생사의 죄업이 소멸된다.) 南無歡喜莊嚴珠王佛 (若有四衆, 聞此佛名, 五體投地, 歸依頂禮, 即得超越五百萬億阿僧祇劫生死之罪. 만약에 사중(四衆)이 이 부처의 이름을 듣고 오체투지하고 귀의하며 정례하는 이는 곧바로 오백만억아승기겁동안 지은 생사의 업장을 초월하게 된다.) 南無帝寶幢摩尼勝光佛 (若有四衆, 聞此佛名, 歸依頂禮, 超越五百萬億劫生死之罪. 만약에 사중(四衆)이 이 부처의 이름을 듣고 귀의하고 정례하는 이는 오백만억겁동안 지은 생사의 업장을 초월하게 된다.)

南無懺除業障寶勝藏佛나무참제업장보승장불
南無寶勝藏佛 남무보승장불 念一聲滅一生騎畜罪

여기에서 나무참제업장(南無懺除業障)이라는 말은 다음에 나오는 12부처에게 귀의하고 업장(業障)을 참회(懺悔)하여 제거하기를 서원하는 것이다.

보승장불(寶勝[117]藏佛)은 자신의 마니보주를 자유자재로 활용하고 여래장을 사용하는 부처를 말하는 것이고, 『地藏菩薩本願經』[118]에 나오는 보승여래처럼 이름만 들어도 악도에 타락하지 않고 천상에 살며 승묘(勝妙)한 낙(樂)을 받게 되는 부처를 말하는 것이다.

악도에 떨어지지 않게 한다는 것은 자신이 업장(業障)을 짓지 않겠다는 서원(誓願)이 바로 참회이고 업장을 제거하는 것이 된다.

그러므로 마니보주를 사용하여 삼악도에 떨어지지 않고 승묘한 지혜로 살아가는 부처가 되기를 서원하며 자신의 업장을 참회하고 제거하기를 서원하는 것이다.

"念一聲滅一生騎畜罪" 라고 하는 것을 보면 염불을 본심으로 잘하면 세간에서 짐승을 타든지 부린 것(삼악도)에 대한 업장을 소멸하게 되는 것이다.
자신의 재산을 축적하여 사용하는 의식의 업장을 소멸하는 것이고, 지식만으로 살아온 업을 전환하여 지혜로 살아가고자 하는 서원인

117) 『仁王經科疏』卷1(『만속장』26, 229쪽. 상5.)
118) 『地藏菩薩本願經』卷2「稱佛名號品」9(『大正藏』13, 786쪽. 상18.)

것이다.

寶光王火焰照佛보광왕화렴조불

南無寶光王火焰照佛 남무보광왕화염죠불 念一聲滅損常住罪

보광왕화렴조불(寶光王火焰照佛)[119]은 타인에게 피해를 준 것을 참회하여 지은 업장을 제거하는 부처이다. 즉 자신이 앞으로 타인에게 피해를 주지 않겠다는 서원이다.

보광왕화렴조불(寶光王火焰照佛)을 분석하여 보면 보광왕(寶光王)과 화염(火焰), 조불(照佛)로 나누어지게 된다. 보광왕은 의식의 마니보주를 가지고 진여의 지혜로 생활하게 하는 본심(本心)을 다스리는 왕이다. 그리고 화염(火焰)은 망념의 독을 제거하여 없애는 불꽃이고 조불(照佛)은 보광왕으로 망념을 제거하여 관조하는 참사람을 말하는 것이 된다.

그러므로 진여의 지혜로 망념의 독을 제거하는 것을 삼학으로 관조하며 살아가는 부처가 되기를 서원하며 자신의 업장을 참회하고 제거하기를 서원하는 것이다.

"念一聲滅損常住罪" 라고 하는 것을 보면 염불을 본심으로 잘하면 세간에 상주(常住)하면서 자신과 타인에게 피해준 것(損)의 업장을 소멸하게 되는 것이다.

---

119) 『大哀經』卷1「法典品」1(『大正藏』13, 411쪽. 하8.)

一切香華(火)自在力王佛 일체향화자재력왕불

南無一切香花自在力王佛 남무일쳬향화ᄌᆞ지녁왕불 念一聲滅一生破齋戒罪

일체향화자재력왕불(一切香華(火)自在力王佛)[120]의 이름을 듣고 청정한 마음으로 수지 독송하면 계행(戒行)이 구족하게 된다고 『佛說稱揚諸佛功德經』卷1에 설하고 있다.

그러면 일체향화자재력왕불(一切香華(火)自在力王佛)을 염불하면 바로 자신의 계행이 구족되어 일체의 업장을 제거하는 부처로서 일체의 향화(香華)의 공양을 자유자재로 올리는

---

120) 『禮念彌陀道場懺法』卷6 (『만속장』74, 104쪽. 하12.):「南無一切香華自在力王佛.」
『佛說稱揚諸佛功德經』卷1(『大正藏』14, 90쪽. 하15.)(또 다시 사리불아! 동방의 이 정각세계를 지나서 10억의 불국토를 지나면 유월이라는 세계가 있는데 그 국토에 부처가 계시는데 이름을 일체향화자재왕여래, 지진, 등정각, 명행성위, 선서, 세간해, 무상사, 도법어, 천인사라고 하고 이름(號)을 중우(衆祐)라고 하며 많은 중생들을 제도하고 있다. 그곳에서 일체향화자재왕여래의 이름을 듣고 마음이 청정하게 되고 즐거이 확신하여 수지 독송하는 이는 그 사람들과 같이 그곳에 왕생하게 되고 마땅히 항하사의 계향을 구족하게 되고 일체묘향향기에 두루 훈습되고 모든 불국토에는 중계(衆戒)가 구족되어 충만하게 되고 항상 능히 불법(佛法)을 봉지(奉持)하고 계행에 어긋나지 않게 된다. 사리불이 발언하였다. 근본적으로 무슨 인연이기에 이내 능히 이와 같이 여시 합니까? 부처께서 대답했다. 그 부처께서 본래 보살도를 행할 때에 서원을 세우기를 “내가 만약에 세간에 있을 때나 열반한 이후에나 만약에 중생들이 있다면 나의 명호를 일심으로 즐거이 확신하면 모두가 마땅히 여시한 계향을 체득하게 하겠다.” 라고 하였기 때문이다. 그러므로 사리불아! 항상 마땅히 모든 여래를 공경하는 신심을 내야 여시한 제불이 되고 그 본래인을 옹호하며 무량한 공덕을 얻게 되는 것이다. 만약에 이 제불의 명호를 수지하는 이가 있으면 그는 원하는 모든 제불의 지혜를 모두 체득하여 충만하게 구족하여 불퇴전의 지위를 얻을 것이다. 장궤합장하고 스스로 말하기를 “내가 이 일체향화자재왕여래에게 지금 예배합니다.” 라고 하고 항상 기억하여 잊지 않으면 40겁의 생사의 죄가 소멸될 것이다.)

능력을 구족하기를 서원해야 하는 것이다.

그러므로 진여의 지혜로 계행을 구족하여 일체의 향화(香華)의 공양을 자유자재로 올리는 능력을 가진 부처로 살아가기를 서원하며 자신의 업장을 참회하고 제거하기를 서원하는 것이다.

"念一聲滅一生破齋戒罪" 라고 하는 것을 보면 염불을 본심으로 잘하면 세간에서 재계(齋戒)를 파괴한 업장을 소멸하게 되는 것이다.

百億恒河沙決定佛 백억항하사결정불
南無百億恒河沙決定佛 남무빅억훙하사결뎡불
念一聲滅一生殺生等罪

백억항하사결정불(百億恒河沙決定佛)은 일생동안 살생하며 세간에서 지은 모든 죄를 소멸하는 부처를 말하는 것이다.

백억항하사결정불(百億恒河沙決定佛)을 풀어서 해석하면 모든 의식을 불법(佛法)에 맞는지 아닌지를 결정(決定)하는 부처라고 볼 수 있다. 백억(百億) 항하사(恒河沙)의 일을 불법(佛法)에 맞게 결정하여 자신이 업(業)을 짓지 않게 참회하고 제거하는 법을 설한 부처인 것이다.

그러므로 백억(百億) 항하사(恒河沙)의 일을 불법(佛法)에 맞게 결정하여 자신이 업을 짓지 않고 살아가는 부처가 되기를 서원하며 자신의 업장을 참회하고 제거하기를 서원하는 것이다.

"念一聲滅一生殺生等罪" 라고 하는 것을 보면 염불을 본심으로 하면 세간에서 일생동안 살생한 모든 죄를 소멸하게 된다.

※ 어떻게 해야 일생동안 살생한 중죄를 참회하는 지에 대하여 살펴보면 앞으로 살아가면서 한 번도 살생을 하지 않으면 되는 것이다. 어떻게 하면 알고 하든 모르고 하든 살생을 하지 않고 살아야 하는데 그렇게 하려면 한 순간도 불법(佛法)에 어긋나게 살지 말아야하는 것이 된다. 그러므로 평상심시도(平常心是道)가 되어야 하는 것이고 살생을 진여와 화합이 되게 해야 한다.

振威德佛 진위덕불 南無振威德佛 남무진위덕불
念一聲滅一生邪婬惡口罪

진위덕불(振威德佛)은 세간에서 지은 사행(邪行)과 악구(惡口)의 죄업을 멸하는 부처를 말하는 것이다. 즉 번역하면 위덕(威德)을 떨치는 부처라는 말이 되는데 위덕(威德)을 떨친다는 것은 위엄과 덕망을 구족하여 위덕삼매의 경지가 되어 많은 중생을 구제하는 부처를 말하는 것이다.

그러므로 위덕(威德)을 구족하면 자신이 지은 사음과 악구 뿐만 아니라 타인을 구제하는 보살도를 실천하게 되므로 일체의 업장을 소멸하고 살아가는 위덕을 구족한 부처가 되기를 서원하며 자신의 업장을 참회하고 제거하기를 서원하는 것이다.

"念一聲滅一生邪婬惡口罪" 라고 하는 것을 보면 염불을 본심으로 잘하면 세간에서 일생동안 음악구(婬惡口)의 죄업을 소멸하게 되는 것이다.
※ 음행과 악구 등은 자신이 위덕(威德)을 과시하기 때문에 지은 업장이 되므로 사위의를 구족하여 위덕을 과시하지 않는 법은 위덕(威德)삼매(三昧)가 되면 업장을 소멸하게 되는 것이다.

金綱堅强消伏壞散佛 금강견강소복괴산불
南無金剛堅强消伏壞散佛 남무금강견강쇼복괴산불
念一聲不墮阿鼻地獄

금강견강소복괴산불(金綱堅强消伏壞散佛)[121]은 『佛說稱

121) 『佛說稱揚諸佛功德經』卷3 (『大正藏』14, 100쪽. 상9.) (금강견강소복괴산불은 부처께서 말씀하셨다. 아일다야!(阿逸) 북방의 이곳에서 셀수 없는 많은 불국토(不可計數諸佛刹土)를 지나면 세계가 있는데 그 이름이 '금강견고(金剛堅固)라고 한다 그 국토에 부처가 계시는데 그 이름이 '금강견강소복괴산여래, 지진, 등정각, 명행성위, 선서, 세간해, 무상사, 도법어, 천인사(至眞, 等正覺, 明行成爲, 善逝, 世間解, 無上士, 道法御, 天人師)라고 하고 이름(號)을 중우(衆祐)라고 하며 많은 중생들을 제도하고 있다. 그곳에서 금강견강소복괴산여래의 명호를 듣고 환희심을 내어 즐거이 확신하여 수지 독송하고, 마음을 다하여 공양하는 자는 그와 같이 모두 마땅히 불퇴전의 지위에서 살게 되고, 빨리 무상의 바른 도를 성취하게 되고, 도리어 10만억 나유타겁의 생사의 죄에서도 초연하게 되어서 그 부처와 같이 있게 되는 것이다. 여래의 공덕은 무량한 서원이 이와 같기 때문이다. 내가 과거 무수겁전에 정광여래가 세간에 출세할 때에 그 부처의 처소에서 이 금강견강소복괴산여래의 명호를 듣고 10만억 나술겁의 생사의 죄를 초월할 수 있었다. 아일다야 마땅히 알아라! 만약에 내가 정광불에게서 이 부처의 명호를 듣지 못했다면 나는 지금 정각을 이루지 못했을 것이다. 그 부처를 어찌하여 금강견강소복괴산이라고 하는가 하면 비유하면 금강이 떨어지는 곳에는 산, 언덕, 와석, 담장, 장벽, 수목등이나, 멀리 떨어지는 어느 곳이든지 파괴되어 흩어지지 않는 것이 없기 때문이다. 이와 같으므로 아일다야! 그곳에서 이 부처의 명호를 듣고 수지 독송하면 일체의 모든 욕망이 빨리 소멸되고, 일체의 성문, 벽지불의 마음과 같은 편협된 뜻은 모두 소멸되어 빨리 정각의 도를 성취하게 된다. 그러므로 이름을 금강견강소복괴산여래라고 하는 것이다. 그 부처, 세존은 일체의 모든 서원을 충만하게 구족한 것이 이와 같이 여시하다.)

揚諸佛功德經』卷3에 의하면 "譬如金剛所在墮處, 若山, 若崖, 瓦石, 土壘, 牆壁, 樹木, 若遙擬向所墮之處, 莫不消滅破碎, 壞散, 如是. 阿逸! 其有得聞此佛名者, 持諷誦念, 一切諸欲, 皆疾消散, 一切聲聞, 辟支佛心, 褊狹之意, 皆悉消滅, 疾得成就, 正覺之道. 是故號日金剛堅強消伏壞散如來." 라고 하고 있듯이 산이나 벼랑, 와석(瓦石, 쓸모없는 곳), 토루(土壘, 토성, 보루), 장벽(墻壁), 수목(樹木)등의 곳에 처하여도 파괴되지 않고 여시(如是)하게 변하지 않는 진여의 지혜를 말한다. 그리고 일체의 욕망의 병을 모두 제거하고 편협 된 생각을 모두 제거하여 정각을 이루므로 금강견강소복괴산불이라고 한다.

그러므로 일체처에서 진여의 지혜로 살아가면서 탐진치(貪瞋癡)를 제거하여 정각을 이루어 살아가는 부처가 되기를 서원하며 자신의 업장을 참회하고 제거하기를 서원하는 것이다.

"念一聲不墮阿鼻地獄" 라고 하는 것을 보면 염불을 본심으로 잘하면 세간에서 아비지옥에 떨어지지 않게 되는 것이다.

※ 아비지옥에 떨어지지 않으려면 어떻게 해야 하는지에 대하여 알아야하는 것이다. 즉 아비지옥은 무간지옥이고 무간지옥은 고통이 한순간도 멈추지 않는 것이므로 우리들이 살아서 한 번도 멈추지 않는 것이 있다는 것이 된다. 그 한 번도 멈추지 않는 것은 중생심의 감정이 되는 것이다. 즉 중생심의 감정이 아닌 불법에 맞는 생각으로 살아가는 부처가 되어야 하는 것이다.

寶光月殿妙音尊王佛 보광월전묘음존왕불
南無寶光月殿妙尊音王佛 남무보광월뎐묘존음왕불
念一聲准誦大藏經一遍

보광월전묘음존왕불(寶光月殿妙音尊王佛)[122]은 『高王觀音經註釋』卷1에 의하면,

"보광(寶光)은 본성(本性)의 올바른 마니보주를 말하는 것이다. 월전월(月殿月)은 싹이고 음영(音影)으로 사람이 말을 할 때에 본성의 지혜가 비로소 작용하는 것으로 월중(月中)의 그림자와 같은 것이고 그 체(體)는 심미(甚微)한 것이고 실체(實體)는 지존(至尊)이고 지묘(至妙)이다." 라고 하고 있다.
寶光言性體之可寶也. 月殿月之芽也. 音影也. 言人之始生性體之光, 如月中之影, 其體甚微, 而實至尊至妙也.」

보광월전묘음존왕불(寶光月殿妙音尊王佛)은 마니보주의 지혜로 사는 심왕의 궁전에서 묘음보살로서 심왕을 호지하여 살아가는 것을 보광월전묘음존왕불이라고 풀이하여 보았다.

마니보주의 지혜는 본성으로 하는 것이므로 언어문자로 말하는 것을 그림자라고 한 것은 의심즉차(擬心卽差), 동념즉괴(動念卽乖)라고 하듯이 언어문자를 초월하여 행하는 신묘한 음성으로 보살도를 행하여 (심왕을 호지하며) 언어긍정을

122) 『觀虛空藏菩薩經』卷1(『大正藏』13, 679쪽. 상9.)
『佛說寶網經』卷1(『大正藏』14, 79쪽. 하27.)
『高王觀音經註釋』卷1(『만속장』35, 177쪽. 하14.)

하는 부처인 것이다. 의식의 대상인 언어문자나 음성으로 지은 업장(業障)을 제거하고 불법에 맞게 실천하는 부처가 되기를 서원하는 것이다.

그러므로 마니보주의 지혜로 사는 심왕의 궁전에서 묘음보살로서 심왕을 호지하여 본성으로 살아가는 부처가 되기를 서원하며 자신의 업장을 참회하고 제거하기를 서원하는 것이다.
"念一聲准誦大藏經一遍" 라고 하는 것을 보면 염불을 본심으로 잘하면 대장경(大藏經)을 한 번(遍) 모두다 암송한 것과 같이 되는 것이다.
※ 이것은 대장경 전체가 무엇을 의미하는지에 대하여 알아야 하는 것이다. 대장경은 자신의 불심(佛心)을 자각하여 살아가게 하는 방편인데 모든 경전을 암송할 지라도 한 번도 실천하지 못하는 것을 경계하는 것이다.

歡喜藏摩尼寶積佛 환희장마니보적불
南無歡喜藏摩尼寶積佛 남무환희장마니보적불
古板本無注功應同餘佛

환희장마니보적불(歡喜藏摩尼寶積佛)은 『央掘魔羅經』卷4에 의하면,

"그 때에 세존이 파사익왕에게 고하여 말하기를, 이곳에서 북방으로 42항하사 찰해(刹海, 국토, 세계)를 지나가면 상희(常喜)라는 국토가 있는데 그곳의 부처를 환희장마니보적여래(佛名歡喜藏摩尼寶積如來), 응공(應供), 등정각(等正覺)이라고 한다. 세상에서 중생들을 교화하고 있어서 그곳에는 성문과 연각이 없고 순일(純一)한 대승(大乘)만

있고 다른 승은 없다. 또한 생노병사와 모든 고통이라는 명칭도 없다. 순일(純一)하여 쾌락만이 있고, 수명이 무량하고, 광명(光明, 지혜)도 무량하여 비류(譬類, 비유)할 수가 없으므로 이 국토의 명칭을 상희(常喜)라고 하였으며 부처의 이름을 환희장마니보적여래(佛名歡喜藏摩尼寶積如來), 응공(應供), 등정각(等正覺)이라고 한다. 왕이 듣고는 기뻐하며 합장하고 공경했다. …" 123)

라고 하고 있다.

위에서 보았듯이 환희장마니보적불(歡喜藏摩尼寶積佛)은 항상 기쁨만 있는 극락국토이므로 성문, 연각 등의 이승(二乘)은 없고 일승(一乘)만 존재하는 국토를 설하고 있는 것이다. 문수보살의 지혜로 모든 업장(業障)을 일념에 제거하여 대승의 부처로 살아가기를 서원하는 것이므로 뒤에 나오는 "百劫積集罪 一念頓蕩除" 를 실천하게 하는 부처인 것이다.

그러므로 문수보살의 지혜로 모든 업장(業障)을 일념에 제거하고 모두가 환희하는 대승의 부처로 살기를 서원하며 자신의 업장을 참회하고 제거하기를 서원하는 것이다.

『三門直指』에서는 "古板本無注功應同餘佛. (고판본에는 없다고 하면서 주석(注釋)을 공훈은 마땅히 나머지 부처와 같다.)" 라고 한다.

---

123) 『央掘魔羅經』卷4(『大正藏』2, 543쪽. 중10.)
『阿彌陀經疏』卷1(『大正藏』37, 318쪽. 상15.)

無盡香勝王佛 무진향승왕불

南無無盡香勝王佛 남무무진향승왕불

若有衆生, 持念此佛名者, 即得超越, 無量刼生死罪, 得宿命智.

무진향승왕불(無盡香勝王佛)은 『禮念彌陀道場懺法』卷6에 의하면,

"만약에 중생이 이 부처님의 명호를 수지하여 염불하는 이는 무량겁의 생사의 죄업을 바로 초월하게 되고 마땅히 숙명지를 체득하게 된다." [124] 라고 설하고 있다. (『삼문직지』에서도 같음. 若有衆生, 持念此佛名者, 即得超越, 無量刧生死罪, 得宿命智.)

즉 무량겁동안 생사(生死)의 죄업(罪業)을 제거하는 법은 무진향승왕불을 수지(授持) 염송(念誦)해야 한다고 하고 있으므로 무진향승왕불의 원(願)을 실천하는 것이 된다.

그러므로 무진향승왕불(無盡香勝王佛)에서 무진(無盡)은 다함이 없는 것으로 한량없는 원융무애를 말하는 것이고 향(香)은 직접 진여의 지혜로 생활하는 것이 되므로 무진향승왕불(無盡香勝王佛)은 어디에서나 원융무애하게 진여의 지혜로 생활하는 부처이기에 숙명지를 체득한다고 하는 것은

124) 『禮念彌陀道場懺法』 卷6(『만속장』74, 104쪽. 하17.): 南無無盡香勝王佛 (若有衆生, 持念此佛名者, 即得超越無量劫生死之罪, 當得宿命智. ; 만약에 중생이 이 부처님의 명호를 수지하여 염불하는 이는 무량겁의 생사의 죄업을 바로 초월하게 되고 마땅히 숙명지를 체득하게 된다.)

지난 과거에서 자유롭다는 것을 말하므로 무량겁 생사(生死)의 죄업을 소멸하게 하는 부처인 것이다.

그러므로 어디에서나 원융무애하게 진여의 지혜로 생활하는 부처이기에 숙명지를 체득하여 살아가는 부처가 되기를 서원하며 자신의 업장을 참회하고 제거하기를 서원하는 것이다.

〔숙명지(宿命智)〕

獅子月佛 사자월불

南無師子月佛 남무ᄉᆞᄌᆞ월불

聞此佛名者, 生生之處, 常得遠離畜生身, 滅除無量刧生死罪.

사자월불(師子月佛)[125]은 『禮念彌陀道場懺法』卷6에 의하

---

125) 『禮念彌陀道場懺法』卷6 (『만속장』74, 104쪽. 하19.) : 「南無師子月佛(若有衆生, 聞此佛名, 生生之處. 常得遠離畜生之身, 滅除無量劫生死之罪. ; 만약에 중생이 이 부처의 이름을 들으면 어느 곳에서나 항상 축생의 신세(身世)를 영원히 벗어나게 되고 무량겁 생사의 죄업이 소멸된다.)」
『法界聖凡水陸大齋法輪寶懺』卷1(『만속장』74, 889쪽. 하15.):「佛住竹園, 婆須蜜多比丘, 緣樹上下, 與八萬四千金色獼猴跳戲. 大衆譏嫌, 頻婆王詣佛問. 佛言. 比丘即是師子月佛, 補彌勒處, 因說獼猴往因, 受菩提記.」(부처님이 죽원에 계실때에 바수밀다비구가 나무를 상하로 팔만사천의 금색의 원숭이(獼猴)와 뛰어놀며(跳戲) 오르내리고 있었다. 대중들이 나무라고 싫어하니 빈바사왕이 부처님에게 가서 물었다. 부처님께서 말했다. 이 비구가 바로 사자월불이고 미륵의 보처로서 원숭이가 왕생하는 인연을 설하여 깨닫게 수기를 하는 것이다.)
『師子月佛本生經』卷1(『大正藏』3, 445쪽. 중3.):「佛告大王 : 「欲知彼國師子月佛, 今此會中, 婆須蜜多比丘是也.(부처님이 대왕에게 고하여 말하기를, 저 국토의 사자월불을 알고자 하면 지금 이 회중에 있는 바수밀다비구가 바로 그 사자월불 이다.)」
『兜率龜鏡集』卷2(『만속장』88, 59쪽. 상4.) : 「金色獼猴; 師子月佛本生經云. 佛在王舍城, 迦蘭陀竹園, 爾時衆中, 有一菩薩比丘, 名婆須蜜多.(금색의 원숭이; 사자월불본생경에서 말하기를, 부처님이 왕사성의 아란야죽원에 계실 때 한 보살 비구가 있었는데 이름을 바수밀다라고 하였었다.)」
『兜率龜鏡集』卷2(『만속장』88, 59쪽. 하9.) : 「次彌勒後, 當成阿耨菩提, 佛號師子月如來. 佛告大王, 欲知當來師子月佛者, 今此會中婆須蜜多比丘是也.(다음에 미륵이후에 마땅히 아뇩보리를 성취하는 부처의 명호를 사자월여래라고 한다. 부처님이 대왕에게 고하기를 사자월불을 알고자하면 지금 이 회중에 있는 바수밀다비구가 바로 그 사자월불이다.)」
『法苑珠林』卷26(『大正藏』53, 478쪽. 중9.):「佛告大王. 欲知彼國師子月佛者, 今此會中婆須蜜多比丘是也.」
『景德傳燈錄』卷26(『大正藏』51, 422쪽. 중15.)(처음은 석가이고 다음은 미륵이 모두 그 발에 예배하는데 오직(唯) 제 삼의 부처만이 오로지 대상으로 알지 않고 단지 앙시(仰視, 우러러봄, 얼굴을 들고 봄, 관문을 쳐다 봄)하였

면 이 부처의 명호를 듣는 이는 세세생생에 태어나는 곳마다 영원히 축생의 몸으로 살지 않게 되어 무량겁의 생사(生死)로 인한 업장을 소멸하게 된다고 한다. 즉 무량겁의 죄업을 소멸하는 것은 자신이 무량겁을 살더라도 한 번도 자신을 돌이켜 보지 않았기 때문에 축생이라고 하는 것이므로 불법(佛法)에 맞는 지혜가 없었다는 것이 된다. 그러므로 자신을 돌이켜 살펴보는 "회광반조" 해야 하는 것이다. 사자가 맹수의 왕이듯 이 부처가 중생의 왕인 것이다. (『삼문직지』에서도 같음. "聞此佛名者, 生生之處, 常得遠離畜生身, 滅除無量刧生死罪.")

그러므로 지금부터 진여의 지혜로 축생(지식으로만 살아가는 사람)을 제도하는 사자(부처)와 같이 살아가는 부처가 되기를 서원하며 자신의 업장을 참회하고 제거하기를 서원하는 것이다.

歡喜莊嚴珠王佛 환희장엄주왕불

南無歡喜莊嚴珠王佛 남무환희장엄쥬왕불

聞此佛名者, 五體投地, 歸依頂禮, 即脫五百萬億刧所造生死之罪.

환희장엄주왕불(歡喜莊嚴珠王佛)은 『三門直指』와 『禮念

다. 그 때에 석가께서 시중하여 말하기를, 이 사람이 미륵의 보처인 사자월불이다라고 하였다. 사(師)가 비로소 예배를 하였다.)」
『法界聖凡水陸大齋法輪寶懺』卷1(『만속장』74, 889쪽.)

彌陀道場懺法』卷6[126]에 의하면,

"사부대중이 이 부처의 이름을 듣고 오체투지하고 귀의하여 정례(頂禮)하면 바로 오백만억 아승지겁 생사(生死)의 죄업(罪業)을 초월하게 된다."

라고 하였다.

그리고 『佛說千佛因緣經』卷1[127]에 의하면 불법승(佛法

---

126) 『禮念彌陀道場懺法』卷6(『만속장』74, 104쪽. 하21. 1213년)

127) 『佛說千佛因緣經』卷1 (『大正藏』14, 70쪽. 하4.)(비구가 고백(告白)하여 말했다. 위대한 조어사시여! 대방등의 진실한 경중에는 불법승은 평등하게 공혜(空慧, 공의 도리로 관찰하는 지혜)하는 것으로 일상(一相)에 정확하게 주(住)하는 것이라고 하였습니다. 그때에 천범지가 불법승은 평등하게 공혜하는 것에 대하여 들으니 곧 바로 생각하면 심심(甚深)한 대공(大空)의 지혜라는 뜻이고, 팔천세(歲)를 정확하게 단좌(端坐)하여 정수(正受, 삼매, 선정)로 사는 것이고, 공(空)으로 법에 맞게 결정하여 요달하는 것이 아니고, 다시 사유하여 일체법이 공하게 고쳐야 하는 것이다. 여실한 경계(際)에서 결정하여 요달하는 것이 아니므로 의심(疑)을 하지도 말고 역시 비방하지도 말며 이렇게 사유하여야 한다. 그 때에 지장이라는 한 비구가 있어서 모든 범지에게 고하여 말했다. 너희들은 과거에 삼매존풍이라는 여래 십호를 구족한 부처님의 이름을 알지 못하는가? 이와 같은 이름의 백천억부처가 모두 깊고 깊은 반야바라밀을 설하였는데 그 경중에 다음과 같이 설하였다. 제법에 집착하지 않으므로 법의 본성이 모두 공한 것이다. 이와 같이 법지가 공법(空法)중에서 마음으로 분명하게 결론 지우는 것이 아니고 단지 마땅히 일심(一心, 본심, 청정)으로 돌아가는 것이 공의 뜻이다. 그 때에 모든 범지들이 이 말을 모두 듣고는 마음에 큰 환희심이 생겨서 비구에게 고백하여 말했다. 반야바라밀이 바로 위대한 공의 지혜이고 우리들이 지금은 무명으로 덮혀 있어서 공의 바른 뜻이 없다고 알고 있었는데 단지(但) 대덕께서 그것을 설하셔서 법(法)중에서 신심이 수희(隨喜)하게 되었습니다. 부처님이 발타파라에게 고하였다. 저 두 비구가 법을 본심으로 설하는데 한 비구는 지금 성불하여 묘락국에 있는 환희장엄주왕불이다. 만약에 사부대중이 그 부처님의 이름을 듣고 오체투지 하고 귀의하여 정례하면 곧 바로 오백만억 아승지겁 생사의 죄업을 초월하게 된다. 두 번째 비구는 오랜 뒤에 성불하여 이름을 제보당마니승광이라는 여래의 십호를 구족하게 되는데 만약에 사부대중이 그 부처의 이름을 듣고 오체투지하고 귀의 하고 정례하면 곧 바로

僧)은 평등하게 공혜(空慧, 공의 도리를 관찰하는 지혜)하는 것으로 진여(眞如)와 계합하는 것을 깨달아 일체법이 공(空)하다는 것을 깨닫게 하신 것이다. 그리고 제불(諸佛)께서는 반야바라밀을 모두 설하신 것으로 경에는 "不住諸法, 法性皆空.(제법에 집착하지 않으므로 법의 본성이 모두 공한 것이다.)" 이라고 하였다.

이 공(空)의 도리를 깨달아 환희장엄주왕불(歡喜莊嚴珠王佛)이 되는 것이고, 이 부처의 이름을 듣고 오체투지하고 귀의하여 정례(頂禮)하면 바로 오백만억 아승지겁 생사(生死)의 죄업(罪業)을 초월하게 된다고 위와 같이 설하고 있다.

반야바라밀을 깨달으면 신심(身心)이 환희(歡喜)하게 되고 놀라거나 의심하지 않고 두려워하거나 비방하지 않게 되어 오백만억 아승지겁의 생사(生死)죄업(罪業)을 초월하게 되는 것이라고 한다.

그러므로 위대한 진여의 지혜를 체득하여 중생심을 마니보주로 장엄하여 살아가는 환희장엄주왕불이 되기를 서원하며 자신의 업장을 참회하고 제거하기를 서원하는 것이다.

『三門直指』에는 "聞此佛名者, 五體投地, 歸依頂禮, 即脫五百萬億劫所造生死之罪." 라고 기록되어 있고, 『禮念彌陀道場懺法』卷6(『만속장』

칠백만억아승지겁 생사의 죄장을 초월하게 된다. 그 때에 많은 범지가 깊고 깊은 반야바라밀을 듣고 신심이 환희하여 놀라서 의심(驚疑)하거나, 두려워(怖畏)하거나, 비방하지 않으면 곧 바로 오십억겁 생사의 죄업을 초월하게 된다. 자신의 아상에 대한 집착을 버리면 곧바로 육십억의 부처를 만나게 되고, 제불이 체득한 염불삼매로 중생심을 장엄하게 된다. 염불삼매로 장엄하기 때문에 점점 공법(空法)중에서 깨닫게 된다.)」

74, 104쪽. 하10.)에 의하면, "若有四衆, 聞此佛名, 五體投地, 歸依頂禮, 則得超越五百萬億阿僧祇劫生死之罪. 만약에 사중(四衆)이 이 부처의 이름을 듣고 오체투지하고 귀의하며 정례하는 이는 곧바로 오백만억 아승지겁동안 지은 생사의 업장을 초월하게 된다." 라고 하고 있는 것을 보면 『三門直指』(1769년)는 『禮念彌陀道場懺法』(1213년)에서 편집한 것이다.

帝寶幢摩尼勝光佛 제보당마니승광불
南無帝寶幢摩尼勝光佛 남무뎨보당마니승광불
聞此佛名者 歸依頂禮 超越五百萬 億劫生死之罪

제보당마니승광불(帝寶幢摩尼勝光佛)은 환희장엄주왕불(歡喜莊嚴珠王佛)과 마찬가지로 반야바라밀을 깨달아 오는 세상에 성불하는 두 번째 비구를 제보당마니승광불(帝寶幢摩尼勝光佛)이라고 설하고 있다.

『禮念彌陀道場懺法』卷6[128]에서는 이 부처의 이름을 듣고 오체투지하고 귀의하여 정례(頂禮)하면 바로 칠백만억 아승지겁 생사(生死)의 죄업(罪業)을 초월하게 되고, 『佛說千佛因緣經』卷1에도 칠백만억 아승지겁생사 죄업을 초월한다고 '即得超越七百萬億阿僧祇劫生死之罪.' 라고 하고 있다.

그러므로 진여의 지혜를 체득하고 귀의하여 살아가는 제보당마니승광불이 되기를 서원하며 자신의 업장을 참회하고 제거하기를 서원하는 것이다.

---

128) 『禮念彌陀道場懺法』卷6 (『만속장』74, 104쪽. 하23.): 「南無帝寶幢摩尼勝光佛(若有四衆, 聞此佛名, 歸依頂禮, 超越五百萬億劫生死之罪.)」

『三門直指』에는 “南無帝寶幢摩尼勝光佛 남무뎨보당마니승광불 聞此佛名者 歸依頂禮 超越五百萬 億刼生死之罪.” 라고 하고 있고, 『禮念彌陀道場懺法』卷6에 의하면 “南無帝寶幢摩尼勝光佛 (若有四衆, 聞此佛名, 歸依頂禮, 超越五百萬億劫生死之罪.(만약에 사중(四衆)이 이 부처의 이름을 듣고 귀의하고 정례하는 이는 오백만억겁동안 지은 생사의 업장을 초월하게 된다.)” 라고 하고 있다. 이 부처를 미륵불이라고 한다.

〔마니보주(摩尼寶珠)〕

10. 十惡懺悔 십악참회 : 열 가지 악한 업장(業障)을 참회하는 것

【해설】

십악(十惡)이라고 하면 반대는 십선(十善)을 행해야 하는 것이다. 즉 삼업(三業, 신구의)이 청정해야 하는 것이다. 삼업(三業)이 청정하지 않으면 업장이 되는데 신업(身業)은 살생, 투도, 사음이고, 구업(口業)은 망어, 기어, 양설, 악구이며, 의업(意業)은 탐애, 진에, 치암이다. 이 삼업(三業)을 청정하게 하기 위하여 참회하는 것이다.[129]

殺生重罪今日懺悔 살생중죄금일참회
살생으로 지은 무거운 죄업을 오늘 참회합니다.

【해설】

여기에서 살생(殺生)[130]이라고 하는 것에 대하여 정확하게 이해해야 하는 것이다. 계율에 의하면 살아있는 모든 생명을 죽이지 말아야 하는 문제에 봉착하게 되는데 즉 유정물을 살생하는 것과 무정물을 살생하는 것으로 구분할 수가 있고 또 의식적으로 살생한 것과 무의식적으로 살생하는 것으로 구분하여 보면 죄가 되고 죄가 되지 않는 구분을 어떻게

129) 『增壹阿含經』卷44「十不善品48」(『大正藏』2, 785쪽. 하24.)
130) 『彌勒菩薩所問經論』卷4(『만속장』26, 250쪽. 중23.)

해야 하는지 의문이 가는 것이다.

불법(佛法)이든지 사회법이든지 윤리법이든지 누가 만들고 누구를 위하여 있는 것인지를 생각해 봐야 할 것이다. 이것이 누구를 중심으로 만들어졌는지는 분명한 사실이다. 인간중심으로 인간을 위하여 인간이 만든 것이다.

그러면 좁게는 자기 자신에서 시작하여 가정, 지역사회, 국가, 지구로 까지 넓게는 삼천대천세계가 평등하게 잘 살아야 하는 것이다. 모든 존재의 의미를 잘 파악해야 하는 문제가 있는 것이다. 무모한 고집이 아니라 불법(佛法)에 계합(契合)해야 하는 것이다.

공존의 사회를 인간이기 때문에 만들어 가자는 것이고 계율이라는 속박 속에 얽매여 살자는 것이 아니다. 세세생생토록 각각의 종족을 번식하게 하는 합리적인 것이 되어야 더욱더 행복한 미래가 존재하게 되는 것이다.

즉 전쟁과 기아, 질병, 방황에서 빨리 벗어나 대자유인으로 각자가 인간으로서의 본질을 분명하게 파악하여 전쟁이라는 살생을 저지르지 않는 것이 제일 큰 살생의 죄업을 벗어나는 길이다. 그러므로 무모하게 탐욕에 사로 잡혀서 무기나 만드는 어리석은 이들을 경계하는 것이 살생중죄를 참회하는 큰 의미이다.

이제는 조금 다른 불교의 이야기를 하여 보면 살생이라는 것은 자신의 의식에서부터 타인을 없애버린다는 의식이 없어져야 하는 것이다. 공존의 의미를 잘 이해해야 하는 것으로 즉 아상(我相)이 있으면 인상(人相, 타인)이 있는 것이므로 사상(四相)이 공(空)이라는 사실을 깨달아야 하는 것이다. 즉 살생(殺生)의 계율은 불법(佛法)에 계합하여 어긋나지 않아야 하는 것이 되므로 이제 참회하면 두 번 다시 악업을 짓지 않아야 하는 것이 된다.

그러므로 '살생하지 말라' 는 계율은 죽이지 말라는 의미도 있지만 잘 화합하며 서로가 어떻게 공존해야 하는가를 나타내는 계율이다. 누구를 위하여 무엇 때문에 살아가는 지를 진여의 지혜로 깨닫고 공(空)의 도리를 잘 알고 여시하게 살아가야 하는 것이다. 즉 자신이 진여와 계합하여야 모두와 화합하며 공존하여 살아갈 수 있는 것이다.

偷盜[131]重罪今日懺悔 투도중죄금일참회
도둑질로 지은 무거운 죄를 오늘 참회합니다.

【해설】

도둑질이라는 것도 마음속에 탐욕이 있어서 생기게 되는 것이고, 탐욕이 없으면 도둑질도 의미가 없게 되는 것이다. 탐욕에 의하여 가지지 못하면 욕망을 견디지 못하여 화를 내고 다른 방법을 모색하게 되면 도둑질을 하게 되는 것이다.

그러므로 탐욕을 공(空)으로 전환시킬 줄 알면 탐진치가 계정혜로 되어 청정하게 살아가게 되는 것이다.

---

131) 『彌勒菩薩所問經論』卷5(『大正藏』26, 252쪽. 중25.)

여기에서 시공간으로 이야기를 하여 보면, 과거에 행한 것을 참회하여 돌이킬 수가 있는가에 대하여 생각하여 보면 시공간을 초월하지 않고는 불가능한 것이다. 만약에 시공간을 돌이킨다고 하더라고 의식에 기록된 것은 지우개로 지워야 하는 문제를 안고 있는데 지우개로 지워도 지웠다고 하는 문제는 어떻게 해결할 것인가를 곰곰이 생각해야 할 것이다.

자기의 소유가 아닌 타인이 소유한 것을 소유자의 정확한 허락 없이 자기의 소유로 하는 것을 투도(偸盜)라고 하는 것인데, 자신의 탐욕이 있으면 타인도 존중해야 하므로, 앞으로 알고는 도둑질을 하지 않아야 하는 것이고, 또 모르고도 도둑질을 하지 않아야 진정한 참회를 하게 되는 것이다.

죄업을 두 번 다시는 악순환 하지 않게 하여야 참회를 하는 것이고, 진정한 참회는 참회한다는 의식까지도 초월하여 청정하게 생활하는 대자유인이 되어야 참회하는 것으로 무소유의 본질이다.

그러므로 계율이 자기의 본성에서 그릇되지 않아야 망념이 일어나지 않는 것은 반야심경에 색즉시공(色卽是空) 즉 오온개공(五蘊皆空)이 되어야 하는 것과 같은 것이다. 자신의 지혜를 사용하지 못하고 남의 지식을 가지고 사용하면 자신의 복덕은 없게 되는 것이라는 사실을 알지 못하고 살아가는 것을 경책하며 지금부터 지혜로 살아가기를 서원하는 것이다.

邪行(淫)[132]衆罪今日懺悔 사행중죄금일참회
사음으로 지은 무거운 죄를 오늘 참회합니다.

【해설】

여기에서는 모두가 잘 알겠지만 사음행(邪淫行)은 자기 아내가 아닌 사람, 자기 남편이 아닌 사람과 음행(淫行)을 금지하는 것을 말하는 것이다. 지금부터 사음행을 하지 않는 것은 물론이고 자신의 본성에서 어긋나지 않아야 하고 음행에 대한 망념이 일어나지 않게 하는 것을 계율(戒律)이라고 하는 것이다.

여자나 남자를 마음속에 소유나 이용의 대상으로 생각하고 또 지식으로 조작하여 취하려고 하는 모든 것이 자신의 의식에서 사라져 공(空)이 되지 않으면 사음인 것이다. 그러므로 지금 여기에서 사음행을 참회하고 서원하는 것이다.

여기까지가 신업(身業)이다.

132) 『般泥洹經』卷1(『大正藏』1, 179쪽. 상24.)
『大智度論』卷13「序品1」(『大正藏』25, 156쪽. 하4.)
『彌勒菩薩所問經論』卷5(『大正藏』26, 252쪽. 하7.)

妄語[133]衆罪今日懺悔 망어중죄금일참회
거짓말로 지은 무거운 죄업을 오늘 참회합니다.

【해설】

구업(口業)으로 지은 죄를 참회하는 것으로 거짓말한 죄업(罪業)을 참회하는 것이다. 거짓말이라는 것은 첫째는 자신을 속이는 것이고, 두 번째는 타인을 속이는 것이 된다. 참회를 하면 첫째는 자신을 속이지 않아야 하고 두 번째는 타인을 속이지 않아야 하는 것이다. 이것 역시 자신의 본성에 어긋남

---

133) 『四分律』卷11(『大正藏』22, 634쪽. 중2.)
『大智度論』卷13「序品1」(『大正藏』25, 157쪽. 상19.) (물었다. 망어에는 어떤 죄가 있습니까? 대답했다. 망어를 하는 사람은 먼저 스스로가 자신을 속이고, 이후에는 남을 속이는 것이다. 진실을 거짓으로 말하는 것이고, 거짓을 진실이라고 말하는 것으로 거짓과 진실이 전도된 것으로 선법(善法)을 믿고 받아들이지 않는 것이다. 비유하면 엎어진 병에는 물을 담을 수 없는 것이다. 망어를 하는 사람은 마음으로 참괴(慚愧)할 줄 모르므로 천도와 열반의 문을 닫게 되는 것이다. 이런 죄를 관조하여 알고 죄를 짓지 않고 다시 진실한 말로 관조하면 그 이익은 광대하고 진실한 말의 이익은 자기로 부터 나오는 것으로 매우 쉽게 체득할 수 있는 것을 모든 출가한 사람들이 수행하는 본분의 능력이라고 말하는 것이다. 여시한 이와 같은 공덕은 재가인, 출가인 모두가 이와 같은 이익이 있는 것으로 본래인의 모습이 있다. 다시 진실한 말을 하는 사람은 그 마음이 단정하고 곧으므로 고해를 쉽게 벗어나는 것이다. 비유하면 숲에서 곧은 나무는 쉽게 나오는 것과 같다. 물었다. 만약에 망어를 하면 이와 같은 죄가 있는데 사람들이 왜 망어를 합니까? 대답했다. 어떤 사람이 우치하고 지혜가 적으면서 일을 하다가 고액을 만나면(遭) 거짓말을 하여 벗어나려고 하는 것이다. 이것은 이 일이 발생하는 것을 본심으로 알지 못하는 것으로 인하여 지금 죄를 받게 되어 다음에 큰 죄보가 있다는 것을 모르는 것이다. 다시 어떤 사람이 비록 망어죄를 알더라도 간탐, 진에, 우치가 많아서 망어를 하게 되는 것이다.)
『彌勒菩薩所問經論』卷5(『大正藏』26, 252쪽. 하21.)
『漸備一切智德經』卷1「離垢住品2」(『大正藏』10, 466쪽. 하3.)

이 없어야 하는 것이고 망념이 없어야 하는 것이다.

망어(妄語)에 대한 참회도 지금 해야 하는 것이고, 참회를 하면 두 번 다시 반복하지 않아야 하는 것이다. 망어에 대한 것은 경전에 많이 기록되어 있고, 또 모두가 잘 아는 것이므로 다시 반복할 필요가 없는데, 양심이라는 말이 점점 줄어드는 것이 현사회의 문제점이다. 그래서 더욱더 거짓말 하지 않기를 서원해야 하는 것이다.

綺語衆罪今日懺悔 기어중죄금일참회

교묘하게 속이는 말로 지은 무거운 죄업을 오늘 참회합니다.

【해설】

기어(綺語)[134]를 『彌勒菩薩所問經論』卷5에 의하면 "一者依不善意, 二者無義, 三者非時, 四者惡法相應, 五者作, 六者不作相, 七者無作相." 이다. 즉 첫째로 依不善意者는 욕계에서 번뇌심과 상응하며 수행하는 것이고(선하지 않은 뜻으로 수행하는 것), 두 번째로 無義者는 진실한 뜻이 없는 말을 하는 것이고, 세 번째로 非時者는 말이 비록 뜻이 있더라도 시기가 적절하지 않은 말과 때에 맞게 말하더라도 타인을 위하여

134) 『三法度論』卷2「惡品」2(『大正藏』25, 22쪽. 중29.)
『彌勒菩薩所問經論』卷5(『大正藏』26, 253쪽. 상29.)
『法苑珠林』卷68(『大正藏』53, 804쪽. 중8.)

설하는 것이고(자신은 하지 않으면서 타인에게만 하는 것), 네 번째로 惡法相應者는 잡되고 쓸데없는 허황된 말과 법(法)에 맞지 않는 가무(歌舞) 등을 하는 것이다.

作, 不作相, 無作相者[135]는 『彌勒菩薩所問經論』卷4에 의하면 "又作, 不作相, 無作相者, 作者, 所作事. 不作者, 所不作事, 彼作事共起. 雖作業滅, 而善無記, 法相續不斷." 이라고 하고 있다. 즉 일을 대상으로 조작하는 것, 일을 대상으로 조작하지 않는 것, 그것을 조작하는 일이 같이 일어나는 것으로 비록 업(業)을 짓는 것이 멸(滅)하여 선(善)하지만 무기(無記)이고, 법(法)이 상속(相續)하여 단절되지 않는 것 등을 말하는 것으로 지식으로 타인을 교화한다고 하는 것은 기어(綺語)인 것이다.

자기 자신도 구제하지 못하면서 타인을 구제한다고 하면 모순이고 자신의 지식만 전해주는 전구령(傳口令, 방송, 로봇)밖에 안 된다.

일반적으로 기어(綺語)는 세간의 잡된 말, 의미 없는 말, 교묘하게 속이는 말, 무책임한 말, 진실하지 못한 말, 생각 없이 하는 말 등을 뜻하는 것이고, 또 자신이 정확하게 알지 못하면서도 아는 것처럼 하여 남에게 자신의 이익을 위하여 강요하는 것 등을 말하는 것이고, 환술 · 마술과 같이 하여 타인을 속이는 말로서 무거운 죄업을 짓는 것이다.

그러므로 삼학(三學)에 맞게 참회하여 기어의 중죄업을

---

135) 『彌勒菩薩所問經論』卷4(『大正藏』26, 250쪽. 상10.):

짓지 않기를 서원하는 것이다.

兩舌衆罪今日懺悔 양설중죄금일참회
이간질 하여 지은 무거운 죄업을 오늘 참회합니다.

【해설】

이간질이란 화합하는 것을 방해하는 것이다. 모두를 화합시키는 것이 승가의 기본이기 때문에 양설(兩舌)[136)]하는 것은 중죄가 되는 것이다. 자신이 알고 한 양설(兩舌)이나 모르고 한 양설(兩舌)을 모두 참회하는 것이다. 즉 알고 한 양설(兩舌)은 참회할 수 있으나 모르고 한 양설(兩舌)은 어떻게 참회해야 하는 것인가?

불교의 수행은 불법(佛法)에 맞아야 하는 것이므로 양설(兩舌)의 계율도 자기의 본성에서 어긋나지 않아야 하고 양설(兩舌)이라는 망념이 일어나지 않아야 하는 것이다.

일반적으로 경에 설하기로 양설에는 나쁜 뜻을 가지고 이간질 하는 것, 타인을 알고 이간질하여 타인의 마음을 파괴하는 것, 타인의 마음을 거짓말로 파괴하는 것으로 화합하려는 마음이 없는 것으로 악한 뜻을 가지고 이간질 하는 것을 양설이라고 한다.

---

136) 『彌勒菩薩所問經論』卷5(『大正藏』26, 253쪽. 상11.) :
「※ 遠離兩舌者, 兩舌有七種. ~~~如是不破壞不兩舌業.
※ 遠離惡口者, 惡口有七種. ~~~ .」
『法苑珠林』卷68(『大正藏』53, 804쪽. 중1.)

이와 같은 양설의 죄업을 참회하여 다시 행하지 않기를 서원하는 것이다.

惡口衆罪今日懺悔 악구중죄금일참회
악한 말로 지은 무거운 죄업을 오늘 참회합니다.

【해설】

악한 말이라는 것은 욕, 모함, 모욕, 사람에게 공포감, 위협감, 두려움 등을 조성하는 것, 부정확한 예지 등을 하여 괴롭게 하는 것이다. 참회하는 것은 지금부터 악구를 하지 않아야 하고 이제까지 행한 것을 회광반조하여 두 번 다시 악구(惡口)[137]를 하지 않는 것을 참회라고 하는 것이다.

이것 역시 자기의 본성에 그릇됨이 없어야 하고 망념이 일어나지 않아야 진정한 참회가 되는 것이다. 여기까지가 구업(口業)을 참회하는 것이다.

貪愛衆罪今日懺悔 탐애중죄금일참회
탐애(貪愛)로 지은 무거운 죄를 오늘 참회합니다.

【해설】

의업(意業)은 탐진치(貪瞋癡)[138]로 인한 업(業)이다. 첫째

---

137) 『法苑珠林』卷68(『大正藏』53, 804쪽. 중5.)

가 탐애(貪愛)인데 탐애(貪愛)는 불법(佛法)을 깨닫지 못하므로 인한 무명(無明)으로 인하여 생로병사 우비고뇌가 생기는 것을 의업이라고 한다. 의업을 짓지 않아야 하는 것은 12인연법을 거꾸로 하면 무명을 타파해야 하는 것이다.

여기에서 탐애(貪愛)라고 하면 자신의 욕망을 절제하지 못하는 애착으로 인하여 생기는 것을 말하는 것이다. 소유욕, 명예욕 등의 욕망을 탐착하는 아상(我相)을 타파하지 못하는 것이 업장(業障)을 만들게 되는 것이다. 여기에서 사상(四相)을 공(空)으로 돌이켜 본래로 돌아가는 수행이 요구되는 것이다.

애착(愛着)을 공(空)으로 돌이키는 수행을 할 수 있다면 탐진치(貪瞋癡)를 돌이켜서 계정혜로 수행하는 진정한 수행자가 되는 것이다.

탐애(貪愛)로 인하여 중생심의 감정에서 벗어나지 못하여 지옥의 세계가 생기는 것이므로 탐애를 중죄라고 하여 지금 참회하도록 하는 것이다. 항상 소욕지족하는 마음으로 살아가면 항상 만족하게 되어 행복하게 되는 것이다.

瞋碍衆罪今日懺悔 진애중죄금일참회
분노로 지은 무거운 죄를 오늘 참회합니다.

【해설】

---

138) 『因緣心釋論開決記』卷1(『大正藏』85, 1179쪽. 하19.)

탐애의 욕망을 채우지 못하면 분노가 폭발하게 되는 것이다. 분노의 원인을 제거하지 못한다면 인욕(忍辱)을 할지라도 언젠가는 화를 내게 되는 것이다. 화(禍)의 원인을 자각하여 불법(佛法)의 지혜에 맞게 생활할 수 있어야 임제의 수처작주(隨處作主) 입처개진(入處皆眞)의 삶을 살아가는 무위진인(無位眞人)이 되는 것이다.

이와 같이 진여의 지혜를 사용할 때에 참회를 하면 모든 것이 해결되어 분노가 사라지게 되는 것이다.

진애(瞋碍), 진에(瞋恚)라고 하는 것은 탐애에 의하여 생기는 것으로 탐욕을 성취하지 못하면 분노가 폭발하게 되는 것을 말하는데 아귀의 세계에 비유하는 것이다.

탐욕을 불법(佛法)의 계율에 따라 여여하게 살아가게끔 참회하여 전환하면 탐욕은 사라지게 되니 진에(瞋恚)는 저절로 사라지게 되어 아귀도 지금 바로 사라지는 것이다.

癡暗衆罪今日懺悔 치암중죄금일참회
어리석음으로 지은 무거운 죄를 오늘 참회합니다.

【해설】

치암(癡暗)은 어리석다는 것이다. 무명(無明)은 분노가 일어나도 모르는 것으로 분노가 탐애(貪愛)로 인하여 일어났다는 것도 알지 못하는 것을 치암(癡暗)이라고 한다. 무명(無明)을 생사(生死)의 시작이라고 하는 것도 모든 것의 원인을 알면 생사(生死)를 해결 할 수 있기 때문인 것이다.

치암(癡暗)을 중죄(重罪)라고한 것을 보면 앞에 있는 9가지도 마찬가지지만 자신이 행한 것을 돌이킬 줄 아는 회광반조(回光返照)하는 지혜의 안목(眼目)이 필요한 것이다.

치암은 축생으로 비유하면 되는 것으로 지식만 가득 차 있는 중생들을 말하는 것이다. 이것 역시 탐진(貪瞋)의 원인을 모르고 살아가는 어리석은 이를 축생이라고 하는 것이므로 치암(癡暗)을 중죄(重罪)라고 알고 지금 참회하여 진여의 지혜로 생활을 하면 축생의 세계가 파괴되는 것이다.

지금까지 십악참회를 대강 살펴보았는데 자신을 본래로 돌이키는 수행법만 알면 모든 것을 참회하며 살아갈 수 있을 것이다. 신구의 삼업을 청정하게 하면 십악을 짓지 않게 되어 십선을 행하게 되고, 탐진치를 참회하여 계정혜로 살아가게 되니 중생이 바로 부처이고, 생사(生死)가 바로 열반(涅槃)인 것이다.

〔참회(懺悔)〕

百劫積集罪 백겁적집죄
一念頓蕩除 일념돈탕제
如火焚枯草 여화분고초
滅盡無有餘 멸진무유여

백겁이나 쌓인 죄업도 일념(一念)으로 돈오(頓悟)하면 제거되어 사라지는 것이고,

마른풀을 불에 태운 것처럼 흔적조차 남아 있는 것이 없어지네.

【해설】

백겁(百劫)이라는 오랜 세월동안 쌓인 업장(業障)도 일념(一念)으로 돈오(頓悟)하면 모든 업장(業障)이 제거되므로 참회라고 하는 것이다.

타인의 과거 흔적을 지우는 것이 아니고 자신의 업장의 흔적을 자신이 지우고 두 번 다시 죄업을 짓지 않는 것이 진정한 참회인 것이다. 그러므로 자기 자신도 용서하고 타인도 용서하는 것이 된다. 타인을 용서하기 위해서는 자신의 마음속에서 원한이 완전히 제거되어야 타인을 용서하는 것이지 자신의 마음에서 우러나지 않는 용서는 용서가 아닌 것이고 참회가 아닌 것이다.

백겁(百劫)의 죄업을 사라지게 하는 것은 일념(一念, 正念, 진여의 지혜)으로 망념(妄念)을 돈오(頓悟)할 줄 알면 업장(業

障)은 마른 풀을 불태운 것처럼 흔적도 없이 사라지는 것이다. 불교는 이와 같은 종교이므로 자살이 없는 것이다.

백겁적집죄(百劫積集罪)에서 백겁은 오랜 세월을 뜻하는 것인데 이 말은 자기 자신의 고정관념을 말하는 것이고 쌓인 죄업(罪業)이라는 것은 고정관념화 되어 변하지 않으려고 하며 자기가 소유하려고 하는 사상(四相, 我人衆生壽者相)이 있는 것을 말하는 것이다.

일념돈탕제(一念頓蕩除)에서 일념(一念)은 정념(正念)이나 진여의 지혜를 말하는 것인데 망념을 일념(一念)으로 돈오하게 되면 망념이 사라지게 되는 원리를 말하는 것이다.

여화분고초(如火焚枯草)와 멸진무유여(滅盡無有餘)는 망념이 없게 되면 흔적도 없게 새 출발하여 고통의 굴레에서 벗어나게 되어 새로운 사람으로 태어나게 되는 것을 참회라고 하는 것이다. 이와 같으므로 자살이 없다고 말한 것이다.

이와 같은 모든 것은 불법(佛法)에 따른 계율을 수지(授持)하지 않으면 이루어질 수 없는 것이다.

다음에 이것의 근거를 더욱더 확실하게 죄망심멸양구공(罪忘心滅兩俱空)에서 공(空)으로 설명하고 있는 것이다.

罪無自性從心起　心若滅是罪亦忘
죄무자성종심기　심약멸시죄역망
罪忘心滅兩俱空　是卽名爲眞懺悔
죄망심멸양구공　시즉명위진참회

죄는 무자성이므로 망심(妄心)에 따라 일어나는 것이니,
망심(妄心)이 만약에 사라지면 죄도 역시 끝나는 것이네.
죄도 사라지고 망심(妄心)도 사라져서 죄와 망심(妄心) 두 개가 모두 공(空)이 되어야 하는 것이니,
이렇게 하는 것을 바로 이름 하여 진정한 참회라고 하는 것이네.

【해설】

죄라는 것은 무자성(無自性)이므로 망심(妄心)에 따라 일어나는 것을 생(生)이라고 하는 것이고 이것이 사라지는 것을 사(死)라고 하는 것이다. 망심(妄心)이 아닌 정심(正心)이면 죄라는 것은 없게 되는 것이다. 그래서 다음 구절에 망심(妄心)이 만약에 멸(滅)하여 사라지는 것을 죄 역시 없어지는 것이라고 말하고 있는 것이다.

다음 구절의 "罪忘心滅兩俱空, 是卽名爲眞懺悔." 에서 보듯이 죄도 사라지고 망심(妄心)도 사라져서 죄와 망심(妄心) 두 개가 모두 공(空)이 되어야 진정한 참회가 되는 것이다.

여기에서 죄와 망심(妄心)이 공(空)이 되어야 하는 것은

색(色)이 공(空)이 되어야 하는 색즉시공(色卽是空)의 도리를 깨닫는 것이 진정한 참회라고 하는 것이다.

죄업은 계율에 따라 삼업(三業)을 청정하게 공(空)이 되게 하면 사라지는 것이고, 죄에 대한 망심(妄心)은 자성(自性)이 없다는 것을 깨달으면 사라지게 되고 진정한 참회를 하여 새로운 삶을 살아갈 수 있게 되어 모두가 다시 화합하고 서로 용서하게 되는 것이다.

〔죄무자성(罪無自性)〕

11. 懺悔眞言[139] 참회진언 : 업장(業障)을 참회(懺悔)하는 올바른 말씀(眞言)

옴 살바 못자 모지 사다야 사바하(3번)

옴 살바 몯다 몯디 사다야 ᄾ뱌하

唵 薩婆 菩陀(陁) 菩提薩埵耶 莎訶[140] :

oṁ sarva bodha bodhisattvāya svāhā[141] :

oṁ sarva buddha bodhisattvāya svāhā[142]

𑖌𑖼(oṃ) 𑖭(sa) 𑖨𑖿𑖪(rva) 𑖤𑖲(bu) 𑖟𑖿𑖠𑖯(ddhā) 𑖤𑖺(bo)𑖠𑖰(dhi)𑖭(sa)𑖝𑖿𑖪𑖯(tvā)𑖧(ya) 𑖭𑖿𑖪𑖯(svā)𑖮𑖯(hā)

옴

Oṁ

옴!

---

139) 『一切如來大祕密王未曾有最上微妙大曼拏羅經』卷5 「造塔功德品7」(『大正藏』18, 559쪽. 상10.) : 「懺悔眞言曰. 唵(引)阿迦(引)舍馱(引)覩誐里鼻(二合引)娑嚩(二合引)賀」
『阿[門@(人/(人*人))]如來念誦供養法』卷1(『大正藏』19, 16쪽. 상4.):「懺悔眞言曰. 唵薩嚩播(引)跛娑普吒(二合)娜訶曩嚩日囉(二合引)野娑嚩訶」
『瑜伽集要救阿難陀羅尼焰口軌儀經』卷1(『大正藏』21, 470쪽. 하7.):「懺悔眞言曰. 唵薩嚩播跛(一)尾娑普(二合)吒(二)那賀曩(三)嚩日囉(二合)野(四)娑嚩(二合)賀」
『瑜伽燄口註集纂要儀軌』卷2(『만속장』59, 341쪽. 하23.) :
「懺悔眞言曰. 唵薩哩斡(二合)巴鉢月斯普(二合)吒怛賀納斡資囉(二合)耶莎訶」
『高峰龍泉院因師集賢語錄』卷7(『만속장』65, 28쪽. 중8.):「志心求懺悔. (眞言曰)唵三昧耶薩哆[口*梵](舉)超佛界菩薩(衆和)摩訶薩」

140) 『삼문직지』(『한국불교전서』10, 146쪽. 상. 1769년)

141) 정각, 『천수경연구』, 서울, 운주사, 2011년. 269쪽.

142) 전재성, 『천수다라니와 붓다의 가르침』, 2003. 187쪽.
이평래, 『천수천안우리님』, 서울, 해조음, 2011. 70쪽.

【해설】

옴! 이라는 이 한 글자는 간화선에서 말하는 조주의 무(無)! 자(字)와 같은 것으로 자신의 망념을 자각하는 주체가 되기 때문에 지혜의 근본이다. 그러므로 부처의 어머니라고 비유는 하지만 진여나 여래장의 시초가 되는 부모미생전의 일구(一句)가 되는 것이다. 법신, 반야, 해탈의 의미가 함축되어 있는 것이다.

살바 못자 모지사다야 사바하
sarvā buddha bodhisattvāya svāhā

sarvā는 일체, 모두, 모든 이라는 뜻이고, buddha는 깨달은 이, 붓다, 깨달은, 가르침, 지시 등의 뜻이다. bodhisattvāya svāhā에서 bodhisattvāya는 위대한 자각(自覺)의 올바른 지혜로 생활하는 것이며, svāhā는 구경의 경지를 체득하여 행하는 것이다.

그러므로 이것을 번역하면, "옴! 하면서 일체의 망념을 제불(諸佛)과 같이 깨닫게 하여 일체의 망념을 위대한 자각(自覺)의 진여의 지혜로 참회하여 생활하는 보살들과 같이 구경의 경지를 체득하겠습니다." 라고 하는 것이다.

【해설】

옴! 이라는 한 마디에 참회하는 모든 것이 들어 있지만 진정한 참회라는 것은 몰종적으로 진여의 지혜로운 생활을 해야 하는 것이다. 만약 그렇지 않으면 사상(四相; 아상, 인상, 중생상, 수자상)에 끄달리는 것이 되므로 진정한 참회라고 할 수 없다. 왜냐하면 잘 알겠지만 자신의 의식 속에 흔적이 남아 있게 되면 반야바라밀이 아니기 때문이다. (금강경 참조)

일체의 제불(諸佛)과 같이 깨닫게 되는 것은 옴이란 이 한 마디가 일체의 업장을 부수는 것이고 현실을 잘살아가게 하는 원동력이다. 그리고 일체를 위대한 자각(自覺)의 올바른 지혜로 생활하는 보살들과 같게 되는 것은 항상 자신을 회광반조하는 능력을 가지고 철저하게 살아가는 것이기에 관세음보살과 항상 같게 되는 것이므로 참회하는 것이니 구경의 경지를 체득하게 되는 것이다.

그러므로 제불(諸佛)과 보살들에게 귀의하여 몰종적의 삶을 살아가겠다는 자신과의 약속이다. 자신과의 약속을 지키지 않으면 참회가 아니고 수행자가 아닌 것이다.

〔몰종적(沒蹤跡)〕

Ⅵ 불법을 항상 수지하는 방법

12. 佛母准提菩薩(불모준제보살)

准提功德聚　寂靜心常誦　一切諸大難　無能侵是人
준제공덕취　적정심상송　일체제대난　무능침시인

준제보살은 모든 공덕을 짓게 하는 근본(聚)이니,
열반적정(涅槃寂靜)의 불심(佛心)으로 항상 수지(授持)독송(讀誦)하면,
일체의 모든 재난(災難)이 있어도,
능히 이 사람에게 침범(侵犯)하지 않네.

天上及人間　受福如佛等　遇此如意珠　定獲無等等
천상급인간　수복여불등　우차여의주　정획무등등

감정이 없는 천상의 사람과 감정이 많은 사람들도,
부처와 똑같이 평등하게 복덕(福德)을 받게 되는 것이니,
이 의식의 여의주인 진여의 지혜로 삼학에 맞게 관조하여 생활하면,
분명히 무등등(無等等, 부처)을 정확하게 획득(獲得, 깨달아 체득함)하는 것이네.

【해설】

준제보살의 대자비를 열반적정의 마음으로 실천하면 온갖 재난을 만난다고 하더라도 지옥이 말라 없어지듯이 모든 의식의 액난이 사리지는 것이다. 어느 위치에 사는 사람이라도 자신의 마니보주를 자각하여 불법(佛法)에 맞게 삼학으로 관조하여 생활하면 부처와 똑같은 복덕을 받고 부처로 살게 되는 것이다.

문수보살의 지혜와 관세음보살의 자비가 부처를 생산하는 어머니가 되는 것이다. 항상 어느 곳에 처하여 있더라도 자신의 마니보주를 여시하게 활용하면 자비의 실천이 되는 것이다. 그러므로 지혜와 자비가 구족되는 것이다.

〔공덕(功德)〕

南無七俱肢佛母大准提菩薩
나무칠구지[143]불모대준제보살[144] (3번)

제불(諸佛, 칠천만억부처)의 어머니(佛母)이신 위대한 준제보살로 살아가기를 서원합니다.(3번)

【해설】

준제보살의 자비(慈悲)나 문수보살의 지혜가 부처의 어머니인 것이므로 어디에서나 지혜와 자비를 구족해야 부처가 되는 것이다. 그러므로 여기에서 다시 준제보살의 자비를 강조하고 있는 것이다.

나무(𑖡(na)𑖦𑖺(mo))란 귀의한다는 뜻으로 준제보살에게 귀의하는 것이 되므로 준제보살로서 살아가기를 서원(誓願)하는 것이다.

구지는 범어로 koṭi라는 말로 최고의 숫자를 말하는 것이고, 칠이라는 말은 우리들이 잘 아는 행운의 숫자를 말하는 것이다. 이것의 근원은 saptan이라는 행운의 숫자, 칠이라는 뜻이다.

불모(佛母)는 부처의 어머니이므로 제불(諸佛)의 근원인 지혜나 자비 등을 말하는 것이고 대준제보살은 위대한 준제보

143) 구지(俱胝, koṭi) - 최고로 많은 숫자, 천만억.
144) 『准提三昧行法』卷1(『만속장』74, 552쪽.
『紫柏尊者全集』卷17(『만속장』73, 296쪽. 중12.)

살이라는 뜻이고 준제관음보살을 지칭한다고 볼 수 있다.

준제(准提)는 준지(准胝)라고도 하며 cundi(cundi, cunda) 보살이나 candra라고 하면[145] 보름달, 불심(佛心)으로 청정함을 의미하며 삼업(三業)이 보름달과 같이 청정하게 해야 부처가 되는 것과 같이 청정한 마음에서 자비가 나오는 것이 된다. 준제보살은 『佛說七俱胝佛母准提大明陀羅尼經』[146] 등 여러 경전에 많이 등장하므로 장경을 참조.

청정하지 않은 마음으로 아무리 많은 보시와 불사(佛事)를 행하여도 부처를 이루지 못하는 것과 대승불교에서 설하는 달마의 공덕과 양무제의 복덕을 비유하는 이유를 알아야 자신이 지금 무슨 보시를 하고 있는지 알게 되는 것이다.

청정한 자비심에서 부처가 되는 것이므로 준제보살을 불모(佛母)라고 한 것이다.

그러므로 어디에나 두루하는 제불(諸佛, 칠천만억부처)의 어머니(佛母)이신 위대한 준제보살로 살아가기를 서원합니다. 라고 한 것이다.

---

145) 정확한 범어를 찾지 못하였음. 『顯密圓通成佛心要集』卷1 (『大正藏』46, 994쪽. 하15.):「𑖓𑖲𑖽(cuṃ)准𑖟𑖸(de)提」
唐武周沙門 地婆訶羅 譯, 『佛說七俱[月*氏]佛母心大准提陀羅尼經』(『만속장』59, 225쪽. 하6.) : 「𑖓𑖲𑖽(cuṃ) 𑖟𑖸(de)」
『準提心要』卷1(『만속장』59, 245쪽. 하6.) : 「𑖓𑖺(co) 𑖡𑖿𑖟𑖸(nde)」

146) 唐天竺三藏金剛智譯, 『佛說七俱胝佛母准提大明陀羅尼經』卷1 (『大正藏』 20, 173쪽. 상4.)

13. 淨法界眞言[147] 정법계진언 : 자타의 법계를 청정하게 하는 올바른 말씀(眞言)

옴 람(3번)

唵[口*藍](或只單持[口*藍]字亦得或名囕字)

(oṃ) (ram) (此是梵書唵[口*藍])[148]

oṃ ram

옴 람

(oṃ) (ram)에서 oṃ 옴! 이라는 한 글자는 간화선에서 말하는 조주의 무(無)! 자(字)와 같은 것으로 자신의 망념을 자각하는 주체가 되기 때문에 지혜의 근본이다. 그러므로 부처의 어머니라고 비유는 하지만 진여나 여래장의 시초가 되는 부모미생전의 일구(一句)를 말한다고 본다. 법신, 반야, 해탈의 의미가 함축되어 있는 것이다.

(ram)은 멈추다. 조용하게 하다. 적정하게 하다. 깨닫다. 기쁘다. 등의 뜻으로 빨리 적정하게 한다는 것이므로 가장 빨리 모든 법계를 청정하게 하는 것이 된다. 즉 망념을 옴! 으로 멈추는 것은 무(無)! 자(字)와 같은 방식이고 람은 망념을 멈추고 청정하게 자각하는 것을 말하는 것이다.

옴! 하는 소리를 체득하는 것이 모든 법계를 가장 빨리

---

147) 『顯密圓通成佛心要集』卷1(『大正藏』46, 994쪽. 상22.)
『準提淨業』卷1 (『만속장』59, 225쪽. 상5.)

148) 『顯密圓通成佛心要集』卷1 (『大正藏』46, 994쪽. 상22.) : 唵[口*藍] (或只單持[口*藍]字亦得或名囕字)(oṃ) (ram) (此是梵書唵[口*藍])

청정하게 하는 것이므로 열반적정의 경지를 바로 체득하는 올바른 말이 되는 것이다.

【해설】

옴! 은 위에서 살펴보았듯이 옴! 이라는 한 글자는 간화선에서 말하는 조주의 무(無)! 자(字)와 같은 것으로 자신의 망념을 자각하는 주체가 되기 때문에 지혜의 근본이다.

그러므로 부처의 어머니라고 비유는 하지만 진여나 여래장의 시초가 되는 부모미생전의 일구(一句)를 말한다고 본다. 법신, 반야, 해탈의 의미가 함축되어 있는 것이다. 그리고 람은 옴! 이라는 말의 의미를 체득하여 자신을 청정하게 하여 실천하는 것이므로 모든 법계가 청정하게 되는 것이다.

천수경의 마지막에 정법계진언이 다음과 같이 다시 나오고 있다. 『顯密圓通成佛心要集』卷1에 의하면,

> "偈云囉字色鮮白, 空點以嚴之.(梵書 𑖨 (ra) 囉字上安空點, 即成 𑖨𑖽 (ram) [口*藍]字也.) 如彼髻明珠, 置之於頂上, 眞言同法界, 無量衆罪除, 一切觸穢處, 當加此字門.(若實外緣不具 無水洗浴 闕新淨衣. 但用此[口*藍]字淨之. 若外緣具者, 先用水了著新淨衣, 更用此[口*藍]字淨之, 即內外具清淨也. 廣如諸眞言儀軌經說.)[149]

---

149) 『顯密圓通成佛心要集』卷1 (『大正藏』46, 994쪽. 상28.) : 「偈云囉字色鮮白, 空點以嚴之(梵書 𑖨 (ra) 囉字上安空點, 即成 𑖨 (ram) [口*藍]字也). 如彼髻明珠, 置之於頂上. 眞言同法界, 無量衆罪除, 一切觸穢處, 當加此字門.(若實外緣不具無水洗浴闕新淨衣. 但用此[口*藍]字淨之. 若外緣具者, 先用水了著新淨衣, 更用此[口*藍]字淨之, 即內外具清淨也. 廣如諸眞言儀軌經說.)」

하고 있고 또 『準提淨業』卷1에 의하면,

「淨法界眞言(各眞言中只誦正呪, 餘文不誦.)」 唵[口*藍](音[嚂－皿+見])ॐ(oṃ) रं(raṃ) (此是梵書唵[口*藍]字) 此淨法界रं(raṃ) [口*藍]字. 若想若誦, 能令三業淸淨, 一切罪障, 悉皆消除. 又能成辦一切勝事, 隨所住處, 悉得淸淨. 衣服不淨, 便成淨衣. 身不澡浴, 便當澡浴. 若用水洗淨, 不名眞淨. 若用此法界心[口*藍]字淨之, 即名畢竟淸淨瓶. 如靈丹一粒點鐵成金, 眞言一字變染令淨. 偈云. र(ra) (音囉)字色鮮白, 空點以嚴之.(梵書र(ra)) 囉字, 上安空點, 即成रं(raṃ) [口*藍]字也.) 如彼髻明珠, 置之於頂上. 眞言同法界, 無量衆罪除, 一切觸穢處, 當加此字門.(若實外緣不具, 無水洗浴, 闕新淨衣, 但用此[口*藍]字淨之. 若外緣具者, 先用水了, 著新淨衣, 更用此[口*藍]字淨之, 即內外俱淸淨也.) (『만속장』59, 225쪽. 상5.) 정법계진언(각종진언 중에서 단지 주문을 진실하게 말하는 것으로 나머지 문장은 암송(誦)하지 않아도 된다.) 옴람은 옴! 자(字)와 법계를 청정하게 하는 람! 자(字)가 합쳐진 것이다. 만약에 생각을 하거나 염송(念誦)을 하면 능히 삼업을 청정하게 하여 일체의 죄장을 모두 소제(消除)하는 것이다. 또 능히 일체의 승사(勝事)를 판별하여 이루게 하여, 처한 곳에서 모두를 청정하게 하는 것이다. 의복이 부정(不淨)하면 바로 청정한 의복이 되고, 몸이 깨끗하지 않으면 바로 마땅히 깨끗하게 씻는 것이다. 만약에 물을 사용하여 청정하게 씻는다면 진실로 청정하다고 하지 않는다. 만약에 이 법계의 마음인 람자를 사용하여 청정하게 하는 것이 곧 바로 필경에 청정한 정병(淨瓶)이라는 것이다. 영단한 알이 철을 황금으로 만드는 것과 같은 것으로 진언(眞言, 진실한 말씀) 한 자(字)가 망념을 변화시켜(變) 불심(佛心)으로 청정하게 하는 것이다.

게송으로 말하기를, 라자색선백, 공점이엄지.(र(ra) (音囉)字色鮮白, 空點以嚴之(梵書र(ra) 囉字, 上安空點, 即成रं(raṃ)) 如彼髻明

珠, 置之於頂上. 眞言同法界, 無量衆罪除, 一切觸穢處, 當加此字門. 이라고 하고 있는 것이다. (만약에 진실로 외연이 구족되지 않으면 물로 씻을 수가 없듯이 새로운 청정한 옷이 없게 되는 것이다. 단지 이 람자를 사용하여 청정하게 해야 하는 것이다. 만약에 외연이 구족한 이는 먼저 물을 사용하여 깨끗하게 하고는 새로운 청정한 옷을 입고는 다시 이 람자(字)를 사용하여 청정하게 하면 내외가 모두 청정하게 되는 것이다.)

라고 하고 있다.

정법계진언은 법계를 청정하게 하는 것으로 생각을 하든, 염송을 하든, 능히 누구나 삼업을 청정하게 하여 일체의 업장을 소멸하게 하는 것이다. 즉 이 진언의 '옴 람'이라는 말은 즉 공(空)으로 자신을 점검하여 자신을 청정하게 장엄하는 것이 되므로 정법계진언인 것이다.

〔옴 람〕

14. 護身眞言[150] 호신진언 : 자기의 법신을 호지(護持)하는 올바른 말씀(眞言)

護身眞言　옴 치림(3번)

oṁ śrūṃ　옴 치림(唵齒嚂)

(oṃ)　(cchrīṃ)[151]

(oṃ)　(clī)[152]

---

150) 『準提淨業』卷1 (『만속장』59, 225쪽. 상18.): 護身眞言　庵嚙[口*臨](二合)([口*臨]字去聲)(oṃ) (cchrīṃ) ~~~ 호신진언 옴치림은 소리이고 범어로는 (oṃ) (cchrīṃ)이다. 이 주(呪, 진언, 참말, 진실한 말씀)은 능히 오역과 십악의 일체 죄업을 소멸시키는 것이고, 능히 일체의 각종 병고의 재장(災障, 장애) 과 사매(邪魅, 간사한 도깨비, 사기꾼)의 귀신(鬼神, 교활한 마음)으로 인한 악몽이나 길상하지 않은 모든 일들을 제거하고, 능히 일체의 승사(勝事)를 분별하여 이루게 한다. 일체의 소원을 모두 원만하게 체득하게 한다. 이 주(呪)는 제불(諸佛)의 마음이다. 만약에 어떤 사람이 이 주(呪)를 한편이라도 완벽하게 깨달아 알고 염송하면 능히 자신의 불심(佛心)을 수호하게 되고 일체의 귀신이나 천마가 가까이 침범하지 못한다. 두 번째로 (깊게 자각하여) 염송하면 도반을 잘 수호할 수 있다. 세 편을 (정확하게 알고 마음으로)암송하면 한 가정의 사람들을 수호(守護)하게 된다. 네 편을 (불심(佛心)으로) 암송하면 한 고을의 사람들을 능히 수호 할 수 있는 능력이 생긴다. 내지 칠 편을 (지혜로) 암송하면 사천하의 사람들을 수호하게 된다.(위의 두 주(呪)는 백팔을 수지하여 역시 체득해야 한다.)

151) 『顯密圓通成佛心要集』卷1 (『大正藏』46, 994쪽. 중6.):次誦護身眞言二十一遍眞言曰. 唵齒[口*臨](二合[口*臨]字去聲彈舌呼之)(oṃ)　(śrūṃ) (此是梵書唵齒[口*臨]字已下例准知之)　若誦此呪能滅五逆十惡一切罪業. 能除一切種種病苦　災障惡夢, 邪魅鬼神　諸不祥事. 而能成辦一切勝事. 令一切所願, 皆得圓滿. 此呪是諸佛心. 若人專心誦一遍　能守護自身, 一切鬼神天魔　不敢侵近. 誦兩遍能守護同伴. 誦三遍能守一宅中人. 誦四遍能守護一城中人. 乃至七遍能守護四天下人.(廣如文殊根本一字呪經說。上二呪各持一百八遍亦得.)

『七俱胝佛母所說準提陀羅尼經會釋』卷3(『만속장』23,　773쪽.　하12.):「唵,　齒[口*臨](二合)([口*臨]字當作離禁切,　　彈舌道之.　　或直音疾陵.)(oṃ) (cchrīṃ)(此是梵書唵齒[口*臨]字)(此是梵書唵齒[口*臨]字)𦫼𦫼(此亦唵齒[口*臨]字. 原梵書兩種不同. 亦如此方之隸篆也.)」

152) 『準提心要』卷1(『만속장』59,　245쪽.　중9.):「次誦護身眞言二十一遍眞言曰　唵嚙[口*臨](二合)([口*臨]字去聲彈舌呼之. 心想梵字)　(oṃ)(clī)」

oṁ, śrūṃ에서 oṁ 옴! 은 근본의 소리이고, śrūṃ은 항상 듣고 있다는 뜻이므로 이것을 번역하면 옴! 자(字)를 항상 호지(護持)하여 자각하고 있겠습니다.

【해설】

옴! 하는 소리를 자신이 자각하여 법계와 하나 되게 하는 능력을 자신이 체득하여 항상 지혜로운 생활을 하고 있다는 것이므로 법신을 호지(護持)하는 올바른 말이 되는 것이다.

각자가 불모(佛母)이신 준제보살이 되어 금강과 같은 확고한 지혜를 구족하게 된 이후에 호신진언을 하여 법신을 호지(護持)하여 관하게 되는 것[153]이다.

이 진언을 염송하는 것은 자신을 보호하고 타인을 보호하는 금강과 같은 지혜를 자신이 확고하게 결정하여 물러나지 않으므로 청정한 비로자나 법신을 구족하여 수호하게 되는 것이다.

항상 자신이 망념을 옴! 으로 자각하여 계정혜의 삼학에 맞게 살아가므로, 번뇌 망념이 일어나는 것을 옴! 하며 자신이 항상 듣고 있기 때문에 법신을 수호한다고 하는 것이다.

아상(我相), 인상(人相), 중생상(衆生相), 수자상(壽者相)으로 자타를 차별분별하는 마음을 옴! 이라는 이 한 자(字)로 법신을 수호하게 하는 것이기에 불모(佛母)라고 하는 것이다.

그러므로 항상 깨어 있다고 하는 것이고 한 편, 두 편, 세 편을 염송한다고 하는 것은 법계와 하나 되는 넓이를

153) 『準提淨業』卷2(『만속장』59, 228쪽. 하9.)

말하는 것이지 숫자에 집착해서는 안 된다.

〔호신진언(護身眞言)〕

15. 觀世音菩薩本心微妙六字大明王眞言[154] 관세음보살 본심미묘 육자대명왕 진언 : 관세음보살의 본심인 자비를 실천하는 육자대명왕의 올바른 말씀(眞言)

옴 마니 반메 훔(3번)

(oṃ)唵 (ma)麼(ṇi)抳 (pa)鉢(dme)訥銘(二合) (hūṃ)吽[155]

oṃ maṇi padme huṃ : 옴 마니 반메 훔(唵 麼抳 鉢訥銘 吽)

oṃ maṇi padme huṃ에서 oṃ 옴! 은 근본 소리이고, maṇi는 자신의 불심(佛心)을 마니보주라고 말하고, padme는 연꽃으로 이며, huṃ[156]은 외침, 감탄(기억, 의심, 질책에서), 신비한

---

154) 『準提淨業』卷1 (『만속장』59, 225쪽. 중3.) 六字大明眞言 唵麼尼鉢訥銘(二合)吽 (oṃ) (ma) (ṇi) (pa) (dme) (hūṃ) ~~~ . (육자대명진언 옴마니반메훔(唵麼尼鉢訥銘(二合)吽) (oṃ) (ma) (ṇi) (pa) (dme) (hūṃ) 이것은 범어로 6자이다. 만약에 이 주(呪)를 염송하면 가는 곳마다 무량한 제불과 보살, 천룡팔부가 모여들 것이고, 또 무량한 삼매의 법문을 구족하게 되는 것이다. 수지하여 염송하는 사람은 7대의 종족이 모두 해탈할 것이고~~~.)
『삼문직지』(『한국불교전서』10, 149쪽. 중.): 猶如淨月 臨命終時 無量壽如來與無量俱胝菩薩 來迎行者 安慰身心 即生極樂上品上生 證菩提位云 云(비유하면 청정한 보름달과 같은 것으로 중생심의 목숨을 마치면 무량수여래와 무량구지보살이 행자를 영접하니 신심이 안위(安慰)하고 곧바로 극락세계에 상품상생하게 되고 자신이 깨달음을 증득하게 된다. 운운.) 觀世音菩薩微妙本心六字大明王眞言 (관셰음보살미묘본심뉵ᄌᆞ대명왕진언) 唵嘛呢叭吽(옴마니반메훔)

155) 『顯密圓通成佛心要集』卷1 (『大正藏』46, 994쪽. 중15.): 次誦六字大明眞言一百八遍. 眞言曰. (oṃ) 唵(ma) 麼(ṇi) 抳(pa) 鉢(dme) 訥銘(二合) (hūṃ) 吽 ~~~ .」

156) 『如意輪菩薩觀門義注祕訣』卷1(『大正藏』20, 215쪽. 하.): (hūṃ) 吽字. 一切諸法了

말씀이구나! 청정하게 되었구나! 라는 뜻으로 다시 반복하여 자각하는 외침의 소리인 것이다. 그러므로 옴! 하는 소리를 자신이 말하고 자신이 본성으로 듣고는 자신이 반복하여 확인하는 것이므로 진실한 말이 되는 것이다.

옴! 하는 소리를 자신의 마니보주로 자각하여 연꽃으로 피어나게 하는 이것이 본성의 소리이니 바로 청정하게 되었구나! 라고 자각하여 확인해야 하는 것이다.

옴! 하니 관세음보살의 본심이 살아나서 진여의 지혜로 생활하게 하여 이곳이 청정한 극락세계로구나!

(옴! 하는 소리로 진여의 지혜로 생활하는 것을 확인하여 연화장세계에 태어나는 것이구나!)

【해설】

옴! 은 앞에 설명하였고 마니는 의식의 마니보주이다. 의식의 마니보주라고 하는 것은 자신이 의식하는 불심(佛心)으로 자신이 삼학(三學)에 맞게 자각하는 것으로 사람들은 누구나가 가지고 있으므로 마니보주, 여의보주, 여의주 등으로 말하는 것이다. 불심(佛心)은 부처의 마음으로 진여의 지혜로 살아가는 마음을 말하는 것이고 일체법이 무위심이라고 자각한 마음이다.

그리고 반메는 padme로 연꽃으로 중생심에서 불심(佛心)

義亦不可得.(훔은 일체의 제법을 요달하여도 역시 불가득이다. 언어문자로 표현할 수 없는 깨달음의 외침!)

으로 전환하여 지혜로 살아가는 것을 비유한 것으로 중생이 부처가 되는 것을 연꽃이 진흙탕에서 피는 것에 비유한 것이다.

hum은 외침, 감탄(기억, 의심, 질책에서), 신비한 말씀이구나! 청정하게 되었구나! 등으로 연꽃이 피는 것을 자신이 확인하여 감탄하는 것이다. 다시 삼학으로 확인하여 본심을 되찾았다는 감탄을 자아내는 말이고 진여의 지혜로 살아가겠다는 서원이다.

한문(漢文)으로는 '관세음보살본심미묘육자대명왕진언'이라고 하는 것으로 관세음보살(자신이 망념을 관조하여 삼학에 맞게 확인하고 실천하는 전문가)의 본심인 자비를 실천하여 진여의 지혜로 생활하게 하는 여섯 자(字)로 된 위대하고 분명한 자신의 심왕에서 하는 진실한 말씀인 것이다.

즉 자신의 번뇌를 자각하여 자비를 자신에게 베풀어야 타인에게 베푸는 것이 되는 것이다. 자신에게도 베풀지 못하면서 타인에게 자비를 베푼다고 하면 조작이 되는 것이다. 그래서 먼저 자신에게 자비를 베풀 줄 알아야 타인에게 베풀게 되어 공덕(功德)을 짓는 것이다.

의식의 마니보주를 자각하여 자비를 실천하면 번뇌망념에서 해탈하게 되어 연꽃으로 피어나게 되는 것이다. 왜냐하면 자신이 '옴 마니 반메 훔' 이라는 이 여섯 자(字)를 염불하면서 자신이 듣고 자각하고 또 확인하며 자신의 번뇌망념을 자비로 제거하게 되어서 옴! 하는 자각의 세계에서 불심(佛心)으로 살아가게 되는 것이기 때문이다.

〔옴마니반메훔〕

16. 准提眞言 준제진언 : 준제(准提)보살이 되어 자비를 실천하는 올바른 말씀(眞言)

나무 사다남 삼먁삼못다 구치남 다냐타

(na) 南(mo) 無(sa) 颯(pta) 哆(nāṃ) 喃(sa) 三(mya) 藐(ksaṃ) 三(bu) 菩(ddhā) 馱(ku) 俱(ṭī) 胝(nāṃ) 喃(ta) 怛(dya) 儞也(二合)(thā) 他

옴 자례주례 준제 사바하 부림(3번)

(oṃ) 唵(ca) 折(le) 隷(cu) 主(le) 隷(cuṃ) 准(de) 提(svā) 娑婆(二合)(hā) 訶(bhrūṃ) 部林(二合)[157)]

namo saptanāṃ samyaksaṃbuddhākuṭīnāṃ tadyathā oṃ calecule cuṃde svāhā bhrūṃ

나무 사다남 삼먁삼못다 구치남 다냐타 옴 자례 주례 준제 사바하 부림

---

157) 『顯密圓通成佛心要集』卷1 (『大正藏』46, 994쪽. 하6.) : 「然後結准提印當於心上,~~~ 七俱胝佛母心大准提陀羅尼眞言曰. (na) 南(mo) 無(sa) 颯(pta) 哆(nāṃ) 喃(sa) 三(mya) 藐(ksaṃ) 三(bu) 菩(ddhā) 馱(ku) 俱(ṭī) 胝(nāṃ) 喃(ta) 怛(dya) 儞也(二合)(thā) 他 (oṃ) 唵(ca) 折(le) 隷(cu) 主(le) 隷(cuṃ) 准(de) 提(svā) 娑婆(二合)(hā) 訶(bhrūṃ) 部林(二合) 佛言此呪能滅十惡五逆一切罪障, 成就一切白法功德. 持此呪者, 不問在家出家飮酒食肉有妻子, 不揀淨穢. 但至心持誦, 能使短命衆生增壽無量, 迦摩羅疾尚得除差, 何況餘病.」
『準提淨業』卷1(『만속장』59, 225쪽. 하2.):「七俱胝佛母心大准提陀羅尼(一字大輪呪, 附後同誦.) 南無颯哆喃三藐三菩馱俱胝喃怛你也(二合)他 (na) (mo) (sa) (pta) (nāṃ) (sa) (mya) (ksaṃ) (bu) (ddhā) (ko) (ṭī) (nāṃ) (ta) (dya) (thā) 唵折隷主隷准提娑婆(二合)訶 部林(二合) (oṃ) (ca) (le) (cu) (le) (cuṃ) (de) (svā) (hā) (bhrūṃ) (此是梵書准提二呪) 「佛言. 此呪能滅十惡五逆一切罪障, 成就一切白法功德. 持此呪者, 不問在家出家, ~~~ 得證菩提.」

南無 颯哆喃 三藐三菩馱 俱胝喃 怛儞也他 唵 折隷 主隷 准提 娑婆訶 部林
namaḥ saptānāṃ(ṁ) samyak-saṃbuddha-koṭīnāṃ tad-yathā oṃ(oṁ) calā-cala(cole) cundi svāhā bhūrim(ṁ)[158]

namaḥ(namo), 나모(𑖡(na)𑖦𑖺(mo))란 귀의하는 것이므로 준제보살에게 귀의하는 것이 되어 준제보살로서 살아가기를 서원(誓願)하는 것이고, saptanāṃ 은 칠이라는 뜻으로 우리들이 잘 아는 행운의 숫자를 말하며 아주 많은 것을 말하는 것이고, 자주 반복하는 것인 saptan의 복수 여격이다.

samyaksaṃbuddhā에서 samyak은 올바른, 완전한 이라는 뜻이고, saṃbuddhā는 무등등(無等等)이라는 뜻으로 완전한 깨달음을 성취한 사람으로 부처를 말하는 것이고, koṭīnāṃ (kuṭīnāṃ)은 koṭi라는 최고의 숫자를 말하는 것의 복수여격이고 천만억의 라는 뜻이다.

그러므로 번역하면 위대한 제불(諸佛, 모든 부처, 칠천만억 부처)의 지혜로 항상 살아가겠습니다. 라고 서원하는 것이다.

tadyathā는 다음에 따르는 방법과 똑같이 하면 된다는 것이다. 그러므로 진여의 지혜로 생활하는 제불(諸佛)이 되는 법은 다음에 설명하는 것과 같이 해야 한다는 뜻이다.

oṃ은 옴! 이라는 한 글자는 간화선에서 말하는 조주의

158) 正覺, 『천수경 연구』 - 현행 『천수경』의 성립·구조에 대한 분석, 운주사, 2011, 289쪽.
전재성, 『천수다라니와 붓다의 가르침』, 서울:한국빠알리성전협회, 2003. 188쪽. ()안의 부분만 위와 다름.

무(無)! 자(字)와 같은 것으로 자신의 망념을 자각하는 주체가 되기 때문에 지혜의 근본이다. 그러므로 공(空)으로 자각하게 하는 소리이다.

calecule(calācala, 망념, 움직이는, 고정되지 않은 마음)는 움직이며 작용하는 이라는 뜻으로 항상 자신이 지혜로 자각해야 하는 것을 나타내는 것으로, 즉 항상 자신을 관조해야 한다는 것이다.

준제(准提)는 준지(准胝)라고도 하며 cundi(cundi, cuṃde, cunda)보살 이나 candra라고 하면 보름달, 불심(佛心)으로 청정함을 의미하며 삼업(三業)이 보름달과 같이 청정하게 하는 불모(佛母)인 준제보살이므로 준제관세음을 말하는 것이다.

즉 자신이 망념을 관조(觀照)하는 것을 자유자재로 하는 것으로 망념(妄念)을 관조(觀照)하는 관세음인 것이다.

그러므로 옴! 하므로 인하여 항상 자신의 마음을 관조하여 지혜로 생활하므로 인하여 구경(究竟)의 경지에서 생활한다는 사바하(svāhā)를 말하고 있는 것이다.

bhūrim은 bhūri의 단수 목적격으로 많은, 풍부한, 빈번하게 등을 나타내는 것으로 앞의 내용을 다시 반복하여 행하게 하는 것을 강조하는 것으로 항상 자신을 놓치지 말라는 것이다.

이것을 번역하면, "위대한 제불의 지혜로 항상 생활하겠습니다. 옴! 하면서 자신의 마음이 움직이는 것을 항상 자신이 지혜로 관조하는 준제관세음보살이 되어 자신을 항상 관조

(觀照)하여 구경(究竟)의 경지에서 살겠습니다." 라고 하는 것이다.

나는 제불(諸佛)의 어머니(佛母)이신 준제보살의 원을 실천하는 진여의 지혜로 생활하겠습니다. 여시(如是)하게 옴! 자(字)의 의미를 체득하여 번뇌망념의 생사(生死)에서 오고 가는데 걸림이 없게 하여 자유자재하신 대자비의 원천이신 불모(佛母) 대준제보살의 자비심을 체득하여 실천하겠습니다. 라는 뜻이다.

【해설】

"나무 사다남 삼먁삼못다 구치남" 을 번역하면 '나무' 는 귀의한다는 뜻이니까 귀의한다면 무엇에 귀의하는가라는 목적이 있어야 하면 주어가 있어야 하므로 나는 이라는 주체를 넣은 것이다.

그리고 목적인 '사다남 삼먁삼못다 구치남' 은 제불(諸佛)의 불모(佛母)인 준제보살에게 귀의 한다고 하면 준제보살이라는 대상이 되기 때문에 준제보살은 자비를 실천하는 것이므로 자비로 실천을 하는 진여의 지혜로 생활이라는 말로 바꾼 것이다.

지혜가 불모(佛母)이듯이 여기에서는 자비가 불모(佛母)인 것이다. 일반적으로 하면 천만억의 정등정각인 부처에게 귀의합니다. 칠구지불에게 귀의합니다. 라고 하면 부처에게 귀의하는 것이 되므로 부처의 지혜로 생활하는 것에 귀의한다고 바꾼 것이다.

'다냐타 옴 자례 주례 준제 사바하 부림' 은 '다냐타' 를 앞의 내용이라고 하면 대자비를 실천하는 진여의 지혜로 생활하는 것은 여시(如是)한 것이고 여여(如如)한 여래(如來)가 되는 것이다.

'옴 자례 주례 준제 사바하 부림' 을 옴! 자의 의미를 체득하여 번뇌망념의 생사(生死)에서 오고 가는데 걸림이 없게 하여 자유자재하신 대자비의 원천이신 불모(佛母) 대준제보살의 자비심을 체득하고 실천하겠습니다. 라고 한 것은 옴! 은 앞에서 설명하였고 '자례주례' 는 움직이는, 고정되지 않은, 오고가는 것이라고 하는 것은 자신의 번뇌망념이 계속 생겨나고 변화하는 것이므로 이것을 진여의 지혜로 관조하고 삼학으로 확인하여 불생불멸(不生不滅)이라고 확신하는 것을 말하는 것이고, 준제는 준제보살이므로 앞에 했던 말을 다시 강조하는 것이 되는 것이다.

사바하 부림에서 사바하는 구경에 원만 성취하는 것이므로 준제보살의 원력을 원만 성취한다는 것은 준제보살의 자비심을 체득하여 항상 자비를 실천하겠다는 것을 강조하는 것이고 부림은 항상 자신을 잃지 않는 것이다. 즉 자비심은 자신이 준제보살이 되어 자신의 망념을 제거하여 자신이 불국토에 사는 것이다.

즉 불국토에서 항상 자비를 실천하므로 자신의 망념뿐만 아니라 만법이 불국토가 되는 것이다. 이것을 자비로 살아가는 조사(祖師)라고 하는 것이다. 이것에 대하여 경전에 있는 것을 보면 다음과 같다.

'옴 자례주례 준제 사바하' 를 『七俱胝佛母所說准提陀羅尼經』卷1(『大正藏』20, 183쪽. 상27.)에 의하면,

"想唵(oṃ) 字安於頂以大母指觸頭上. 次想兩目童人上俱. 想者(ja) 字復以大母指觸右左眼上. 次想禮(le) 字安於頸上用大母指觸. 次想主(co) 字當心以大母指觸. 次想禮(le) 字安左右肩以大母指觸. 次想准(ca) 字安臍上以大母指觸. 次想泥(nde) 字安右左兩髀上以小指觸. 次想娑嚩(二合)(svā) 字安右左兩髀上以小指觸. 次想賀(hā) 字安右左二足掌用小指觸." 이라고 하고 있고 또 이 뜻을,

"唵(oṃ) 字者是三身義亦是一切法本不生義. 者(ca) 字者一切法不生不滅義. 禮(le) 字者一切法相無所得義. 主(co) 字者一切法無生滅義. 禮(le) 字者一切法無垢義. 准(cu) 字者一切法無等覺義. 泥(nde) 字者一切法無取捨義. 娑嚩(二合)(svā) 字者一切法平等無言說義. 賀(hā) 字者一切法無因義. 由一切法本不生故即得不生不滅. 由不生不滅故即得相無所得. 由相無所得故即得無生滅. 由無生滅故即得無垢. 由無垢故即得無等覺. 由無等覺故即得無取捨. 由無取捨故即得平等無言說. 由平等無言說. 故即得無因無果, 般若相應, 無所得. 以爲方便入勝義, 實則證法界眞如, 以此爲三摩地.[159]

159) 『七俱胝佛母所說准提陀羅尼經』卷1(『大正藏』20, 183쪽. 상27.)

라고 기록하고 있다. 이 뜻을 보면,

“唵(oṃ) 字는 삼신(三身)이므로 일체법에는 본래부터 망념은 불생(不生)이라는 뜻이고,

者(ca) 字 는 일체법은 불생불멸(不生不滅)이라는 뜻이고,

禮(le) 字 는 일체법의 상(相)은 무소득(無所得)이라는 뜻이고,

主(co) 字 는 일체법에는 생멸(生滅)이 없다는 뜻이고,

禮(le) 字 는 일체법에는 망념이 없다는 뜻이고,

准(cu) 字 는 일체법에는 등각(等覺)이라는 것도 없다는 뜻이고,

泥(nde) 字 는 일체법에는 취사(取捨)가 없다는 뜻이고,

娑嚩(二合)(svā) 字 는 일체법은 평등하여 언어문자로 설(說)할 수 없다는 뜻이고,

賀(hā) 字 는 일체법에는 인(因)이 없다는 뜻이다.”

라고 설하고 있다.

이 경에 의하면, 일체법은 본래 불생(不生)이므로 곧 불생불멸(不生不滅)하게 되는 것이고, 불생불멸하므로 곧 근본적으로(相) 무소득이다. 무소득이므로 생멸(生滅)이 없는 것이고, 생멸이 없으므로 무구(無垢)이다. 무구(無垢)이므로 등각(等覺)이라는 것도 없는 것이다.

무등각이므로 곧 바로 취사(取捨)가 없는 것이고 취사가 없으

므로 곧 평등하여 언어문자로 설(說)할 수 없다는 것이다.

평등하여 언어문자로 설(說)할 수 없으므로 곧 무인(無因), 무과(無果)이고 반야(般若)와 상응(相應)하게 되니 무소득이 되는 것이다.

방편으로 입승(入勝)한다는 뜻이고 실제로는 법계가 진여라는 것을 증득하는 것으로 이 뜻은 삼매로 염송(念誦)하여 필경에는 근본적인 법인(法印)과 결합하여 상응하는 것이다.

그 다음은 조욕인(澡浴印)과 결합하고, 그 다음은 오공양인(五供養印)과 결합하고, 그 다음은 아삼마(의이인阿三麼擬儞(二合)印)과 결합하고, 그 다음은 보차로인(寶車輅印)과 결합하여 성자(聖者)를 봉송하고 본래 자신의 궁전으로 돌아오는 것이다. 봉송하는 진언은 "唵者禮主禮准泥孽車孽車婆誐嚩底娑嚩(二合)婆嚩南布娜囉(引)誐麼那野娑嚩(二合引)賀"이고, 『七俱胝准提陀羅尼念誦儀軌』卷1에는 「唵者禮主禮准泥蘖車蘖車婆誐嚩底娑嚩(二合)(引)婆(引)嚩南布娜羅(引)誐麼那(引)野娑嚩(二合)(引)賀」[160)]

라고 기록하고 있다.

그리고 『佛說七俱胝佛母准提大明陀羅尼經』卷1[161)]에 의하면,

"옴(唵)字門者是流注不生不滅義, 復於一切法爲最勝義. 옴!

160) 『七俱胝准提陀羅尼念誦儀軌』卷1(『만속장』2, 857쪽. 중13.)
161) 『佛說七俱胝佛母准提大明陀羅尼經卷1』(『大正藏』 20, p.177, 중11.)

은 일체법에서 최상승이므로 더 첨삭을 할 수 없는 것이기에 불생불멸(不生不滅)이다.

자(折)字門者於一切法是無行義. 자(折)는 일체법은 무행(無行)이라는 뜻이다.

례(隸)字門者於一切法是無相義. 례(隸)는 일체법은 무상(無相)이라는 뜻이다.

주(主)字門者於一切法是無起住義. 주(主)는 일체법은 무기주(無起住)라는 뜻으로 일체법에는 망념이 생길 것도 집착할 것도 없다는 것이다.

례(隸)字門者於一切法是無好(垢)義. 례(隸)는 일체법은 무구(無垢)라는 뜻이다. 일체법에는 망념이 없다는 것이다.

준(准)字門者於一切法是無等覺義. 준(准)은 일체법은 무등각(無等覺)이라는 뜻이다.

제(提)字門者於一切法是無取捨義. 제(提)는 일체법은 취사(取捨)가 없다는 것이다.

사바(莎嚩)字門者於一切法是平等無言說義. 사바(莎嚩)는 일체법은 평등하여 언설(言說)이 필요 없다는 뜻이다.

하(訶)字門者於一切法是無因寂靜無住涅槃義. 하(訶)는 일체법은 처음부터 적정(寂靜)한 것이기에 항상 집착이 없는 열반(涅槃)인 것이라는 뜻이다.

所說字義雖立文字, 皆是無文字義既無文字. 이와 같은 것을 문자로 설하여서 비록 문자가 있지만 모두가 문자가 없는 것을 이미 문자로 설한 것일 따름이다." 라고 하고 있다.

이상에서 살펴보았듯이 일체법, 만법을 어떻게 보느냐를

설명하고 있는 것이다. 일체법을 대상으로 보면 나하고 상관 없는 외부의 것인 것이고, 일체법, 만법을 자신의 의식인 내부로 가져와서 보면 만법일여가 되어 열반적정이 되는 것이다.

이것은 여기에서 설명하지 않아도 되리라 믿지만 사족(蛇足)을 붙이면, 일체법에서 자신의 번뇌망념이 계속 생겨나고 변화하는 것을 진여의 지혜로 관조하고 삼학으로 확인하여 망념이 모두 사라져서 불생불멸(不生不滅)이라고 확신하게 되면 자연히 해탈하게 되어 대자유인으로 살아가게 되는 것이다.

我今持誦大准提 아금지송대준제
即發菩提廣大願 즉발보리광대원
願我定慧速圓明 원아정혜속원명
願我功德皆成就 원아공덕개성취
願我勝福徧莊嚴 원아승복변장엄
願共衆生成佛道[162] 원공중생성불도

162) 『準提淨業』卷1 (『만속장』59, 224쪽. 중20.) (준제보살은 모든 공덕을 짓게 하는 근본(聚)이니, 열반적정(涅槃寂靜)의 불심(佛心)으로 항상 수지(授持)독송(讀誦)하면, 일체의 모든 재난(災難)이 있어도, 능히 이 사람에게 침범(侵犯)하지 않네. 감정이 없는 천상의 사람과 감정이 많은 사람들도, 부처와 똑같이 평등하게 복덕(福德)을 받게 되는 것이니, 이 의식의 여의주인 진여의 지혜로 삼학에 맞게 관조하여 생활하면, 분명히 무등등(無等等, 부처)을 정확하게 획득(獲得, 깨달아 체득함)하는 것이네. 제불(諸佛, 칠천만억부처)의 어머니(佛母)이신 위대한 준제보살로 살아가기를 서원합니다(3번) 옴람(이 정법계진언 21편 염송 혹은 108편) 옴치림(이 호신진언 21편 염송 혹은 108편)옴마니반메훔(이 육자대명진언은 반드시 꼭 108편염송) 나무 사다남 삼먁삼못다 구치남 다냐타 옴 자례주례 준제 사바하 부림(이 준제진언은 대

※ 我今持誦大准提 아금지송대준제
卽發菩提廣大願 즉발보리광대원

내가 지금 위대한 준제 보살의 자비심을 체득하여 수지(授持)하고 염송하니,

곧 바로 발보리심(발심)하여 광대한 자비로 위대한 원력을 세워 실천하기를 원합니다.

【해설】

준제보살의 원(願)은 자비를 실천하는 것이므로 진여의 지혜로 살아가는 근원인 자비를 정확하게 체득하여 염송하는 것이 바로 광대하고 위대한 자각의 원력을 발심하고 서원하여

륜 일 자(字) 주(呪)와 같이 염송하되 반드시 꼭 108편을 채우고 혹은 오백편이나 천편을 하여 진언의 뜻을 깨달아 수지하여야 불심(佛心)에 이르게 되어 회향하게 되고 운.) 내가 지금 위대한 준제 보살의 자비심을 체득하여 수지(授持)하고 염송하여서, 곧 바로 광대한 자비로 위대한 원력을 발보리심(발심)하여 실천하겠습니다. 나는 정혜(定慧, 공의 지혜)로 일체법을 원만하고 분명하게 빨리 깨달아 실천하기를 원합니다. 나는 일체법이 모두 공덕(功德)으로 성취(成就)되기를 원합니다. 나는 승복(勝福)으로 모든 법계(法界)를 장엄하기를 원하옵니다. 모든 중생(衆生)들이 함께(共) 불도(佛道)를 성취하기를 원합니다. 내가 지금까지 의식의 대상으로 인하여 조작하여서 모든 악업을 지은 것은, 모두가 무시(無始)이래로 탐진치(貪瞋癡)의 삼독심으로 인한 것이었네. 탐진치는 신구의(身口意) 삼업(三業)으로 인하여 생기는 것이니, 지금 까지 지은 일체의 악업을 내가 지금 모두 참회하네. 내가 중생심의 목숨을 마치려고 지금 서원하여, 일체의 모든 장애를 남김없이 제거하면, 피안의 부처인 아미타불을 지금 이곳에서 직접 친견하게 되어, 곧 바로 극락세계에 태어나게 되어 이곳이 안락한 좌도량이 되네. (세법이 모든 선사(善事, 본래의 지혜, 근원, 청정)로 성취되면 임운자재하게 계합하게 된다.))

실천하는 것이다.

이것은 자신의 중생뿐만 아니라 모든 중생을 구제하고자하는 보살도를 실천하고자 하는 발원이다. 원력이 커야 실천하는 것도 위대하게 되는 것이다.

※ 願我定慧速圓明 원아정혜속원명
  願我功德皆成就 원아공덕개성취

나는 정혜(定慧, 공의 지혜)로 일체법을 원만하고 분명하게 빨리 깨달아 실천하기를 원합니다.

나는 일체법이 모두 공덕(功德)으로 성취(成就)되기를 원합니다.

【해설】

자비심을 실천하기 위하려면 정혜(定慧)인 공(空)의 지혜로 일체법을 원만하고 분명하게 체득해야 자비심이 실현되는 것이다. 잘 알겠지만 정혜(定慧)를 정확하게 알아야 하는 것이 되므로, 계정혜(戒定慧)의 삼학에서 정혜(定慧)인데 계율(戒律)은 자신의 마음속에서 망심(妄心)이 일어나지 않는 것이고, 정(定)은 자신의 마음속에 산란한 마음이 없는 것이므로 망심(妄心)이 없는 것이고, 혜(慧)는 자신의 마음에 망심이 없다는 것을 자신이 아는 것이 지혜이다.

그러므로 정혜(定慧)를 빨리 원만하게 깨달아 실천 하겠다고 한 것이며 여기에서 명(明)자를 넣은 이유도 자신이 자신의 망심(妄心)이 없음을 아는 것이므로 분명하다는 명(明)자를 넣은 것이다. 그래서 깨달아 실천하는 것으로 하였다.

그리고 다음 구절인 공덕을 모두 성취한다는 것은 자신이 진여의 지혜로 생활한다는 것이다. 즉 공덕(功德)을 앙산화상은 자신의 본성을 친견하는 것을 공(功)이라고 하고, 진여의 본성으로 생활하는 것을 덕(德)이라고 하고 또 위산은 안으로 자신의 망념을 극복하는 것을 공(功)이라고 하고, 밖으로는 모든 것에 널리 의심하지 않는 것을 덕(德)이라고 하였다.(內勤剋念之功, 外弘不諍之德)163)

여기에서 모든 공덕으로 성취된다는 것은 자타(自他)라는 아상과 인상을 모두 초월한 조사의 삶을 산다는 것이다. 그래서 아상, 인상이 없는 공덕을 성취하는 것이다. 아상과 인상이 있으면 공덕(功德)이 아닌 것이다.

※ 願我勝福遍莊嚴 원아승복변장엄
　 願共衆生成佛道 원공중생성불도

나는 승복(勝福)으로 모든 법계(法界)를 장엄하기를 원하옵니다.

모든 중생(衆生)들이 함께(共) 불도(佛道)를 성취하기를 원합니다.

---

163) 『潙山警策註』卷1(『만속장』63, 225쪽. 중7.) : 「內勤尅念之功, 外弘不諍之德.」

【해설】

승복(勝福)은 공덕(功德)과 같은 의미로 수승한 복덕이라고 하면 공덕이 되는 것이다. 공덕이 되어야 모든 법계를 장엄(莊嚴)하게 되는 것이다. 즉 육조단경에는 자신의 본성을 깨닫는 것이 공(功)이고 평등한 직심(直心)이 덕(德)이고, ~~~ 자신의 행동거지를 여여하게 하는 것을 공(功)이라고 하고 자신의 불심(佛心)으로 돌아가는 것을 덕(德)이라고 한다고 하였다. 그러므로 모든 법계를 장엄(莊嚴)한다고 한 것이다.

이제 모든 법계가 불국토로 장엄 되었으니 모든 중생들도 모두 제도(濟度)되어 불국토에 왕생하고, 자타가 모두 불도(佛道, 진여의 지혜로 생활)를 성취하기 바라는 간절한 발원이다.

〔내근극념지공 외홍부쟁지덕(內勤剋念之功 外弘不諍之德)〕

Ⅶ 관세음보살로서 여래로 살아가는 발원

17. 如來十大發願文[164] 여래십대발원문 : 여래가 되는 열 가지 발원문

願我永離三惡道 원아영리삼악도

願我速斷貪瞋癡 원아속단탐진치

願我常聞佛法僧 원아상문불법승

願我勤修戒定慧 원아근수계정혜

---

164) 『樂邦文類』卷2 (『大正藏』47, 179쪽. 중15.):「往生淨土十願文 桐江法師擇瑛; 願我永離三惡道 願我速斷貪瞋癡 願我常聞佛法僧 願我勤修戒定慧 願我恒隨諸佛學 願我不退菩提心 願我速見阿彌陀 願我決定生安養 願我分身遍塵剎 願我廣度諸衆生」

『淨土紺珠』卷1(『만속장』62, 670쪽. 중15.) (10가지 서원은 광대하고 심오하여 불가사의(不可思議)하니, 마음마다 생각마다 항상 널리 선양하면, 아미타불의 서원에 따라 반드시 극락세계에 도달하게 되어, 사색(四色)의 연화(蓮花)가 모든 법계(法界)에 향기(香氣)를 발하게 되네. 애욕의 강물은 영원하고 광대하여 끝이 없고,육근의 밧줄로 묶어서 견고하게 가두어 요긴하게 하고 있어도, 일심(一心, 佛心, 지혜)착으로 항상 자각하면 지혜의 피안이 되어, 높은 반야의 배에 오르는 발길을 내딛게 되는 것이네. 일심(一心)으로 염불(念佛)하면 차타(蹉跎, 좌절, 시기를 놓침)하는 것이 아니고, 많은 인생살이를 감히 살아간다고 말할 수 있는 것이니, 매우 급하게 지금부터 아미타불을 염불(念佛, 지금 자신이 자각)하여 부르면, 시간을 잡아 애욕의 강물에 빠지게 하지 않네. 아미타불 일구(一句)로부터 자신을 주인이 되어 주장(主張)하면, 특별히 일법(一法)도 가히 사량분별할 것이 없으니, 명명백백하게 자신의 본성(本性)의 고향으로 돌아가는 길을 곧바로 직지(直指)하는 것이니, 사부대중들이 모두 같이 위대한 자각의 좌도량에 오르는 것이네. 아미타불 일구(一句)를 화두가 되게 하면, 불법(佛法)을 계승하는 것으로 특별히 화두를 참구(參求)할 필요가 없는 것이니, 공부(工夫)를 철저하게 투과(透過)하여 모든 망념을 파괴하게 되면, 철불(鐵佛)도 온몸에서 땀이 흐르게 되네. 나무아미타불 한마디(一句)를 하면 좌선하는 것을 최상승으로 하게 되니, 이 한마디 소리를 깨달아 요달하기 전에 또 한 소리가 연결(連結)되는 것을 요달하고, 일념으로 공부하여 빈틈이 없게 되니, 천상천하 어디에나 서방극락세계가 되네.)」

『淨土聖賢錄』卷3(『만속장』78, 249쪽. 하18.)

願我恒修諸佛學 원아항수제불학
願我不退菩提心 원아불퇴보리심
願我決定生安養 원아결정생안양
願我速見阿彌陀 원아속견아미타
願我分身遍塵刹 원아분신변진찰
願我廣度諸衆生 원아광도제중생

원하오니 나는 영원히 삼악도(지옥, 아귀, 축생)를 초월하여 살아가겠습니다.

원하오니 나는 빨리 탐진치(貪瞋癡)를 단절하겠습니다.

나는 항상 불법승(佛法僧)의 지혜로 항상 자신의 마음을 견문각지(見聞覺知)하며 살아가기를 서원(誓願)합니다.

나는 계정혜(戒定慧) 삼학으로 근수(勤修, 정확하게 수행)하며 살아가기를 서원(誓願)합니다.

나는 영원히 제불(諸佛)의 가르침을 배우며 항상 수행(修行)하기를 서원(誓願)합니다.

나는 보리심(菩提心)에서 불퇴전(不退轉)하기를 서원(誓願)합니다.

나는 극락세계에 왕생하는 것을 결정하기를 서원(誓願)합니다.

나는 빨리 아미타불을 친견(親見)하기를 서원(誓願)합니다.

나는 화신불로서 모든 국토에서 자기망념의 중생을 모두 제도하기를 서원(誓願)합니다.

나는 모든 망념의 중생을 남김없이 모두 제도(濟度)하기를 서원(誓願)합니다.

※ 願我永離三惡道 원아영리삼악도

원하오니 나는 영원히 삼악도(지옥, 아귀, 축생)를 초월하여 살아가겠습니다.

【해설】

나는 지옥, 아귀, 축생의 삶을 살지 않고 여래의 삶을 살고 중생심의 삶을 살지 않으며 즉 "불심(佛心)의 삶으로 여래(如來)로서 살아가기를 서원(誓願)합니다." 라고 발원하는 것이다.

여래가 되기 위하여서는 삼악도를 벗어나는 것이 제일 중요하다. 삼악도는 모두가 잘 아는 말이지만 삼악도를 정확하게 알아야 삼악도(지옥, 아귀, 축생)에서 벗어날 수 있게 되는 것이다.

죽어서 가는 삼악도가 아니고 지금 이곳이 삼악도라는 사실을 알고 있는가?

지옥, 아귀, 축생은 귀신, 영혼, 성령이나 소, 돼지, 개미 등을 말하는 것이 아니고 지금 살아 있는 사람들을 말하는 것이다. 어떤 사람은 지옥에 있는 사람이고, 어떤 사람은 아귀로 살아가는 사람이며, 어떤 사람은 축생으로 살아가는 사람인가를 구분하여 지옥, 아귀, 축생이라고 구분한 이것을 삼악도라고 말하는 것이다.

자세한 것은 대장경에 있으니 살펴보시고 이제 감정의 중생심을 벗어나서 영원히 삼악도를 초월하여 살아가는 여래가 되기를 서원하여야 하는 것이다.

※ 願我速斷貪瞋癡 원아속단탐진치

원하오니 나는 빨리 탐진치(貪瞋癡)를 단절하겠습니다.

【해설】

나는 탐진치(貪瞋癡)의 삶을 끊고 계정혜(戒定慧)의 삶을 살아가는 여래가 되어 항상 자신을 관조하며 지혜로운 삶을 살아가기를 서원(誓願)합니다. 라고 서원하는 것이다.

삼악도를 벗어나 여래가 되는 구체적인 방법은 탐진치를 근절(根絕)해야 하는 것이다.

탐진치는 탐욕으로 인하여 성취하지 못하는 것을 성취하기 위하여 노력하지 않고 부당하게 성취하려고 하여 자신을 책망하고 타인을 원망하는 마음을 말하는 것이다. 이것의 근원을 알지 못하고 원망하고 책망하며 살아가기도 하고 조작하여 엉뚱한 짓을 하기도 하여 법의 구속을 받기도 하는 등의 일이 벌어지게 하는 것은 그 근원을 알지 못해서 벗어나기가 어려운 것이다.

그러므로 탐진치를 빨리 근절하기를 서원하는 것이고 탐진치를 끊기 위해서 계정혜로 전환하여 살아가는 여래가 되기 위하여 불법승의 법문을 항상 견문각지하기를 서원하는 것이다.

※ 願我常聞佛法僧 원아상문불법승

나는 항상 불법승(佛法僧)의 지혜로 항상 자신의 마음을 견문각지(見聞覺知)하며 살아가기를 서원(誓願)합니다.

【해설】

탐진치를 계정혜로 전환하기 위하여서는 불법승 삼보의 가르침을 항상 견문각지해야 탐진치를 단절할 수 있는 것이다.

불법승(佛法僧)은 진여의 지혜로 불법(佛法)에 맞게 살아가는 사람을 줄여서 불법승(佛法僧)이라고도 하는 것이다. 불법승(佛法僧)이나 법신, 보신, 화신도 한 사람인 것이다. 한 사람이 이 모두를 구족해야 여래가 되는 것이고 참 사람이 되는 것이다.

불법승(佛法僧) 삼보(三寶)는 청정하고 올바르게 화합하여 살아가게 하는 것을 말하므로 항상 삼보의 가르침을 견문각지(見聞覺知)하여 여래가 되기를 서원하는 것이다.

※ 願我勤修戒定慧 원아근수계정혜

나는 계정혜(戒定慧) 삼학으로 근수(勤修, 정확하게 수행)하며 살아가기를 서원(誓願)합니다.

【해설】

삼보(三寶)의 가르침을 잘 듣고는 탐진치를 전환하여 계정혜에 맞게 잘 수행해야 여래가 되는 것이다.

계정혜는 계율을 유상계(有相戒)가 아닌 무상계(無相戒)로 알아야 하고, 정(定)은 마음이 청정한 것을 말하는 것이고, 혜(慧)는 지혜라고 하는 것으로 마음이 청정한가를 정확하게 아는 것이다.

그러므로 계정혜(戒定慧) 삼학(三學)으로 정확하게 불법(佛法)에 맞게 수행해야 하는 것이다.

※ 願我恒修諸佛學 원아항수제불학

나는 영원히 제불(諸佛)의 가르침을 배우며 항상 수행(修行)하기를 서원(誓願)합니다.

【해설】

계정혜 삼학에 맞게 수행하는 제불(諸佛)의 가르침에 따라 항상(恒常) 수행하는 여래가 되기를 서원하는 것이다.

제불(諸佛)의 가르침이 대장경에 기록되어 있기에 고려대장경을 국보로 하는 것이고, 내용을 알지도 못하면서 박물관화 하여 고귀하고 소중하게 보관만 한다고 하면 무슨 가치가 있겠는가?

제불(諸佛)이라고 하면 모든 부처라는 뜻인데 모든 부처라고 하는 것은 지식으로 알 수 있는 이 세상의 모든 것이 부처이므로 시방삼세에 있는 모든 사람들이 모두가 부처가 되는 것이기에 제불(諸佛)인 것이다.

※ 願我不退菩提心[165] 원아불퇴보리심

나는 보리심(菩提心, 道)에서 불퇴전(不退轉)하기를 서원(誓願)합니다.

【해설】

제불(諸佛)의 가르침을 실천하는 마음을 조금도 뒤로 물러나지 않겠다는 서원이고, 즉 이것은 자신이 항상 자각하는

165) 『金剛般若波羅蜜經』卷1(『大正藏』8, 756쪽. 중2.)
『金剛般若波羅蜜經』卷1(『大正藏』8, 826쪽. 하26.)
『大方廣佛華嚴經』卷35「入不思議解脫境界普賢行願品」(『大正藏』10, 826쪽. 중8.)
『摩訶止觀』卷1(『大正藏』46, 4쪽. 상19.):「菩提者天竺音也此方稱道」
『止觀輔行傳弘決』卷3(『大正藏』46, 221쪽. 중26.)
『首楞嚴義疏注經』卷1(『大正藏』39, 838쪽. 하26.)
『金剛般若疏』卷4(『大正藏』33, 115쪽. 하8.)

진여의 지혜로 불법(佛法)에 맞게 살아가는 여래가 되기를 서원(誓願)하는 것이다.

깨달아 정토에 태어나면 다시는 예토로 돌아가지 않겠다는 맹세를 하는 것으로 제불(諸佛)과 같이 진여의 지혜로 살아가는 것이고, 정법(正法)으로 섭수(攝受)하고, 청정으로 지계(持戒)하고, 악한 일을 하지 않고, 장애가 없고 등등[166]에서 물러나지 않기를 서원하는 것이다. 도(道)와 같은 것이다.

※ 願我決定生安養[167] 원아결정생안양

나는 극락세계에 태어나기를 결정하고 서원(誓願)합니다.

【해설】

이제부터 보리심에서 물러나지 않고 극락세계에 태어나기를 결정(決定)하는 것이다. 보리심에서 물러나지만 않으면 극락세계에 왕생하게 되는 것이다.

※ 願我速見阿彌陀[168] 원아속견아미타

---

166) 『佛說寶雨經』卷7(『大正藏』16, 313쪽. 상14.)

167) 『佛祖統紀』卷27(『大正藏』49, 279쪽. 중2.):「彌陀ㅁㅁ稱, 白豪念念想, 持此不退心, 決定生安養, 即端坐脫去.」
『淨土隨學』卷1(『만속장』62, 431쪽. 하13.)
『蓮邦詩選』卷1(『만속장』62, 805쪽. 하14.):「臨終生西偈 延 壽 ; 彌陀ㅁㅁ稱, 白毫念念想, 持此不退心, 決定生安養.」

168) 『大方廣佛華嚴經普賢菩薩行願王品』卷1(『大正藏』85, 1455쪽. 상26.)「亦名遠離諸惡友, 是人速見阿彌陀.」

나는 빨리 아미타불을 친견(親見)하기를 서원(誓願)합니다.

【해설】

극락세계에 왕생하여 아미타불의 48대원을 실천하여 아미타불로서 살아가기를 서원(誓願)하는 것이다.

즉 왕생하여 아미타불을 친견한다는 것은 아미타불이 되어 살아가겠다는 서원으로 자신이 진여의 지혜로 불법(佛法)에 맞게 아미타불과 같이 살아가게 되는 것이다.

※ 願我分身遍塵刹 원아분신변진찰

나는 화신불로서 모든 국토에서 자기망념의 중생을 모두 제도하기를 서원(誓願)합니다.

【해설】

나는 이제 아미타불이 되어 모든 번뇌 망념의 국토에서 일체법이 일여(一如)가 되게 하겠습니다. 만법일여(萬法一如)의 경지에서 살아가겠습니다. 라고 서원(誓願)하는 것이다.

※ 願我廣度諸衆生 원아광도제중생

나는 모든 망념의 중생을 남김없이 모두 제도(濟度)하기를 서원(誓願)합니다.

【해설】

만법일여(萬法一如)의 경지에서 모든 중생을 널리 제도(濟度)하는 것은 자신이 몰종적의 대승(大乘)으로 살아가겠다는 서원이다.

모든 중생을 하나도 남김없이 제도하신 석가여래의 법문이 여기에서 다시 쟁쟁하게 살아나 귓가에 울리게 되는 것이다.

18. 發四弘誓願 발사홍서원 : 보살로서 중생을 널리 구제하는 네 가지 서원

衆生無邊誓願度 煩惱無盡誓願斷
중생무변서원도 번뇌무진서원단
法門無量誓願學 佛道無上誓願成
법문무량서원학 불도무상서원성

망념의 중생이 한량없지만 분명하게 모두 제도하겠습니다.
무궁무진한 번뇌를 맹세코 모두 단절(斷絕)하겠습니다.
법문(法門)이 한량없지만 확실하게 모두 배우고 실천하겠습니다.
고정된 것이 없는 무한한 불도(佛道)인 진여의 지혜로운 생활을 불법(佛法)에 맞게 항상 실천하겠습니다.

〔사홍서원(四弘誓願)〕

自性衆生誓願度 自性煩惱誓願斷
자성중생서원도 자성번뇌서원단
自性法門誓願學 自性佛道誓願成
자성법문서원학 자성불도서원성

자신의 본성(本性)으로 망념의 중생심을 분명하게 모두 제도(濟度)하겠습니다.

자신의 본성(本性)으로 무궁무진한 번뇌를 맹세코 모두 절단(絕斷)하겠습니다.

자기 본성(本性)의 한량없는 법문(法門, 부처의 가르침, 성자의 지혜, 진여의 지혜)을 확실하게 모두 배워서 안락국토에 태어나겠습니다.

자신의 본성에 있는 불도(佛道)를 맹세코 항상 진여의 지혜로 불법(佛法)에 맞게 생활하겠습니다.

【해설】

이 사홍서원은 『南宗頓敎最上大乘摩訶般若波羅蜜經六祖惠能大師於韶州大梵寺施法壇經』卷1[169]에서 자세하게 다음과 같이 설하고 있다.

「衆生無邊誓願度, 煩惱無邊誓願斷, 法門無邊誓願學, 無上

169) 『南宗頓敎最上大乘摩訶般若波羅蜜經六祖惠能大師於韶州大梵寺施法壇經』卷1 (『大正藏』48, 339쪽. 중14.)

佛道誓願成.(三唱) 善知識, 衆生無邊誓願度, 不是惠能度. 善知識, 心中衆生各於自身自姓(性)自度. 何名自姓(性)自度. 自色身中, 邪見煩惱, 愚癡名妄, 自有本覺性, 將正見度. 既悟正見, 般若之智, 除却愚癡迷妄, 衆生各各自度. 邪見正度, 迷來悟度, 愚來智度, 惡來善度, 煩惱來菩薩(菩提)度. 如是度者, 是名眞度. 煩惱無邊誓願斷, 自心除虛妄. 法門無邊誓願學, 學無上正法. 無上佛道誓願成, 常下心行, 恭敬一切. 遠離迷執覺知生, 般若除却迷妄, 即自悟佛道成, 行誓願力.」(망념의 중생이 한량없지만 분명하게 모두 제도하겠습니다. 무궁무진한 번뇌를 맹세코 모두 단절(斷絕)하겠습니다. 법문(法門)이 한량없지만 확실하게 모두 배우겠습니다. 불도(佛道)는 고정된 것이 없는 불법의 지혜이므로 맹세코 항상 부처의 지혜로 살겠습니다. 선지식들이시여! 망념의 중생이 한량없지만 확실히 모두 제도하겠다. 라고 하는 것은 혜능이 제도하는 것이 아니다. 선지식 여러분들의 마음속의 중생심을 각자가 자기의 본성으로 자기를 제도하는 것이다. 무엇을 자기의 본성으로 자기를 제도한다고 말하는 것입니까? 자기의 색신(色身)중의 사견(邪見)인 번뇌와 우치로 인한 망념은 자기의 본각(本覺)의 본성(本性)에서 부터 정견으로 제도하는 것이다. 이미 정견(正見)인 반야의 지혜로서 자각하면 우치와 미혹한 망견은 제거되는 것이므로 중생심을 각각 자기가 제도 한다고 하는 것이다. 사견은 정견으로 제도하고, 미혹이 나타나면 깨달음으로 제도하고, 우치는 지혜로 제도하고, 악은 선으로 제도하고, 번뇌는 보리로 제도하는 것으로, 이와 같이 여시하게 제도하는 것을 진실한 제도라고 한다. 무궁무진한 번뇌를 맹세코 모두 단절(斷絕)하겠습니다. 라고 하는 것은 자신의 마음속에 있는 허망한 망념을 제거하는 것이다. 법문(法門)이 한량없지만 확실하게 모두 배워서 깨달아 가르치겠습니다. 라고 하는 것은 한량없는 정법을 모두 배우겠다는 것이다. 불도(佛道)는 고정된 것이 없는 진여의 지혜로운 생활이므로 맹세코 항상 부처의 지혜로 생활하겠습니다. 라고 하는 것은 항상 자신의 마음을 하심하며 일체를 항상 공경하는 것이다. 미혹한 집착을 영원히 초월하고 망념이 생기는 것을 자각하면, 반야의 지혜는 미혹한 망념을 도리어 제거하게 되니 곧바로 자신이 불도를 성취한 것을 깨닫게 되는 것이므로 서원한 자신의 원력을 행하는 것이 된다.)

라고 설하고 있다.

『六祖大師法寶壇經』卷1[170]에서도 다음과 같이 자세하게 설하고 있다. 여기에서는 자심(自心)과 자성(自性)을 구분하

---

170) 『六祖大師法寶壇經』卷1(『大正藏』48, 354쪽. 상9.): 「善知識! 既懺悔已, 與善知識, 發四弘誓願, 各須用心正聽. 自心衆生無邊誓願度, 自心煩惱無邊誓願斷, 自性法門無盡誓願學, 自性無上佛道誓願成. 善知識! 大家豈不道, 衆生無邊誓願度, 恁麼道, 且不是惠能度. 善知識! 心中衆生, 所謂邪迷心, 誑妄心, 不善心, 嫉妬心, 惡毒心, 如是等心, 盡是衆生. 各須自性自度, 是名眞度. 何名自性自度? 即自心中邪見煩惱愚癡衆生, 將正見度. 既有正見, 使般若智打破愚癡迷妄衆生, 各各自度. 邪來正度, 迷來悟度, 愚來智度, 惡來善度, 如是度者, 名爲眞度. 又煩惱無邊誓願斷, 將自性般若智, 除却虛妄思想心是也. 又法門無盡誓願學, 須自見性, 常行正法, 是名眞學. 又無上佛道誓願成, 既常能下心, 行於眞正(正直), 離迷離覺, 常生般若. 除眞除妄, 即見佛性, 即言下佛道成. 常念修行, 是願力法.」

고 있다.

그리고 『受菩提心戒儀』卷1(『大正藏』18, 941쪽. 중14.)[171]에 의하면 다음과 같이 다섯 가지를 설하기도 한다.

「弟子某甲等, 始從今身, 乃至當坐, 菩提道場, 於其中間, 誓發無上菩提心, 衆生無邊誓願度, 福智無邊誓願集, 法門無邊誓願學, 如來無邊誓願事(여래의 지혜는 무변하지만 맹세코 모두를 무위법으로 분별하기를 서원합니다.), 無上菩提誓願成.」

그리고 『大方廣佛華嚴經疏』卷51「離世間品」38, (『大正藏』35, 892쪽. 중20.)에서도 사홍서원을 다음과 같이 순서를 바꾸어서 설하고 있다.

「又初三衆生無邊誓願度, 度生無悋故一切施也, 次一佛道無上誓願成, 次三法門無盡誓願學, 後三煩惱無邊誓願斷, 即四弘誓願觀理發心.」

그 외의 경전에도 다음과 같이 설하고 있다.

『天台菩薩戒疏』卷1(『大正藏』40, 583쪽. 상5.) : 「一者, 衆

171) 『受菩提心戒儀』卷1(『大正藏』18, 941쪽. 중14.)

生無邊誓願度, 度十界衆生故. 二者, 煩惱無數誓願斷, 斷十界三惑故.(탐진치) 三者, 法門無盡誓願知, 即惑成智故. 四者, 佛道無上誓願成, 即生成滅故. 此之四心, 諸佛之種, 紹三寶位, 一切諸佛, 等證三身, 無不因此. 一發之後, 訖至涅槃, 誓無退轉.」

『大乘起信論裂網疏』卷6 (『大正藏』44, 462쪽. 상23.) : 「發四弘誓, 上求佛道, 名決定智. 下化衆生, 名廣大悲. 弘能任重, 名大勇猛. 毅能道遠, 名大誓願也. 願令我心, 離諸顚倒, 斷諸分別, 此即煩惱無盡誓願斷也. 自未度脫, 欲度他人, 無有是處. 故首明之, 其實四弘, 在一心中, 非有先後. 親近一切, 諸佛菩薩, 頂禮供養, 恭敬讚歎, 聽聞正法, 如說修行, 盡未來際, 無有休息, 此即法門無量誓願學也. 不離顚倒分別, 則不能親, 諸佛菩薩. 不勤供養聽法, 則不能修, 無量度生法門, 是故四弘宛轉相成. 以無量方便, 拔濟一切, 苦海衆生, 此即衆生無邊誓願度也. 令住涅槃第一義樂, 此即佛道無上誓願成也. 同一切衆生皆成佛道, 非願獨成佛故, 二弘願觀竟.」

이상에서 보았듯이 자신의 중생을 구하는 것이지 남의 중생을 구하는 것은 아닌 것이다.

남의 중생을 구한다고 하면 이것은 종교(宗教)가 아니고 단체나 집단, 기업 등등이 영리나 명예, 권력을 추구하는 것이기에 여기에서 논하는 것과는 다른 것이기에 종교(宗教)가 아니라고 하는 것이다. 그래서 종교와 신앙, 믿음을 확실하게 알아야 하는 것이다.

언어는 이심전심의 수단이 되어야 하는 것인데 특별한 이들의 암호가 되어 버린다면 무슨 말을 한들 누가 어떻게 알아듣겠는가?

자신의 중생을 구제하는 방법을 부처는 항상 설하고 있는 것이기에 종교(宗教)로서의 가치가 있다고 하는 것이지 성자의 좋은 말을 추종만 하게 되면 추종하여 성자에 가까워지려고 하는 신앙심을 강조하여야 하는 것이다. 그래서 신심이 있어야 한다는 말을 한다면 신앙심의 신심이 되어 자기의 단체(從教)만을 생각하게 되어 타인들을 무시하게 되는 결과를 초래하게 되는 것이다.

즉 비유하면 안목이 없는 사람이 수많은 중생들을 제도한다는 핑계로 많은 중생들을 현혹하지만 안목이 없는 사람이 중생을 제도하는 것은 없는 것이고 각자 스스로가 자신을 불법(佛法)으로 제도해야 하는 것이다.

〔해탈(解脫)〕

19. 發願已 歸命禮三寶 발원이 귀명례삼보 : 발원을 이미 마쳤으니 중생심의 목숨을 버리고 불심(佛心)으로 귀의하여 삼보(三寶)에 예배합니다.

南無常住十方佛 나무상주시방불

시방(十方)삼세(三世)에 항상 상주(常住)하는 부처와 같이 진여의 지혜로 생활하겠습니다.

南無常住十方法 나무상주시방법

시방(十方)삼세(三世)에 항상 상주(常住)하는 자성(自性)의 일체법(一切法)에 귀의합니다.

南無常住十方僧 나무상주시방승(3번)

시방(十方)삼세(三世)에 항상 상주(常住)하는 자성(自性, 진여)으로 화합하는 청정한 승가에 귀의합니다.

육조단경에 의하면,

『南宗頓敎最上大乘摩訶般若波羅蜜經六祖惠能大師於韶州大梵寺施法壇經』卷1(『大正藏』48, 339쪽. 하6.):「今旣懺悔已, 與善知識, 受無相三歸依戒. 大師言, 善智識, 歸衣(依)覺兩足尊. 歸衣(依)正離欲(尊). 歸衣(依)淨衆中尊. 從今已後, 稱佛爲師, 更不歸衣(依), 餘邪名外道. 願自三寶, 慈悲燈名(明). 善知識, 惠能勸善, 善知識, 歸衣(依)三寶. 佛者, 覺也. 法者, 正也. 僧者, 淨也. 自心歸依覺, 邪名(命, 迷)不生, 少欲知足, 離財離色, 名兩足尊. 自心歸正, 念念無邪故, 卽無愛著, 以無愛著,

名離欲尊. 自心歸淨, 一切塵勞妄念, 雖在自姓(性), 自姓(性)不染著, 名衆中尊. 凡夫解, 從日至日, 受三歸衣(依)戒. 若言歸佛, 佛在何處. 若不見佛, 即無所歸. 既無所歸, 言却是妄. 善知識, 各自觀察, 莫錯用意. 經中只即言, 自歸依佛, 不言歸他佛, 自姓(性)不歸, 無所處.」(이제 이미 참회를 하였으니, 선지식들에게 차별없이(無相) 삼귀의를 수계(受戒)하겠다. 혜능대사(大師)가 말했다. 선지식들이여, 자심(自心)을 자각하여 진여의 지혜로 살아가는 자기의 부처에 귀의 합니다.(歸衣(依)覺兩足尊) 자심(自心)으로 자각하여 진정한 차별이 없는 일체법(佛法)에 귀의 합니다.(歸衣(依)正離欲(尊)) 자심(自心)을 청정한 진여와 화합하여 일체망념을 진여의 지혜로 정확히 청정하게 하는 자성(自性)의 계합에 귀의 합니다.(歸衣(依)淨衆中尊)

지금 이후에는 부처를 분명한 스승으로 하여 다시 잘못된 외도를 따르지 않겠습니다. 원하오니 자성의 삼보에 귀의하고 자비의 등불이 되겠습니다. 선지식들이여! 혜능은 그대들에게 자성(自性)의 삼보에 귀의하기를 권선(勸善)한다.

부처는 자신이 망념을 진여의 지혜로 깨달아 살아가는 것이다. 법이란 일체법이 평등하여 일여(一如)가 되는 것이다. 승이란 청정한 진여와 화합하는 것이다.

자기의 마음을 자기 스스로 관조하고 자각하여 진여의 지혜로 살아가므로 망념이 일어나는 일이 없고, 적은 것에 항상 만족할 줄 알아서 재욕과 애욕 모두를 초월한 세존(兩足尊)으로 살아가기를 서원하는 것이다.

자심(自心)으로 자각하여 진정한 차별이 없는 일체법(佛法)으로 살아가니 생각 생각에 항상 불법(佛法)에 어긋난 것이 없으므로 애착이 없게 되고 즉 애착이 없게 되어 탐욕을 초월하여 살아가는 세존(離欲尊)이 되기를 서원하는 것이다.

자심(自心)을 진여와 계합하여 청정하게 하고 일체의 망념이 없는 오염되지 않은 진여의 지혜로 살아가니 일체의 번뇌망념이 비록 자성에 있다고 하더라도 자성은 오염되거나 집착하지 않고 일체망념을 진여의 지혜로 정확히 청정하게 하는 세존(衆中尊)으로 살아가기를 서원하는 것이다.

범부들의 견해는 하루 종일 부처를 대상으로 알고 삼귀의를 수계(受戒)하고 있다. 만약에 부처에게 귀의한다고 말한다면 부처는 어디에 존재하고 있는 것이겠는가?

만약에 부처를 볼 수 있는 것이 아니라고 한다면 곧 바로 귀의 할 대상은 없는 것이 되고 이미 귀의 할 대상이 없다고 한다면 귀의 한다고 말한 것이 도리어 거짓말 한 것이 되는 것이다. 선지식들은 각자(各自) 자신이 관찰하여 귀의 한다는 뜻을 착각하는 일이 없도록 해야 한다.

경전에는 단지 자성(自性)의 부처에게 귀의하라고 말하고 있고, 다른 부처에게 귀의하라고 말하지는 않았는데, 자성의 부처에게 귀의하는 것이 아니라면 귀의할 대상의 처소는 없는 것이다.)

『六祖大師法寶壇經』卷1(『大正藏』48, 354쪽. 상26.):「善知

識! 今發四弘願了, 更與善知識授無相三歸依戒. 善知識! 歸依覺, 兩(二)足尊. 歸依正, 離欲尊. 歸依淨, 衆中尊. 從今日(自)去, 稱覺爲師, 更不歸依邪魔外道, 以自性三寶常自證明, 勸善知識歸依自性三寶. 佛者, 覺也. 法者, 正也. 僧者, 淨也. 自心歸依覺, 邪迷不生, 少欲知足, 能離財色, 名兩(二)足尊. 自心歸依正, 念念無邪見, 以無邪見故, 即無人我貢高, 貪愛執著, 名離欲尊. 自心歸依淨, 一切塵勞愛欲境界, 自性皆不染著, 名衆中尊. 若修此行, 是自歸依. 凡夫不會, 從日至夜受三歸戒. 若言歸依佛, 佛在何處? 若不見佛, 憑何所歸, 言却成妄. 善知識! 各自觀察, 莫錯用心. 經文分明言自歸依佛, 不言歸依他佛. 自佛不歸, 無所依處. 今既自悟, 各須歸依自心三寶, 內調心性, 外敬他人, 是自歸依也.」

이상에서 삼귀의에 대하여 살펴보았듯이 부처에게 귀의한다고 하는 것은 자성(自性)으로 살아가는 것이고, 진여의 지혜로 살아가는 것을 말하는 것이다.

법에 귀의한다고 하는 것도 다른 불법(佛法)에 귀의 하는 것이 아니고 자성의 일체법으로 살아가는 것을 말하는 것이지 대상경계의 일체법에 귀의하는 것이 아니다. 진여의 일체법으로 살아간다고 하는 것은 자기의 마음속에 항상 바른 생각만 있고 삿된 생각이 없으므로 탐욕에 대한 애착이 하나도 없이 살아가기를 서원하는 것이다.

그리고 승가에 귀의한다고 하는 것도 다른 승가에 귀의하는 것이 아니고 자기의 마음을 진여와 계합하게 하는 것을 승가에 귀의한다고 하는 것이다. 일반적으로는 화합한 승단에 귀의한다고 하는 것도 자성(自性)의 승가이어야 하는 것이지 남의 승가에 귀의하면 안 되는 것이다.

존경하고 신앙하는 것은 이것과는 다른 것이다. 승단을 유지하고 불법(佛法)을 유지하기 위하여 많은 사람들을 현혹할 필요는 없는 것이고 이 국가와 사회를 유지하기 위하여 한다고 하면 불교에서는 국가와 스승, 부모, 단월, 붕우 등의 은혜를 마음속 깊이 새기고 잊지 않고 수행하기를 항상 기원하고 있다.

은혜와 불법(佛法)은 분명하게 구분하여야 하는 것이다.

모든 사람들의 인격과 자유는 법에서도 보장되고 있는 것이다. 종교의 자유뿐만 아니라 인간으로서의 자유는 어디에나 보장되는 것이어야 하는 것을 불교에서는 천상천하유아독존이라고 하고 있다.

그러므로 고귀하지 않은 사람이 이 세상에 아무도 없다는 것이다. 그러므로 각자의 마음을 속박하면 안 되는 것이다. 지금 우리들이 사는 세상에는 태어나면서 부터 속박하여 살아가기를 원하는 이들이 많이 있는데 이것은 자유와 평등을 다르게 이해하고 있는 것이다.

자유와 평등은 천상천하유아독존이다. 어디에도 속박되지 않아야 한다. 그렇다고 인간의 도리까지도 벗어나란 말은 아니다. 인간의 도리를 벗어나 살아가고자 한다면 지옥, 아귀, 축생의 무리로 살아가야 하는 것이다. 그런 무리들이 인간의 탈을 쓰고 사람을 괴롭히는 것을 우리들은 경계해야 하는 것이다.

지금까지 삼귀의에 대하여 알아보았는데 이것은 불교의 신자라면 어느 누구나 알고 있는 내용이다. 그러나 대상으로 보는 불법승(佛法僧)만을 의지하고 신앙하고 추종하려고 할 뿐 자신이 지금 바로 불법승(佛法僧)으로 살아가려고 하지 않는 것을 걱정하는 것이다.

불법승(佛法僧)으로 살아가려고 하면 매일 예불하는 오분향례(五分香禮)에 잘 나타나 있다. 즉 계향(戒香) 정향(定香) 혜향(慧香) 해탈향(解脫香) 해탈지견향(解脫知見香) 광명운대(光明雲臺) 주변법계(周徧法界) 공양시방(供養十方) 무량(無量)불법승(佛法僧)에 보면 자세하게 설명되어 있는 것이다.

이것은 설명을 자세하게 하지 않아도 될 것이다. 왜냐하면 모든 불자들이 잘 알 것이기 때문이다. 이 삼학 역시 자성의 계율이고, 자성의 삼매이고, 자성의 지혜로 살아가는 것이고, 자성을 경계지성(境界之性)[172]의 본성으로 살아가게 하여 각자가 무량한 불법승(佛法僧)으로 공양을 하여야 하는 것이기 때문이다.

---

172) 『大方等大集經』卷7(『大正藏』13, 43쪽. 하24.)
『大乘起信論』卷1(『大正藏』32, 578쪽. 중20.)

〔불법승(佛法僧)〕

Ⅷ 여래로서 개당설법

20. 淨三業眞言 정삼업진언 : 삼업(三業)을 청정하게 하는 올바른 말씀(眞言)

옴 사바바바 수다살바 달마 사바바바 수도함

唵 娑嚩(二合)婆嚩 輸(輸律反)鐸薩嚩 達麼 娑嚩(二合)婆嚩 輸度撼」173)

唵 娑嚩(二合)婆(引)嚩 舜(入聲)馱(引)薩嚩 達麼(引) 娑嚩(二合)婆嚩 舜(入聲)度[山*含]」174)

唵 莎嚩(二合)婆(引)嚩 秫鐸薩嚩 達莫(引) 莎嚩(二合)婆(引)嚩 戍度憾175)

oṁ svabhāva śuddha sarva dharmāḥ svabhāva śuddho ' ham

唵 娑嚩(二合)婆(去引)嚩 秫(詩律反)馱(引)薩嚩 達磨(引) 娑嚩(二合)婆嚩(去引) 秫度(引)憾

oṃ svabhāva śuddhā sarva dharmā svabhāva śuddhā haṃ176)

---

173) 『金剛王菩薩祕密念誦儀軌』卷1(『大正藏』20, 571쪽. 상20.) : 「不易前印誦淨三業眞言. 持四處眞言曰(所謂心額唯頂上散即是) 唵娑嚩(二合)婆嚩輸(輸律反(切))鐸薩嚩達麼(莫二)娑嚩(二合)婆(去)嚩輸度撼(憾三, 憾)」

174) 『金剛頂經瑜伽文殊師利菩薩法』卷1 「金剛頂經瑜伽文殊師利菩薩儀軌供養法品」(『大正藏』20, 706쪽. 중12.):「淨三業眞言曰. 娑嚩(二合)婆(引)嚩舜(入聲)馱(引)薩嚩達麼(引)娑嚩(二合)婆嚩舜(入聲)度[山*含]」

175) 『金剛頂瑜伽他化自在天理趣會普賢修行念誦儀軌』卷1 (『大正藏』20, 524쪽. 상18.)

176) 『大日如來劍印』卷1 (『大正藏』18, 198쪽. 하10.) : 「夫淨三業者, 或時身有觸

(oṃ)(sva)(bhā)(v) (śu)(ddhā) (sa)(rva) (dha)(rmma) (sva)(bha)(va) (śu)(ddho) (haṃ)[177]

oṁ 옴! 은 앞에 설명하였고, svabhāva는 자성(自性), 본성(本性)을 말하는 것이고, śuddha는 청정한 것이다.

sarva는 일체(一切)를 뜻하는 것이고, dharmāḥ는 법(法)이고, svabhāva는 자성(自性)이고, śuddho' ham은 śuddha와 aham의 합성어로 자신의 자성(自性)도 청정하다는 뜻이다.

옴! 자(字)로 자각(自覺)하니 자성(自性)의 삼업(三業)이 청정하고, 일체법(一切法)의 자성(自性)도 청정(淸淨)하게 되니 나 자신도 청정(淸淨)하게 되었습니다 라는 것이다.

【해설】

『金剛頂瑜伽他化自在天理趣會普賢修行念誦儀軌』卷1(『大正藏』20, 524쪽. 상18.)에 의하면 정삼업진언 "唵 莎嚩(二合)

穢, 或口有食噉及說諸雜語言, 或時心中思惟不饒益事等, 皆名三業不淨. 故須以此陀羅尼及正觀加持, 令罪垢消除 身語意業速得清淨眞言曰.」(oṃ)(sva)(bhā)(va) (śu)(ddhā)(sa)(rva) (dha)(rmā)(sva)(bhā)(va)(śu)(ddhā)(haṃ) 唵 娑嚩(二合)婆(去引)嚩 秫(詩律反)馱(引)薩 嚩達磨(引)娑嚩(二合)婆嚩(去引) 秫度(引)憾

177) 『大聖妙吉祥菩薩祕密八字陀羅尼修行曼荼羅次第儀軌法』卷1(『大正藏』20, 786쪽. 하17.) : 「(oṃ)(sva)(bhā)(va)(śu)(ddhā)(sa)(rva)(dha)(rmma)(sva)(bha)(va)(śu)(ddho)(haṃ) 唵(引)娑嚩(二合)婆(去)嚩 戍馱(引)薩 嚩 達磨娑嚩(二合)婆嚩 戍度唅(引) 稽首無上法醫王 難救能救慈悲主 我今歸命恭敬請 唯願速來降道場 如是三重請 作前啟白言 二手蓮華合 復誦淨三業 令身器清淨 用加持五處 額兩肩心喉 念彼眞言曰.」

婆(引)嚩秫鐸薩嚩達莫(引)莎嚩(二合)婆(引)嚩戍度憾” 의 뜻을 다음과 같이 설하고 있다.

「此明密義云, 諸法自性淨, 我亦自性淨. 由是加持故, 自他獲無垢. 便於自心中, 觀性成金剛. 三業已轉依, 成三祕密門.」[178] (이 진언의 분명한 밀의(密義)를 말하면 제법(諸法)의 자성(自性)은 청정(淸淨)하니 나 역시 자성(自性)은 청정하네. 이것으로 인하여 가지(加持)하게 되니 자타(自他)가 청정함(無垢)을 획득하는 것이네. 문득 자심(自心)에 적중하게 되니 자성(自性)을 관조(觀照)하면 금강(金剛)의 지혜를 성취하네. 삼업(三業)을 이미 청정하게 전의(轉依)하였으니 세 가지 삼업의 비밀(祕密)한 법문을 성취한 것이네.… .)

여기에서 삼업(三業, 신구의)을 청정하게 한다는 것은 항상 자각하여 진여의 경지에서 삶을 살아간다는 것이다. 그러므로 자성(自性)을 부처와 같이 청정하게 하는 것은 자신의 의식을 청정(淸淨)하게 하는 것이다.

일체법을 청정하게 한다는 것은 경계지성(境界之性)이 되는 것이다. 즉 자신이 차별 분별을 초월하는 것은 대상경계를 차별분별하지 않는다는 것이므로 경계와 하나 되는 것이다.

옴! 하는 것은 “부처가 무엇이냐” 고 물으니 “뜰 앞의 잣나무” 라고 한 것과 같이 차별분별이 없는 무심(無心)한 삶을 살아가

---

178) 『金剛頂瑜伽他化自在天理趣會普賢修行念誦儀軌』卷1(『大正藏』20, 524쪽. 상18.):「唵莎(娑)嚩(二合)婆(引)嚩秫鐸薩嚩達莫(引)莎嚩(二合)婆(引)嚩戍度憾 此明密義云. 諸法自性淨 我亦自性淨 由是加持故 自他獲無垢 便於自心中 觀性(吽)成金剛 三業已轉依 成三祕密(密祕)門 次作發悟契 二拳檀慧鉤 進力側相拄(跓) 二(三)舉如鉤勢 誦此祕密言.」

는 지혜를 말하는 것이다.

달을 가리키는 방편의 손가락에 속지 말고 자신의 달을 친견하고 본심(本心)의 여여(如如)한 지식(智識, 분별심)이 아닌 지혜(智慧)로 삶을 살아가야 하는 것을 설하고 있는 것인데 방편의 손가락에 빠지면 지식(智識)으로 살아가게 되는 것이다.

〔삼업(三業)〕

21. 開壇眞言 개단진언 : 자신의 삼업(三業)을 청정하게 한 후에 개당설법(開堂說法)에서 하는 올바른 말씀(眞言)

옴 바아라 놔로 다가다야 삼마야 바라베 사야훔

唵 跋折囉 糯嚧 特伽(二合)吒耶 三摩耶鉢羅(二合)吠舍耶 吽179)

oṁ vajra nara ḍhakkā tayā samāya pāra viṣaya huṁ180)

oṁ vajrānala ḍhakkātayā samayā praveśaya huṁ181)

(oṃ) (va)(jra)(na)(ra) (dgha)(ḍa)(ya) (sa)(ma)(ya) (pra)(vi)(ve)(śa)(ya) (hūṃ)()

---

179) 『金剛頂瑜伽中略出念誦經』卷3 (『大正藏』18, 241쪽. 중18.):「此是最上開門契, 復爲利益諸衆生故. 應用此密語開門, 密語曰. 唵 跋折囉 糯嚧特伽(二合)吒耶(開) 三摩耶鉢羅(二合)吠舍耶(那)吽.」

『金剛頂一切如來眞實攝大乘現證大教王經』卷1(『大正藏』18, 315쪽. 하15.):「次結開門印 想開大檀門 二羽金剛拳 檀慧應相鉤 進力竪側合 每門誦眞言 (hūṃ) 應吽而掣開 從東而右轉 每方面向門 若方所小狹 即於觀想中 運心如本教 眞言曰. 唵(引)嚩日囉(二合)娜嚩(二合)嚕(一)嗢娜伽(二合)吒野(二)三摩野(三)鉢囉(二合)吠捨野(四)吽(五)」

『佛說一切如來眞實攝大乘現證三昧大教王經』卷10(『大正藏』18, 376쪽. 중5.):「即說開檀門所用大明曰. 唵(引)嚩日嚕(二合引)訥伽(二合引)吒野三摩野鉢囉(二合)吠(引)舍野吽(引一句) 所有四方佛形像 隨方依法應安布 或金或銀或土塼 造立佛座當如教」

『佛說一切如來眞實攝大乘現證三昧大教王經』卷15(『大正藏』18, 391쪽. 하11.):「開門大明曰. 唵(引)嚩日嚕(二合引)訥伽(二合引)吒野(一句)三摩野鉢囉(二合)尾設尸(引)竭覽(二合)(二)三摩(二合)囉嚩日囉(二合)三摩野吽(引)發吒(半音三) 依法或用金或銀 或塑或繪於幀像 隨應安布於四方 四佛形像當如教」

180) 정각, 『천수경연구』, 서울, 운주사, 2011년. 309쪽.

181) 전재성, 『천수다라니와 붓다의 가르침』, 서울, 한국빠알리성전협회, 2003. 189쪽.

oṁ 옴! 은 앞에 설명하였고, vajra는 강력한 번개, 다이아몬드 등으로 금강의 지혜를 말하는 것이고, nara는 진인(眞人), 본래인(本來人), 참사람을 말하는 것으로 금강의 지혜로 사는 본래인이라는 뜻이 되고, nala라고 하면 reed라는 뜻으로 피리, 갈대화살이나 악기의 혀라는 뜻으로 지혜를 사용하는 요점이라는 뜻이다.

그러나 vajra nara, vajrānala를 금강의 우주적 영(靈)이나 분노를 태워버리는 신으로 표현한 책도 있다.

ḍhakkā tayā는 큰소리를 울려서, 외침, 절규라는 뜻이고, samāya는 적정하게 하여 라는 뜻으로 금강의 지혜로 망념을 제거하여 적정하게 한다는 뜻이다.

pāra는 피안(彼岸)이라는 뜻이고, viṣaya는 경계지성이라는 뜻으로 의심이 없는 경지를 말하는 것으로 피안에 도달하여 의심이 없다는 뜻이다. huṁ은 외침, 절규, 청정하게 되었구나! 등의 뜻으로 청정하게 되었다는 감탄이다.

번역하면, 옴! 자(字)로 자각하여 (삼업을 청정하게 하였으니) 금강(金剛)의 지혜를 체득하여 사는 본래인이 되어 큰소리로 외쳐 망념을 제거하고 적정하게 모든 중생들을 피안으로 제도하여 열반적정의 경지에 들게 하여 경계지성(境界之性)으로 의심이 없는 경지에서 청정하게 되었구나! 하고 확인하여 개당설법을 하는 것이라고 할 수 있다.

【해설】

옴! 하는 의미를 체득하여서 차별 분별없는 지혜를 펼치는 것을 개단(開壇)이라고 하는 것이다. 개당(開堂)하여 도독고(塗毒鼓)[182]와 같은 큰 소리로 설법을 하는 것은 금강과 같은 반야의 지혜로 하는 것이므로 항상 망념을 죽이고 진여의 지혜로 불법(佛法)에 맞게 살아가야 하는 것이다.

금강의 지혜는 자비심으로 자타(自他)의 모든 중생을 제도(濟度)하는 지혜이므로 항상 중생심을 관조하여 불심(佛心)으로 전환시키니 자타(自他)의 모든 법계가 청정하게 되는 것이다.

그러므로 지금부터 항상 금강과 같은 지혜의 문이 열리게 되어 항상 자신이 여법(如法)하게 살아갈 수 있게 되기를 서원하는 것이다.

개단(開壇)이란 말은 개당(開堂)설법(說法)과 같은 의미로 출세하여 하는 말을 개당(開堂)이라고 하고 개단(開壇)이라고 하는 것은 설법을 할 때에 단을 건설하는 것이다.

중생심으로 하는 설법이 아니고 출세한 이후에 설법하는 것을 개당(開堂), 개단(開壇)이라고 하는 것이다.

교학을 가르치는 것은 지식을 가르쳐서 깨닫게 하려고 하는 것으로 반복 학습하여 세뇌시켜서 구경에는 출세하게 하려고 하는 것인데 오히려 지식에 속박되는 경우가 많아서 북종선이라고 신회가 비판한 것이다.

---

182) 『阿彌陀經要解』卷1(『大正藏』37, 365쪽. 중1.)
『四念處』卷4(『大正藏』46, 577쪽. 중20.)
『景德傳燈錄』卷16(『大正藏』51, 326쪽. 중25.)

지식, 기술 등을 습득하여 의식주, 권력, 명예, 부귀를 추구하거나 생명을 생존하게 하는 것과는 구분하여야 한다.

생명을 가지고 있을 때에 어떻게 살아가야 하는가를 여기에서 말하는 것이다.

물질이 사람을 지배하게 되고 사람이 사람을 지배하는 형태에서는 어떻게 단체를 유지해야 하는가를 서로가 불법(佛法, 진여법)에 맞게 잘 화합해야 하는 것이다.

여기에서 금강과 같은 지혜의 문을 여는 진실한 말씀을 확인하고 있는 것이다.

〔개단(開壇)〕

22. 建壇眞言 건단진언 : 금강삼매가 되었으니 건단설법을 하는 올바른 말씀(眞言)

옴 난다난다 나지나지 난다바리 사바하

唵 難多難多 難地難地 難多婆哩 莎訶

옴 난다난다 나띠나띠 난다빠리 ᄉᆞ바하

唵 難多 難多 難地 難地 難多 婆哩 娑婆訶183)

唵 難馱 難馱 娜智 娜智 難馱 婆里 薩嚩賀

oṃ nanda nanda daṭi daṭi nanda valiḥ svāhā

(oṃ) (na)(nda) (na)(nda) (da)(ṭi) (da)(ṭi) (na)(nda) (va)(liḥ) (svā)(hā)184)

oṁ nanda nanda naṭi naṭi nandabhāri svāhā185)

oṁ nanda nanda nadi nadi nandabhārin svāhā186)

oṃ 옴! 은 앞에 설명한 것을 참조하시고, nanda nanda는

---

183) 『雲水壇謌訶』(『불교전서』 7, 744쪽. 하); 唵 難多 難多 難地 難地 難多 婆哩 娑婆訶
『作法龜鑑』(『불교전서』10, 554쪽. 중) 唵 難多難多 難地難地 難多婆哩 莎訶 옴 난다난다 나띠나띠 난다빠리 ᄉᆞ바하

184) 『北方毘沙門多聞寶藏天王神妙陀羅尼別行儀軌』卷1 (『大正藏』21, 230쪽. 중24.) : 「作壇眞言曰. (oṃ) (na) (nda)(na) (nda) (da) (ṭi) (da) (ṭi) (na) (nda) (va) (liḥ) (svā) (hā) 唵 難 馱 難馱 娜 智 娜智 難 馱 婆 里(入) 薩嚩(二合引) 賀(引)」
『大毘盧遮那成佛神變加持經蓮華胎藏菩提幢標幟普通眞言藏廣大成就瑜伽』卷1 (『大正藏』18, 145쪽. 하20.) : 「作壇眞言曰。唵難馱難馱娜智娜智難馱婆哩(入)娑嚩(二合)賀(引).」

185) 전재성, 『천수다라니와 붓다의 가르침』, 서울: 한국빠알리성전협회, 2003. 189쪽.

186) 正覺, 『천수경 연구』, 서울: 운주사, 2011. 312쪽.

기쁨, 행복, 깨달음, 부처의 제자, 지혜를 체득한 것을 말하는 것이고, nadi nadi (daṭi daṭi)는 큰 소리로 포효하는 것이고, nanda bhārin (nanda valiḥ) 는 지혜로 인도하는 것을 말하는 것이고, svāhā는 구경의 경지를 체득하여 실천한다는 뜻이다.

그러므로 번역하면 옴! 자(字)의 의미를 체득하고 개당(開堂)하여 불법(佛法)을 건설(建設)하니 선남자, 선여인 모두가 부처의 제자가 되어 정토에 태어난 것을 큰소리로 하여 모두를 부처의 제자가 되게 인도하여 모두가 구경의 경지를 체득하게 하겠습니다.

【해설】

옴! 자(字)의 의미를 체득하는 것은 자신의 마니보주를 자각하는 것이고 개당(開堂)하는 것은 불법의 지혜를 활용하는 것이다. 자신의 불법(佛法)을 건설하게 하는 것은 선남자 선여인 모두가 기쁘고 기쁜 일로서 모두가 피안에 태어나게 되는 것이다.

사바하(薩婆訶)는 일체법(一切法)을 평등하게 친견하여 불생불멸(不生不滅)의 도리를 체득하여 청정한 불생불멸(不生不滅)의 경지를 이룬다는 것이다. 즉 일체법은 무인(無因)이므로 열반적정을 이루게 되고, 무주(無住)이므로 청정하게 되는 것이다.

자타(自他)가 모두 견성성불하게 되는 경계지성이 되어 자비를 실천하게 되는 것이다.

23. 淨法界眞言 정법계진언[187] : 자타의 법계를 청정하게 하는 올바른 말씀(眞言)

羅字色鮮白　空點以嚴之　如彼髻明珠　置之於頂上
라자색선백　공점이엄지　여피계명주　치지어정상

번뇌망념으로 가득한 법계(羅, ra)를 색즉시공(空)으로 하여 대상경계를 선명(鮮明)하게 청정하게 하고자 하면,

공(空)으로 장엄하여야 법계를 청정하게 하는 것이네(不空). ※ (空點: 공(空)으로 자신을 점검)

이것은 사람마다 자기 상투(髻)속에 밝은 마니보주가 있는 것과 같은 것이니,

---

187) 『顯密圓通成佛心要集』卷1 (『大正藏』46, 994쪽. 상22.) : 唵[口*藍](或只單持[口*藍]字亦得或名嚂字)(oṃ) (ram) (此是梵書唵[口*藍]) 此淨法界[口*藍]字, 若想若誦, 能令三業悉皆清淨, 一切罪障盡得消除. 又能成辦一切勝事, 隨所住處悉得清淨, 衣服不淨便成淨衣, 身不澡浴便當澡浴. 若用水作淨不名眞淨. 若用此法界心[口*藍]字淨之. 即名畢竟清淨瓶, 如靈丹一粒點鐵成金. 眞言一字變染令淨. 偈云囉字色鮮白, 空點以嚴之(梵書(ra), 囉字上安空點. 即成(ram) [口*藍]字也). 如彼髻明珠, 置之於頂上, 眞言同法界, 無量衆罪除, 一切觸穢處, 當加此字門.(若實外緣不具無水洗浴闕新淨衣. 但用此[口*藍]字淨之. 若外緣具者, 先用水了著新淨衣, 更用此[口*藍]字淨之. 即內外具清淨也. 廣如諸眞言儀軌經說.)
『準提淨業』卷1 (『만속장』59, 225쪽. 상5.):「淨法界眞言(各眞言中只誦正呪. 餘文不誦)」唵[口*藍](音[嚂-皿+見])(oṃ) (raṃ) (此是梵書唵[口*藍]字) 此淨法界(raṃ) [口*藍]字, 若想若誦, 能令三業清淨, 一切罪障, 悉皆消除. 又能成辦一切勝事, 隨所住處, 悉得清淨. 衣服不淨, 便成淨衣, 身不澡浴, 便當澡浴. 若用水洗淨, 不名眞淨. 若用此法界心[口*藍]字淨之, 即名畢竟清淨瓶, 如靈丹一粒點鐵成金, 眞言一字變染令淨. 偈云, (ra) (音囉)字色鮮白, 空點以嚴之.(梵書(ra) 囉字. 上安空點, 即成(raṃ) [口*藍]字也.) 如彼髻明珠, 置之於頂上, 眞言同法界, 無量衆罪除, 一切觸穢處, 當加此字門.(若實外緣不具, 無水洗浴, 闕新淨衣, 但用此[口*藍]字淨之. 若外緣具者, 先用水了, 著新淨衣, 更用此[口*藍]字淨之. 即內外俱清淨也.)

이 마니보주를 자신의 정상(頂上)에 두고(置) 진여의 지혜로 살아가야 하는 것이네.

眞言同法界　無量衆罪除　一切觸穢處　當加此字門
진언동법계　무량중죄제　일체촉예처　당가차자문

(자신의 마니보주를 활용하여 진여의 지혜로 살아가며) 진실한 참다운 말을 하여(不空) 자신이 법계(法界)와 같아지니,
한량없는 많은 죄가 모두 소멸되네.
일체의 사바세계에서 온갖 망념이 나는 그곳에서,
마땅히 이 옴! 자(字)를 가지고 사바세계에서 자신의 여의주를 사용하여야 하네.

【해설】

앞에 설명하였던 『準提淨業』卷1(『만속장』59, 225쪽. 상5.)에 의하면, 람! 자(字)는 '𑖨(ra) (音囉)字色鮮白, 空點以嚴之. (梵書𑖨(ra)) 囉字, 上安空點, 即成𑖨𑖽(raṃ) [口*藍]字也.' 에 의하면 '羅字色鮮白, 空點以嚴之.' 라는 말을 범어로 해설한 것이다. 즉 '梵書𑖨(ra) 囉字, 上安空點, 即成𑖨𑖽(raṃ) [口*藍]字也.' 에서 보듯이 범어 𑖨(ra)자에 공(空)의 점을 하나 위에 올려놓으면 𑖨𑖽(raṃ)이 되는 것이다. 이것을 공(空)으로 장엄한다고 설명한 것이다. 즉 망념을 공(空)으로 전환하면 모두가

청정한 불국토가 되기 때문이다.

그리고 다음 구절인 "여피계명주 치지어정상" 에서도 같은 설명인데 "이것은 사람마다 자기 상투(髻)속에 밝은 마니보주가 있는 것과 같은 것이니, 이 마니보주를 자신의 정상(頂上)에 두고(置) 진여의 지혜로 살아가야 하는 것이네." 라고 한 것은 중생들의 마음속에 누구든지 마니보주(佛性)가 다 있는데 이것을 자신의 마음중심에 두고 살아가야 하는 것을 진여의 지혜로 살아간다고 하는 것이다.

'眞言同法界, 無量衆罪除. 一切觸穢處, 當加此字門.' 에서 보면, "진언동법계" 를 "자신의 마니보주를 활용하여 진여의 지혜로 살아가며 진실한 참다운 말을 하여 자신이 법계(法界)와 같아지니," 라고 하는 것은 공(空)으로 진실한 말을 하는 것이 되어서 일체법계와 같이 되어 생활하는 것을 불공(不空)이라고 하는 것이다.

이와 같이 하여 모든 죄업이 소멸되는 것을 법계와 같아진다고 하고 만법일여(萬法一如)라고 하는 것이다.

그리고 "일체의 사바세계에서 온갖 망념이 나는 그곳에서," 라고 하는 것은 어느 누구든지 각각이 보고 생각하는 그곳을 망념의 세계라고 하는 것인데 자신의 앞에 펼쳐진 세계를 정념(正念)과 망념(妄念)으로 구분할 줄 알아야 사바세계인가 불국토인가를 구분하게 되는 것인데 이것을 설명하려면 지식과 지혜를 분명하게 분별해야 하는 것이고, 일반적인 지혜와 불교에서 말하는 반야의 지혜를 알아야 하는 것이다.

즉 삼학에 맞는 지혜를 구족해야 하고 삼학에 맞으려면

계율에 합당해야 하고 계율에 합당하려면 유상계(有相戒)와 무상계(無相戒)를 정확하게 알아야 한다. 등등 여기에서 모두 다 다시 설명하기는 어려운 것이다.

모든 망념이 일어나는 그곳에 "마땅히 이 옴! 자(字)를 가지고 사바세계에서 자신의 여의주를 사용하여야 하네." 라고 하는 것은 망념을 옴! 하며 공(空)으로 전환해야 하기 때문이고 공(空)으로 전환하여 람 (raṃ)으로 활용하며 살아가는 것을 진여의 지혜로 살아간다고 말하는 것이다.

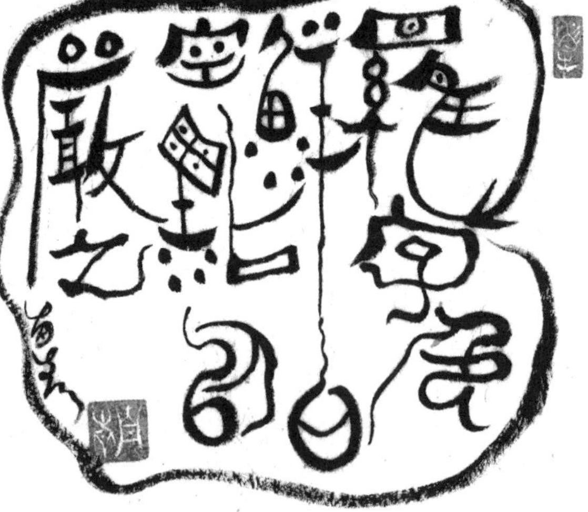

〔라자색선백 공점이엄지(羅字色鮮白 空點以嚴之)〕

나무 사만다 못다남 람

南麼 三曼多 沒駄喃 囕[188)]

namaḥ samanta buddhānāṃ raṃ

𑖡(na)𑖦𑖾(maḥ) 𑖭(sa)𑖦(ma)𑖡𑖿𑖝(nta) 𑖤𑖲(bu)𑖟𑖿𑖠𑖯(ddhā)𑖡𑖯𑖽(nāṃ) 𑖨𑖽(raṃ)[189)]

namaḥ samanta buddhānāṃ에서 namaḥ(namo)는 귀의한다는 뜻이고, samanta는 일반적인, 도처에 존재하는, 완전한, 완벽한이라는 뜻이고, buddhānām은 제불(諸佛)에게라는 뜻이다. 그리고 raṃ은 멈추다. 조용하게 하다. 기쁘다. 열반적정을 이루다. 깨닫다. 행복하게 하다. 등의 뜻으로 열반적정하게 한다는 뜻이므로 가장 빨리 모든 법계를 청정하게 하는 것이다.

그러므로 번역하면, “시방세계에 상주하는 제불(諸佛)에게 귀의하여 열반적정의 경지를 체득 하겠습니다.” 라고 하는 것이다. (항상 어디에서나 진여의 지혜로 생활하며 청정한 열반적정의 삶을 살아가겠습니다.)

【해설】

앞에서 살펴보았던 정법계진언의 옴 람은 다음과 같이

---

188) 『大日經義釋演密鈔』卷5(『만속장』23, 581쪽. 하21.) : 「南麼三曼多沒駄喃囕」

189) 『慈氏菩薩略修瑜伽念誦法』卷1 「入法界五大觀門品1」(『大正藏』20, 590쪽. 상26.):「淨法界心眞言曰, 𑖡(na)𑖦𑖾(maḥ) 𑖭(sa)𑖦(ma)𑖡𑖿𑖝(nta) 𑖤𑖲(bu)𑖟𑖿𑖠𑖯(ddhā)𑖡𑖯𑖽(nāṃ) 𑖨𑖽(raṃ) 納莽 三滿多 [慕*骨]駄腩 覽 二一遍)

설명하였는데 다시 보면,

"淨法界眞言 자신의 법계를 청정하게 하는 올바른 말(眞言) 옴 람(3번) 唵[口藍](或只單持[口藍]字亦得或名囕字)(oṃ) (ram) (此是梵書唵[口藍]) oṃ ram 옴 람 : 옴! 자(字)를 체득하여 열반적정의 경지를 체득 하겠습니다. 라고 설명하였다.

그리고 해설에서 옴! 이라는 한 글자는 간화선에서 말하는 조주의 무(無)! 자(字)와 같은 것으로 자신의 망념을 자각하는 주체가 되기 때문에 지혜의 근본이다. 그러므로 부처의 어머니라고 비유는 하지만 진여나 여래장의 시초가 되는 부모미생전의 일구(一句)를 말한다고 본다. 법신, 반야, 해탈의 의미가 함축되어 있는 것이다. 그리고 '람'은 옴! 이라는 말의 의미를 체득하여 자신을 청정하게 하여 실천하는 것이다.

정법계진언은 법계를 청정하게 하는 것으로 생각을 하던 염송을 하든 능히 삼업을 청정하게 하여 일체의 업장을 소멸하게 하는 것이다. 즉 이 진언의 '옴 람'이라는 말은 즉 공(空)으로 자신을 점검하여 자신을 청정하게 장엄하는 것이 되므로 정법계진언인 것이다."

라고 한 것에서 보듯이 자신의 법계를 청정하게 하여서 모든 법계가 청정하게 되므로 일체에 상주하는 제불(諸佛) 보살들에게 귀의하는 것이고 열반적정의 경지를 체득하게 되는 것이다. 그러므로 내용상으로 보면 같은 것이 된다.

앞의 옴 람(𑖌𑖼𑖨𑖽,oṃ ram)이나 나무 사만다 못다남 람(namaḥ samanta buddhānāṃ raṃ 𑖡𑖦𑖾 𑖭𑖦𑖡𑖿𑖝 𑖤𑖲𑖟𑖿𑖠𑖯𑖡𑖯𑖽 𑖨𑖽)은 같은 뜻인 것이다.

앞의 정법계진언은 진언만 있고 뒤에는 "羅字色鮮白, 空點以嚴之. 如彼髻明珠, 置之於頂上. 眞言同法界, 無量衆罪除. 一切觸穢處, 當加此字門." 이라는 말과 진언이 있다는 차이이지만 내용은 같은 것이다. 즉 옴! 은 나무 사만다 못다남과 같은 뜻이다.

시방세계에 편만한 부처에게 귀의한다는 것을 옴! 이란 한마디로 요약한 것으로 자신이 자성(自性)의 부처로 살아가겠다는 서원인 것이다.

〔만법일여(萬法一如)〕

관세음보살이 되는 천수경

2014年 10月 20日 發行
譯註 | 良志
書畵 | 南靑
編輯·發行處 | 맑은소리 맑은나라
부산시 중구 대청로 126번길 18 / 051)255-0263
ISBN 978-89-94782-34-8
값 15,000원

우편으로 책을 구입하실 경우 아래 온라인 계좌를 이용해 주십시오.
농협 817102-56-023396 (임성순)
전화 010-4115-9852

법보시 및 다량 구매시 할인해 드립니다.
잘못된 책은 바꾸어 드립니다.